TEXTES A L'APPUI
série sociolog

Michel Wieviorka
Sylvaine Trinh

le modèle EDF

essai de sociologie des organisations

*Ouvrage publié avec le concours
du Centre national des lettres*

ÉDITIONS LA DÉCOUVERTE
1, place paul-painlevé
PARIS Ve
1991

Ouvrages de Michel Wieviorka

L'État, le patronat et les consommateurs, PUF, 1977.

Critique de la théorie du capitalisme monopoliste d'État, Maspero, 1978 (en collaboration avec B. Théret).

Justice et consommation, La Documentation française, 1978

Lutte étudiante, Seuil, 1978 (en collaboration avec A Touraine, F. Dubet, Z. Hegedus).

La Prophétie antinucléaire, Seuil, 1980 (en collaboration avec A. Touraine, Z. Hegedus, F. Dubet).

Le Pays contre l'État, Seuil, 1981 (en collaboration avec A. Touraine, F. Dubet, Z. Hegedus).

Solidarité, Fayard, 1982 (en collaboration avec A Touraine, F. Dubet, J. Strzelecki).

Le Mouvement ouvrier, Fayard, 1984 (en collaboration avec A. Touraine et F. Dubet).

Les Juifs, la Pologne et Solidarnosc, Denoël, 1984.

Terrorisme à la une, Gallimard, coll. « Au vif du sujet », 1987 (en collaboration avec D. Wolton).

Sociétés et terrorisme, Fayard, 1988.

ISBN 2-7071-1867-2

Introduction

En 1946, la loi de nationalisation, créant Électricité de France, se traduisait par la mise en forme d'un modèle de gestion sociale où des rapports entre acteurs — les dirigeants d'EDF, la haute administration, la CGT, pour l'essentiel — étaient intégrés par des convictions largement partagées — confiance dans la science et le progrès, identification à la nation, à l'intérêt général et au service public.

Ce modèle, que nous qualifierons de *fondateur*, n'a cessé d'être ébranlé, surtout depuis les années soixante. Il a été confronté à l'émergence de nouvelles logiques d'action chez les dirigeants, aux transformations des appareils d'État, à l'apparition de nouveaux mouvements sociaux et à la redéfinition du rôle des syndicats, à la retombée de la croissance économique, et s'il s'est étoffé, il s'est aussi considérablement affaibli. Le modèle fondateur est en crise et certains, du dedans ou du dehors de l'entreprise, poussent même, çà et là, à ce qu'il soit délaissé.

Pourtant, aujourd'hui, les dirigeants d'EDF, dans l'ensemble, ne souhaitent pas rompre avec lui. Ils cherchent plutôt à le concilier avec un autre modèle, qui reste à inventer, ce qui leur permettrait, en quelque sorte, de rester eux-mêmes tout en se transformant.

Le modèle fondateur semble tout à la fois périmé et irremplaçable, nécessaire et improductif. Jusqu'où est-il possible, du point de vue des dirigeants d'EDF, de le modifier sans pour autant l'abandonner ? Comment peuvent-ils agir et renforcer leur capacité d'action sans introduire des ruptures qui pourraient se révéler contre-productives ? La formulation précise de cette question, autant que la réponse, appellent une monographie d'entreprise, et ce livre, à sa manière, en est une, apportant son éclairage propre sur une organisation dont l'importance n'est pas à démontrer, qu'il s'agisse de son poids économique, de son rôle dans l'aménagement de la France, de sa place dans la recherche et le développement, du caractère exceptionnel de son syndicalisme ou des contestations et des critiques qu'elle a suscitées dès sa naissance.

Pourtant, il nous semble que la portée de notre ouvrage, qui repose sur cinq années de « terrain », déborde largement le cadre de la seule monographie.

Nos recherches sur EDF, en effet, constituent un effort original pour étudier des acteurs dirigeants, en distinguant et en intégrant, on le verra, des *niveaux d'action* et en mettant en relation *l'intérieur et l'extérieur* de l'organisation. Surtout, elles reposent, pour l'essentiel, sur une méthode, *l'intervention sociologique*, élaborée, dans le passé, pour l'étude des mouvements sociaux, et que nous avons adaptée pour la première fois à celle d'acteurs dirigeants. C'est pourquoi, au-delà des résultats qui concernent avant tout l'entreprise étudiée, nous souhaitons que ce livre soit jugé aussi pour son apport théorique et méthodologique à la connaissance des organisations.

La sociologie des organisations

La sociologie des organisations est une discipline neuve, dont la préhistoire occupe la première moitié de ce siècle, dont la première phase historique va, pour l'essentiel, des années soixante aux années soixante-dix, et qui est entrée, depuis quelques années, dans une deuxième phase de sa courte histoire.

La préhistoire

A l'origine, la réflexion sociologique sur l'organisation est très largement commandée par les fantastiques développements de l'industrie au début du XXe siècle et, plus précisément, par l'idée que l'entreprise industrielle constitue le lieu par excellence du progrès et du déploiement de la raison. Deux pensées, ici, peuvent servir de référence. La première, proprement sociologique, est celle de Max Weber, non pas tant pour ses analyses du rôle de l'éthique protestante dans l'essor du capitalisme que pour ce qu'il dit de la bureaucratie moderne ; la seconde, pratique, est celle de Frederick Winslow Taylor développant ses célèbres principes d'organisation scientifique du travail.

Max Weber voit dans la bureaucratie et ses fonctionnaires, qui agissent « sans amour, sans passion, sans enthousiasme, sous la simple pression du concept de devoir », le triomphe d'un modèle rationnel-légal et donc celui d'une raison qui, par ailleurs, ne laisse pas de l'inquiéter [1]. De même Taylor, avec ses propositions qui se veulent scientifiques, en appelle à la raison [2]. Dans les deux cas, le travail humain obéit à un ensemble de règles, et semble correspondre à la recherche d'un optimum [3]. Mais la sociologie des organisations, tout en devant beaucoup à la pensée de Max Weber, n'en sera jamais un simple prolongement, et si elle se réfère constamment au taylorisme, elle le fera de manière critique, en mettant en évidence tout ce qu'il implique de scientisme, de confiance aveugle dans la marche de la raison, et d'ignorance de ce qui est nié ou broyé chez les hommes dont on organise « scientifiquement » le travail.

Mais peut-on vraiment parler de sociologie des organisations avant les années cinquante ou soixante ? Y a-t-il un espace spécifique, une définition d'un ensemble de problèmes autonomes, qui seraient ceux du « phénomène organisationnel », comme disent Crozier et Friedberg [4] ? En fait, difficilement, et il vaut mieux parler, jusqu'aux travaux d'Herbert Simon et de Michel Crozier, sinon de sociologie industrielle, du moins de deux orientations principales qui ne laissent guère la place à la sociologie des organisations.

D'un côté en effet, la critique de l'organisation scientifique

---

1. Max WEBER, *Économie et société*, t. I, Paris, Plon, 1971.
2. De TAYLOR, cf. la traduction de son ouvrage le plus connu et qui date de 1911, *La Direction scientifique des entreprises*, Paris, Dunod, 1957.
3. Cf. Pierre-Eric TIXIER, « Légitimité et modes de domination dans les organisations », in *Sociologie du travail*, n° 4/88, p. 615-630.
4. Michel CROZIER, Ehrard FRIEDBERG, *L'Acteur et le Système*, Paris, Seuil, 1977.

du travail, parfois associée à une problématique inspirée de Karl Marx, débouche sur des analyses qui mettent en relation le dedans de l'entreprise industrielle, l'atelier, les rapports de production, avec la société tout entière. Dans cette perspective, le niveau de l'entreprise proprement dite, comme espace autonome à envisager, comme phénomène organisationnel, apparaît secondaire, puisqu'il s'agit avant tout de comprendre comment les rapports internes, structurés par des principes d'organisation de la production, fondent la vie sociale bien au-delà de l'entreprise. La sociologie dite du travail, avec en France Georges Friedmann [5] et Pierre Naville [6], puis la fondation de la revue *Sociologie du travail*, avec, aussi, Alain Touraine et ses célèbres phases A, B et C [7], nous fait ainsi passer de l'expérience du travail à la lutte des classes, de l'organisation scientifique du travail à la conscience ouvrière ou au mouvement social. L'apogée du taylorisme est aussi celui de cette sociologie du travail, qui hésite à valoriser le niveau intermédiaire de l'entreprise ou du phénomène organisationnel, et dont la tradition se prolonge jusqu'à aujourd'hui, par exemple dans certains travaux du groupe de Sociologie du travail.

D'un autre côté, la même critique de l'organisation scientifique du travail aboutit à des travaux souvent plus proches d'une psychosociologie et qui, chacun à leur façon, insistent sur tout ce qui, dans la personne humaine, dans l'individu, est laissé de côté ou malmené par la rationalité de type taylorien. Au point de départ de cette perspective, on trouve les très fameuses études menées dans l'usine Hawthorne de la Western Electric Company avant même la Seconde Guerre mondiale, et qui montrent que la productivité ouvrière peut s'accroître lorsqu'on n'impose pas une cadence, que l'on prévoit des pauses ou que l'on apporte aux travailleurs des marques de considération ou

5. Georges FRIEDMANN, *Problèmes humains du machinisme industriel*, Paris, Gallimard, 1946, et *Le Travail en miettes*, Paris, Gallimard, 1950.

6. Pierre NAVILLE a codirigé, avec Georges FRIEDMANN, le *Traité de sociologie du travail*, Paris, A. Colin, 1962 (2 vol.).

7. Cf., par exemple, Alain TOURAINE, *La Conscience ouvrière*, Paris, Le Seuil, 1966. La phase A est celle où le travail ouvrier est autonome, la phase B celle où il est subordonné à l'organisation mais où existent encore du métier et du savoir-faire professionnel, la phase C est dominée par « l'intégration des moyens de production et donc par l'autonomie du système technique par rapport à l'intervention directement fabricatrice de l'homme » (p. 49).

d'attention [8]. L'école dite des relations humaines procède ainsi du constat que, dans l'entreprise taylorienne, les besoins et les motivations des ouvriers sont ignorés et bafoués au nom de la mise en place d'une « one best way » qui, de fait, n'en est pas une. Les ouvriers, en effet, réagissent positivement quand on s'occupe d'eux, il y a de l'affectif, du moral, dans les relations qu'ils nouent entre eux, les normes de travail qu'ils fixent collectivement, de façon informelle [9], une vie de groupe et ce que plus tard Renaud Sainsaulieu théorisera à propos des modèles culturels qu'il observe dans des groupes de travailleurs [10]: pour l'école des relations humaines, ces dimensions sont fondamentales, et c'est une erreur de les sous-estimer ou de les négliger.

L'appel au facteur humain, l'idée qu'il y a de l'informel dans les rapports de travail auraient pu ouvrir la voie à une sociologie des organisations soucieuse de mettre en relation le fonctionnement de l'entreprise, son mode d'organisation, et les conduites des acteurs qui y sont réunis — ouvriers, agents de maîtrise, cadres, dirigeants. Mais si l'école des relations humaines est toujours largement évoquée dès les premiers chapitres des ouvrages généraux consacrés à la sociologie des organisations [11], on constate qu'en réalité elle a surtout alimenté des travaux s'intéressant non pas au phénomène organisationnel comme tel, mais aux besoins humains, aux motivations, à la personnalité de ceux dont le travail est organisé. C'est ainsi qu'A.H. Maslow s'est fait connaître par sa célèbre pyramide des besoins (organiques, de sécurité, d'appartenance, d'estime, de réalisation de soi) [12] ou que F. Herzberg a proposé une théorie des comportements de l'individu au travail reposant sur l'idée d'une hiérarchie des facteurs de satisfaction [13].

---

8. Les ouvrages classiques sont : F.J. DICKSON, W.J. ROETHLISBERGER, *Management and the Worker*, Cambridge (Mass.), Harvard University Press, 1938, Elton MAYO, *The Human Problems of an Industrial Civilization*, Londres, MacMillan, 1933, et *The Social Problems of an Industrial Civilization*, Londres, Routledge and Kegan Paul, 1949. Cf., pour une bonne présentation, Pierre DESMAREZ, *La Sociologie industrielle aux États-Unis*, Paris, A. Colin, 1986.

9. W.F. WHITE, *Money and Motivation*, New York, Mayer and Row, 1955.

10. Renaud SAINSAULIEU, *L'Identité au travail*, Paris, FNSP, 1977.

11. Cf. notamment, en français, le manuel de Philippe BERNOUX, *La Sociologie des organisations*, Paris, Seuil, 1985, et, plus profond, Renaud SAINSAULIEU, *Sociologie de l'organisation et de l'entreprise*, Paris, Dalloz, 1987.

12. Abraham Harold MASLOW, *Motivation and Personality*, New York, Mayer and Row, 1954.

13. F. HERZBERG, *Le Travail et la nature de l'homme*, Paris, Entreprise moderne d'édition, 1973.

Que l'on s'oriente vers une sociologie du travail ou, à partir de l'école des relations humaines, vers des approches plus ou moins psychologisantes, le fait dominant est ainsi que la préhistoire de la sociologie des organisations s'écarte, par le haut et par le bas, avec l'analyse de la société tout entière ou avec celle de l'individu, de la prise en compte du phénomène organisationnel proprement dit.

La phase pionnière

Tout change, en réalité, dans les années cinquante et soixante, avec les travaux fondateurs de Herbert Simon et de James G. March aux États-Unis [14], de Michel Crozier en France [15].

Le grand renversement qu'apportent ces auteurs consiste à s'écarter de la pure analyse des rapports de production avec ses éventuels prolongements au niveau macrosocial (sociologie du travail) ou de la critique de l'organisation taylorienne du travail (école des relations humaines), pour considérer l'entreprise comme un espace organisationnel au sein duquel on peut observer le jeu complexe d'acteurs. Le problème n'est plus de montrer le rapport de domination qui structure l'action de ceux qui organisent le travail, avec tout ce qu'il inclut de négation ou de destruction de l'être humain, ou ce qu'il peut générer comme conflit social ; il s'agit, bien davantage, de construire l'image d'un champ social interne à l'organisation, de l'étudier dans son autonomie et d'y observer, chez les acteurs en présence, des conduites qu'on peut qualifier de stratégiques.

Dans cette perspective, la rationalité cesse d'être l'apanage de dirigeants qui se pensent résolument « scientifiques » et croient mettre en place les formes optimales d'organisation ; elle est présente chez tous les acteurs.

Dans ce qui constitue véritablement son premier âge, la sociologie des organisations s'intéresse donc aux règles de fonctionnement des systèmes qu'elle analyse. Chaque acteur apparaît

---

14. L'ouvrage classique est : James G. MARCH, Herbert SIMON, *Les Organisations*, Paris, Dunod, 1964 (trad. de l'anglais). Sur l'historique de la sociologie des organisations des années soixante et soixante-dix, cf. l'intéressant ensemble « Sociologie des organisations », présenté par Renaud SAINSAULIEU dans *L'Année sociologique*, vol. 31, 1981, p. 435-496.

15. De Michel CROZIER, cf. notamment *Le Phénomène bureaucratique*, Paris, Le Seuil, 1963, ainsi que, en collaboration avec Ehrard FRIEDBERG, *L'Acteur et le Système, op. cit.*

comme capable de définir ses propres buts, qui ne sont pas forcément contradictoires avec ceux de l'organisation, mais qui ne s'y identifient pas non plus nécessairement. L'entreprise, en effet, doit se développer, conquérir des marchés, accroître son chiffre d'affaires, etc., sans avoir pour autant à mettre en cause de telles finalités, tandis que les acteurs pensent à leur déroulement de carrière, à leur capacité de peser sur les décisions ou, pour reprendre une formule qui connut un certain succès dans les années soixante, à améliorer le rapport entre leur contribution et leur rétribution.

Les acteurs disposent chacun de degrés de liberté, d'une possibilité de jeu autonome, il existe des zones d'incertitude, et les décisions qui sont prises ne correspondent pas, sauf exception, à une rationalité univoque. Mieux vaut parler, disent March et Simon, de rationalité limitée [16] et de recherche des solutions les moins insatisfaisantes.

Ainsi, la sociologie des organisations a su se dégager d'une sociologie industrielle jusque-là dominée par d'autres perspectives, en imposant l'image de rapports stratégiques, structurant des systèmes politiques, et en dénonçant les blocages bureaucratiques qui interdisent à ces systèmes de fonctionner [17].

Le grand renversement

Pourtant, aujourd'hui, il n'est plus possible de s'en tenir aux catégories d'analyse qui ont caractérisé le premier âge de cette sociologie.

D'un côté, en effet, la sociologie du travail a perdu sa capacité à associer l'analyse des problèmes spécifiques du travail à l'idée d'une division structurelle, fondamentale, de la société. La notion de lutte de classes est sinistrée, et avec elle le marxisme, si puissant dans les années soixante et soixante-dix. Le déclin historique du mouvement ouvrier [18] est une réalité peu contestée, et l'entreprise n'est plus une coquille sans intérêt, une enveloppe pour un conflit qui très vite la déborde jusqu'à mettre en cause toute la vie sociale et politique. Dès lors,

16. MARCH et SIMON, *op. cit.*
17. Cf. Michel CROZIER, *Le Phénomène bureaucratique, op. cit.*
18. Cf. Alain TOURAINE, Michel WIEVIORKA, François DUBET, *Le Mouvement ouvrier*, Paris, Fayard, 1984.

l'entreprise elle-même est réhabilitée, elle est perçue, de plus en plus, comme une cellule de base de la vie sociale et économique, comme un acteur en elle-même, figure centrale de la vie économique ou, tout au moins, de la sortie de la crise. Cette mutation, dont on trouve par exemple de nombreuses expressions dans la revue *Sociologie du travail*[19], ne signifie nullement l'épuisement ou la disparition des conflits et des problèmes du travail ; elle indique, bien davantage, que ceux-ci ont perdu leur charge universelle et qu'il n'y a plus besoin, ou bien moins qu'hier, pour les analyser, de leur chercher un sens trop au-delà des organisations concernées. Ce qui revalorise l'entreprise et donne un poids considérable aux perspectives qui y voient un espace politique ou stratégique. La crise de la sociologie du travail repose sur une évolution sociale générale, dominée par la fin du taylorisme et la post-industrialisation de l'économie ; elle est éminemment favorable à un redéploiement de la sociologie des organisations qui en est à certains égards la contrepartie.

D'un autre côté, l'idée de besoins, de motivations, la reconnaissance du « facteur humain », longtemps seconde, méprisée ou traitée sur un mode psychologisant, connaît, là aussi dans le rejet du taylorisme, un essor foudroyant. Dans le passé, le thème de la participation a le plus souvent été critiqué par les sociologues, proches en cela de positions syndicales qui y voyaient avant tout une approche manipulatrice, et il en a été de même pour le paternalisme de certaines directions d'entreprise. Manifestement, un formidable tournant a été pris, d'une part dans la pratique des « managers », d'autre part dans les analyses de certains sociologues et, entre les deux, dans le discours d'une catégorie qui connaît un essor et une mutation spectaculaires, celle des « consultants ».

Dans les entreprises, le renouvellement du management doit beaucoup à l'épuisement des principes de l'organisation scientifique du travail et à la recherche de formules susceptibles d'entraîner et de dynamiser le personnel, à tous les niveaux de la hiérarchie. Le projet taylorien était celui d'une entreprise hautement rationalisée ; il s'accompagnait d'une vision très négative des ouvriers, toujours tentés, disait Taylor, par la « flânerie », et dont les conduites collectives, organisées ou non, étaient

19. Cf. notamment le n° spécial « Retour sur l'entreprise », 3/86.

traitées comme autant de formes de résistance au progrès. Nous vivons, de ce point de vue, un véritable renversement, où le « social » est de plus en plus perçu comme une ressource, un atout pour l'entreprise, une force à dynamiser pour gagner les batailles économiques. D'où l'importance des appels à la mobilisation et à la communication. Le management moderne, en effet, veut mobiliser le personnel, le faire participer, lui donner l'occasion d'être partie prenante dans le processus de développement de l'organisation — ce qui passe notamment par les cercles de qualité ou les groupes d'expression, ainsi que par les projets d'entreprise. Il cherche à doter l'entreprise d'une légitimité accrue, qui améliorera son image à l'extérieur tout en donnant à chaque salarié un plus grand sentiment d'appartenance, une plus grande fierté, d'où les pratiques de sponsoring et de mécénat. Il s'efforce d'améliorer la communication, interne et externe, d'élever la capacité du personnel à mieux prendre en charge ses responsabilités et l'avenir de l'entreprise, il donne une importance croissante à la formation. Tous ces efforts font l'objet de stratégies dirigées aussi bien vers l'intérieur que vers l'extérieur, et où la mobilisation générale n'exclut pas, tout au contraire, une volonté de modernisation et de rationalisation [20].

Et, de même que le taylorisme reposait sur des ingénieurs, le plus souvent salariés de l'organisation, qui définissaient les normes et les méthodes de travail, le post-taylorisme va de pair avec le recours aux « consultants » extérieurs, conseillers qui sont, le plus souvent, à mi-chemin entre l'analyse et l'action [21].

Dans ce nouveau contexte, la sociologie des organisations voit s'ouvrir devant elle des perspectives considérablement élargies. L'image d'une entreprise-acteur, capable de se mobiliser comme un seul homme, pourrait déboucher sur des approches en termes de culture d'entreprise — mais bien des sociologues manifestent une certaine réticence à l'égard de ce thème, qui intéresse,

20. Pour une histoire de la stratégie dans l'entreprise, ainsi qu'une analyse des « spécificités méthodologiques et épistémologiques du management stratégique » actuel, cf. Alain-Charles MARTINET, « Les discours sur la stratégie d'entreprise », in *Revue française de gestion*, n° 67, janv.-fév. 1988, p. 49-60.

21. Pierre MORIN, dans *La Sagesse ou le désordre* (sous la dir. de Henri Mendras, Paris, Gallimard, 1980), a été parmi les premiers à analyser la formidable expansion des cabinets de conseils en vingt-cinq ans, ainsi que leur diversification, bien au-delà des activités initiales d'ingénieurs conseils spécialistes en organisation de la production.

semble-t-il, davantage les professionnels du management [22] : l'idée de *culture d'entreprise*, en effet, renvoie à un tout, sinon homogène, du moins unifié et intégré par rapport à l'extérieur, et en appelle à une identification de chacun aux mêmes valeurs et aux mêmes représentations.

En fait, la référence à la culture d'entreprise va à contre-courant de ce qui, aujourd'hui, semble intéresser le plus les sociologues des organisations, à savoir la capacité, pour chacun, de se comporter en acteur toujours plus responsable, en sujet et non plus en objet. Il suffit de lire les textes les plus récents de Renaud Sainsaulieu ou de Michel Crozier pour constater que, malgré d'importantes différences, leur réflexion porte sur les conditions qui permettent d'élever la capacité d'action des divers acteurs participant à l'espace organisationnel, et par conséquent d'élargir cet espace même : « Le défi culturel des organisations à venir, écrit Sainsaulieu, est ainsi très probablement celui d'un fonctionnement capable de reconnaître et de vitaliser une constante pluralité d'acteurs [23]. » D'où l'intérêt porté à toutes les formes d'expression et de débat dans l'entreprise, à l'expérimentation, voire à la démocratie dans l'organisation. De même, Michel Crozier est particulièrement sensible à tout ce qui permet à l'homme d'action « de se créer de nouvelles marges de liberté pour soi-même. L'acteur n'est alors pas une machine à décider, mais un être vivant doté de stratégies [24] ».

Nos quatre principes d'analyse

C'est dans un espace social en mutation et dans un contexte intellectuel qui lui-même se renouvelle que se situe par conséquent notre recherche. Encore faut-il en indiquer nettement les orientations théoriques, qui peuvent se décliner en quatre temps.

Le premier point consiste à mettre en relation l'intérieur et l'extérieur [25]. Le deuxième, à ne pas céder aux images eupho-

22. Cf. par exemple le n° 47-48 de la *Revue française de gestion*, consacré à la culture d'entreprise, sept.-oct. 1984.

23. Renaud SAINSAULIEU, *op. cit.*, p. 203.

24. Michel CROZIER, « Une approche sociologique des stratégies dans les organisations », in *Revue française de gestion*, n° 67, janv.-fév. 1988, p. 63.

25. Cf. Michel WIEVIORKA, « L'intérieur et l'extérieur », in Collectif Sciences humaines, Paris-IX-Dauphine, *Organisation et management en question(s)*, Paris, L'Harmattan, 1987, p. 174-183.

riques d'une entreprise sans conflits avec d'autres acteurs, et sans divisions internes ; il s'agit, en d'autres termes, de résister à ce que la revue *Autrement* a appelé « le culte de l'entreprise » [26]. Un troisième élément repose sur un principe de différenciation qui distingue, dans les conduites des acteurs, trois niveaux qui constituent autant de sous-systèmes d'action. Enfin, un principe constant de notre recherche consiste à reconnaître, chez l'acteur, la présence simultanée, plus ou moins bien intégrée, de deux types de logiques d'action, qui se déploient elles-mêmes selon deux axes, synchronique et diachronique — ces notions seront précisées plus loin.

L'intérieur et l'extérieur

La sociologie des organisations n'a pu se constituer qu'en définissant un champ propre d'action auquel elle a appliqué ses outils d'analyse. Elle n'existe que dans la mesure où elle s'intéresse à des phénomènes autonomes, à des systèmes qu'elle peut isoler pour étudier des jeux stratégiques, des blocages, des rapports de pouvoir, etc.

Autonomie ne signifie pas indépendance totale. En permanence, le jeu interne d'une organisation du type de l'entreprise qui nous intéresse, EDF, est informé non seulement par des contraintes extérieures ou par le poids de l'environnement, mais aussi — et ce sera pour nous l'essentiel — par ses relations avec d'autres acteurs. Cellule économique de base, l'entreprise est en rapport avec des clients et des fournisseurs sur un ou plusieurs marchés ; mais au-delà de ces rapports marchands, toute entreprise d'une certaine dimension a affaire avec l'État, que ce soit au niveau de divers ministères, d'administrations centrales, ou au niveau local ou régional. Il lui faut également, dans bien des cas, se préoccuper de l'opinion publique, répondre à des mouvements de consommateurs et, de mille et une façons, communiquer de manière plus ou moins tendue avec d'autres acteurs situés dans son champ d'intervention. Ses stratégies externes pèsent sur son fonctionnement interne, et parfois même sont élaborées en fonction de préoccupations internes. Par exemple, telle action publicitaire tournée vers l'extérieur est en réalité destinée à exercer une pression sur le personnel, telle

26. « Le culte de l'entreprise », *Autrement*, n° 100, sept. 1988.

décision de « sponsoring » vise à dynamiser des salariés qui s'identifient aux succès sportifs ou au prestige culturel associés au nom de leur entreprise.

Le jeu proprement organisationnel, dans les entreprises, a longtemps été méprisé ou ignoré au nom des rapports de classes qui tout à la fois l'informaient et le débordaient. Ceux-ci épuisés, ce jeu est plus apparent, plus conséquent peut-être aussi. Il n'en est pas moins inséré dans un ensemble de relations qui, si elles suscitent des politiques ou des stratégies, définissent un champ d'action qui n'est pas seulement un espace stratégique interne. Mais ne tirons pas de cette remarque une conclusion trop hâtive, l'image d'une complémentarité automatique des problèmes internes et externes. Les dirigeants d'entreprise peuvent en effet rencontrer, à l'inverse, d'immenses difficultés à adapter les unes aux autres ces deux exigences qui pourtant s'informent mutuellement. Les conflits internes, par exemple, constituent un obstacle s'il s'agit, face à l'extérieur, d'établir une stratégie reposant sur la cohérence de l'ensemble et sur une mobilisation générale. Une stratégie de rapprochement avec les syndicats peut être compromise par l'attitude de l'État, qui constitue un obstacle, ou par une action en direction de forces contestataires extérieures. Le dedans et le dehors, les rapports internes et externes, ne peuvent plus, dans la pratique, être dissociés, et, en même temps, leur mise en relation n'est pas nécessairement simple ou harmonieuse.

Des acteurs en conflit

Dans le champ d'action des dirigeants d'entreprise, il peut sembler anachronique ou excessif de parler en termes de conflits. Après tout, non seulement la pensée marxiste est essoufflée, et l'image de la lutte des classes largement obsolète, mais les nouveaux mouvements sociaux, nés à la fin des « trente glorieuses », et qui s'en prenaient parfois à certaines entreprises, semblent avoir perdu leur charge de conflictualité ; le « consumérisme » [27] n'a pas su se renouveler, et la critique culturelle, si vivante il y a quinze ou vingt ans, a pratiquement cessé de dénoncer le rôle néfaste de l'entreprise et de la publi-

27. Cf. Michel WIEVIORKA, *L'État, le patronat et les consommateurs*, Paris, PUF, 1977.

cité et de leur reprocher tant la manipulation normative des besoins que l'aliénation des consommateurs. La grande organisation qui nous intéresse dans ce livre, EDF, fut fortement contestée par le mouvement antinucléaire de la seconde moitié des années soixante-dix, mais cette contestation est affaiblie et déstructurée, sans réelle portée.

Pourtant, l'image d'une figure sociale et économique, l'entreprise, échappant à toute relation conflictuelle avec d'autres acteurs, ne correspond qu'à une illusion ou, au plus, à une réalité transitoire, celle d'une conjoncture très particulière où se renouvellent à peu près conjointement notre système politique, nos conceptions de la modernité, notre culture, nos modes de connaissance et, en un mot, notre type de société. Avec la fin de la société industrielle, nous devons en finir avec certaines représentations de l'entreprise (et de ses acteurs). Mais nous aurions bien tort de la placer sur un piédestal idéologique, de la parer de toutes les vertus et d'abandonner ce qui est au cœur de toute démarche sociologique : la recherche, derrière un unanimisme paresseux, derrière l'image d'une société consensuelle, centriste et vautrée aux pieds de ses entreprises, des relations de pouvoir et de domination dans lesquelles ces dernières, et leurs dirigeants, sont et seront de plus en plus engagés. Que ces relations avec des acteurs extérieurs soient peu visibles et très faiblement structurées, que nous soyons dans une phase où elles ne font que s'ébaucher, timidement, confusément, ne doit pas nous retenir d'étudier l'acteur qui nous intéresse, ici les dirigeants d'EDF, dans les rapports dont il constitue un des termes.

De même, ce n'est pas parce que les relations de travail cessent d'alimenter la grande division du corps social que l'intérieur de l'entreprise devient un univers pacifié où chacun participe, dispose d'une réelle autonomie, s'épanouit en dehors de toute tension majeure. Le mouvement ouvrier, comme mouvement social mettant en cause, bien au-delà de l'atelier ou de l'usine, toute la société industrielle, connaît un déclin inéluctable ; mais le syndicalisme, lui, n'est pas nécessairement condamné, et, plus largement, il n'y a aucune raison de postuler, contre l'évidence des faits, la fin des conflits nés du travail et de son organisation.

Notre livre n'est pas attaché à une conception passéiste des conflits et des rapports sociaux. Mais il demande au lecteur de ne pas céder aux discours sur « l'ère du vide » ou sur le narcissisme post-moderne, et il montre que si les acteurs et les enjeux ont changé depuis la création d'EDF, l'action de ses dirigeants se déploie non pas dans le vide social, mais face à et avec toutes sortes d'adversaires et partenaires.

Trois niveaux d'analyse

Les dirigeants d'EDF, plus peut-être que ceux de bien d'autres entreprises, ont une visée historique, portent des projets qui vont bien au-delà des intérêts de la seule EDF. A la limite, et avec de solides arguments, ils s'identifient au développement national et à l'intérêt collectif, ce qui installe leur action à son niveau le plus haut.

A un deuxième niveau, ils appartiennent à des espaces politiques au sein desquels ils négocient, passent des alliances, des compromis, et pèsent sur des décisions, qu'il s'agisse de leurs relations avec des forces externes (l'État, par exemple) ou internes (les syndicats, par exemple). Ils sont ici, fondamentalement, définis en termes stratégiques.

Enfin, à un troisième niveau, ils pilotent une immense organisation — un paquebot, pour reprendre une expression qu'ils utilisent souvent — avec toutes les difficultés que l'on peut imaginer, et qui sont couramment décrites en termes de bureaucratisation.

Notre étude n'est pas consacrée à tel ou tel de ces trois niveaux exclusivement, elle cherche à les envisager tous, en respectant leur autonomie relative, mais sans ignorer qu'ils sont interdépendants et hiérarchisés. C'est, par exemple, parce qu'ils s'identifient à un haut niveau de projet que les dirigeants d'EDF mettent en œuvre des procédures qui, au niveau organisationnel, déplacent certains équilibres, créent des difficultés inédites ou se heurtent à des résistances considérables.

Les logiques de l'action

EDF est un établissement *public* à caractère *industriel et commercial.*

Formule ambiguë, hybride, qui débouche sur un constat élémentaire : les dirigeants de l'Établissement sont porteurs de deux logiques d'action. D'un côté, ils pensent le développement d'EDF, élaborent et conduisent des stratégies, conçoivent et promeuvent leur produit, ce qui correspond à une logique d'entreprise. D'un autre côté, ils sont les exécutants d'une volonté étatique, à laquelle ils sont subordonnés, et ils se comportent de ce point de vue bien plus en fonctionnaires (qu'ils ne sont pas) qu'en chefs d'entreprise ; leur logique est alors technico-administrative.

Ces deux logiques, concrètement, apparaissent rarement isolément. EDF marche sur deux jambes, et ses dirigeants recherchent constamment le point d'équilibre qui permet d'associer les deux logiques, d'acteur privé et d'agent de l'État ; ils s'efforcent en permanence d'être à la fois les patrons d'une grande entreprise et les serviteurs dévoués de la puissance publique. Cette volonté de synthèse ne correspond pas seulement à la lettre et à l'esprit de la loi de nationalisation, et nous verrons qu'elle doit aussi beaucoup à la recherche de la plus grande autonomie possible. Pour être libres dans leurs mouvements et disposer d'une forte capacité d'action, les dirigeants d'EDF n'ont pas nécessairement besoin de sortir de la tutelle de l'État, tout au contraire, et une réelle autonomie n'est pas incompatible avec l'appartenance au secteur public. C'est pourquoi l'opposition élémentaire entre logique d'entreprise et logique technico-administrative est trop superficielle et doit être remplacée par celle, qui ne la recouvre que partiellement, entre *logique autonome d'acteur* et *logique subordonnée d'agent*.

Mais ajoutons une dernière proposition : autonome ou subordonnée, l'action des dirigeants d'EDF se déploie sur deux axes qu'il convient de distinguer analytiquement.

L'*axe synchronique* est celui où l'action est définie structurellement. Dans cette perspective, les dirigeants d'EDF constituent un des termes d'un rapport social, ils s'opposent à d'autres acteurs sociaux. Ce qui correspond, très concrètement, à deux cas de figure. D'une part, en effet, les dirigeants d'EDF apparaissent, très classiquement, comme des managers organisant le travail d'autres acteurs, subordonnés, dont les revendications peuvent être prises en charge par les syndicats. D'autre part, et cette image récente n'a pu s'esquisser que dans les années soixante-dix, ils peuvent être perçus comme les pilotes d'un appareil technocratique imposant ses vues, par exemple son programme électronucléaire, à une population dont le refus et les contre-projets s'expriment dans de nouveaux mouvements sociaux[28]. On a affaire, là aussi, à un conflit structurel, mais celui-ci, en opposant un appareil à des consommateurs ou des usagers, sort du champ des rapports de travail.

L'analyse synchronique de l'action des dirigeants d'EDF consiste donc à rechercher ce qui, dans cette action, relève d'un conflit social où les acteurs sont définis par leur face à face, qu'il soit généré *dans* l'entreprise et le travail, ou, très différemment, *entre* l'entreprise et un mouvement social qui lui est extérieur.

Dans une seconde perspective, *diachronique*, les dirigeants d'EDF sont définis par leur action de développement. Ils assurent la reconstruction d'après-guerre, puis jouent un rôle central dans la croissance du pays. Ce sont des modernisateurs qui, dans un premier temps, contribuent de manière décisive à l'industrialisation de la France, puis dans un second temps, à sa post-industrialisation. L'enjeu le plus haut de leur action est d'apporter au pays les moyens de se développer, de tenir une place honorable dans le monde occidental, de résister aux chocs pétroliers. Plus on se situe sur un axe diachronique, plus on s'éloigne des conflits du travail et de ceux, plus récents, opposant des appareils et des consommateurs, et plus on pénètre dans d'autres problèmes. Dès lors, l'action des dirigeants d'EDF pose la triple question de leur influence sur la *politique* dans leur domaine de compétence — l'énergie —, celle, aussi, de leur relation à l'*État* (y a-t-il avec eux substitution, sous la forme d'un « État dans l'État », complémentarité, soumission ?) et celle, enfin, de leur identification à la *nation*.

Dans la France contemporaine, EDF est un cas exceptionnel d'entreprise où, dès le départ, les dirigeants se sont voulus des acteurs du développement tout en étant capables de prendre également en charge une action de « managers » ou d'organisateurs.

Dans la pratique, ces deux orientations sont constamment associées ; mais nous ne devons pas perdre de vue qu'analytiquement elles correspondent à deux axes distincts.

---

28. Cf. Alain TOURAINE, Zsuzsa HEGEDUS, François DUBET, Michel WIEVIORKA, *La Prophétie antinucléaire*, Paris, Seuil, 1979.

Les étapes de la recherche

Pour étudier concrètement l'action des dirigeants d'EDF tout en respectant les principes d'analyse qui viennent d'être présentés, nous avons opté pour une démarche qui s'inspire très largement de la méthode de l'intervention sociologique, telle qu'elle a été élaborée par Alain Touraine pour l'étude des mouvements sociaux [29].

Dans une phase exploratoire (1984), Michel Wieviorka, avec l'aide de Francis Jaureguiberry, a conduit une série de vingt-trois entretiens individuels avec des dirigeants d'EDF. Ces entretiens reposaient sur un guide extrêmement souple ; ils ont été prolongés par trois réunions de groupe au cours desquelles les chercheurs ont proposé aux mêmes dirigeants, mais cette fois-ci en situation collective, de réagir aux résultats de leurs premières investigations [30].

Dans un deuxième temps (1985-1986), les auteurs de cet ouvrage ont proposé à une dizaine de dirigeants d'EDF de se réunir régulièrement pour mener ensemble une recherche sur leur propre action. Puisque celle-ci est collective, il était naturel que la réflexion soit menée en groupe. Et puisqu'il s'agissait de s'engager dans une recherche, et non de répondre aux questions d'enquêteurs, les chercheurs ont organisé un processus qui évitait la mise en situation passive et permettait de progresser dans l'analyse. Ce processus, très schématiquement, a compris trois phases principales. Dans la première, le groupe a reçu, au cours d'une quinzaine de réunions successives réparties sur plusieurs mois, une série d'interlocuteurs, choisis en fonction d'hypothèses élémentaires : chacun, en effet, figurait un pôle d'une relation dont les dirigeants d'EDF sont l'autre terme. C'est ainsi que furent invités, pour des rencontres privées où chacun s'exprimait à titre personnel, sans enjeu autre que de connaissance, des représentants du ministère de l'Industrie, de l'Agence française pour la maîtrise de l'énergie (AFME), du ministère de l'Économie et des Finances, l'animateur libéral d'un club politique, le vice-président d'une organisation

29. Cf. Alain Touraine, *La Voix et le Regard*, Paris, Seuil, 1978.

30. Un rapport rend compte de cette première phase : Michel Wieviorka, avec la collaboration de Francis Jaureguiberry, *Recherche sur les dirigeants d'EDF comme acteurs*, Paris, CADIS-EHESS, janv. 1985, 119 pages.

patronale (la Confédération générale des petites et moyennes entreprises), des militants antinucléaires, un grand journaliste, le rédacteur en chef de *Que Choisir ?*, des responsables d'organisations syndicales, etc.

Ces rencontres ont permis au groupe de mieux percevoir la diversité et l'étendue du spectre des relations dans lesquelles ils sont engagés. Elles furent souvent l'occasion de surprises, de découvertes, et la tournure des débats mit fréquemment à mal les représentations des uns et des autres, le discours spontané d'acteurs bien obligés, dans les conditions si particulières de la recherche, d'écouter et d'entendre leurs vis-à-vis, de prendre conscience du caractère idéologique de certaines de leurs positions et de chercher à convaincre leurs interlocuteurs.

Dans une deuxième phase, des séances sans interlocuteurs mirent le groupe en posture de vivre, à travers ses débats internes, stimulés par les chercheurs, les problèmes de l'action, et d'engager une analyse des tensions et des difficultés internes et externes de l'Établissement. Cette phase, marche supplémentaire dans le travail du groupe, occupa, à deux reprises, une journée pleine. Les chercheurs présentèrent leurs analyses, leurs raisonnements les plus généraux sur l'action des dirigeants d'EDF et invitèrent le groupe à aller plus avant dans sa propre réflexion sur la base de ces analyses et raisonnements. En présentant leurs idées, et en les défendant fermement, les chercheurs se donnaient les moyens d'en tester la pertinence. Plus une de ces idées était acceptée par le groupe et, surtout, discutée en son sein, reprise à son compte et utilisée pour mieux comprendre telle ou telle dimension de l'action, et plus on peut admettre qu'elle faisait sens. Inversement, un débat avorté, des idées systématiquement rejetées, ou reformulées en des termes les défigurant entièrement, indiquaient la faible pertinence d'un segment de raisonnement et appelaient son abandon ou sa réélaboration.

En conclusion de cette deuxième phase, le groupe, tout en ayant la plus vive conscience d'avoir été très loin dans la réflexion, s'est interrogé sur les limites de ses analyses : celles-ci valent-elles aussi pour le passé, ne serait-ce que pour les années soixante et soixante-dix ? Y a-t-il continuité ou rupture entre l'action des dirigeants d'hier et celle des dirigeants actuels ? Et puisque ce groupe était composé d'acteurs n'appartenant pas au cercle du « gouvernement privé »[31] d'EDF, et donc au noyau des quelques grands « patrons » de l'Établissement, mais à l'échelon immédiatement inférieur dans la hiérarchie, il était légitime aussi qu'il se demande si les analyses élaborées à son niveau correspondent également à celui du directeur général. C'est pourquoi deux journées, non prévues dans le programme initial, furent consacrées, en réponse à ces interrogations, à des rencontres avec des anciens président (M. Delouvrier) et directeur général (M. Chevrier), puis avec le directeur général d'EDF (M. Guilhamon) et celui de la maison sœur, GDF, M. Delaporte (qui, peu de mois après, sera nommé président d'EDF).

Un parcours comparable, mais plus ramassé, fut mené par un deuxième groupe d'intervention, en 1987, de façon à préciser certains points mal ou insuffisamment traités lors du travail du premier groupe, et à en confirmer (ou infirmer) les résultats.

Le lecteur a maintenant une idée du volume des travaux qui fondent cet ouvrage, ainsi que de la démarche adoptée. Une annexe apporte diverses précisions relatives aux rapports des chercheurs avec EDF, à la constitution des groupes, au calendrier des rencontres, aux interlocuteurs ; elle indique également les limites de nos recherches, dont elle tire un bilan méthodologique.

Écartons bien, dès à présent, ce qui pourrait prêter à malentendu. A de nombreuses reprises, nous reproduisons des propos tenus par les participants à la recherche. Ces propos constituent parfois une introduction à l'analyse. Ils ne sauraient en aucune façon en tenir lieu.

Sociologie et histoire

S'intéressant à des relations et à des acteurs sociaux, recourant, dans ce qu'elle a de plus central, à une méthode sociologique, notre démarche n'est pas à proprement parler historique.

Mais rappelons l'hypothèse qui va nous servir de fil conducteur — l'idée que le modèle de relations mis en place en 1946,

31. Michel Bauer et Elie Cohen utilisent cette expression pour désigner le cercle des quelques détenteurs effectifs du pouvoir dans les grandes entreprises. Cf. leur livre, *Qui gouverne les groupes industriels ?*, Paris, Seuil, 1981.

lors de la création d'EDF, est de plus en plus déstructuré sans être pour autant aujourd'hui délaissé par les acteurs, à commencer par les dirigeants de l'Établissement. En rendant compte de la pérennité d'un modèle d'action, tout en analysant ses transformations dans le temps, en mettant en rapport le présent et le passé, ce livre n'apporte-t-il pas, en réalité, une variante sociologisante de l'histoire d'EDF ? La question est d'autant plus pressante qu'après avoir été longtemps inexistante, en dehors de rares travaux dus à Jean Bouvier, François Caron ou Patrick Fridenson [32], l'histoire d'entreprise en France semble rattraper le retard qu'elle a accumulé sur les États-Unis et la « business history », avec ses revues, ses bourses de recherche, ses programmes d'enseignement et ses figures prestigieuses comme Alfred D. Chandler [33]. Gestion et histoire, ces dernières années, se sont considérablement rapprochées, l'histoire semble devenir pour l'entreprise un « investissement productif » [34], et l'entreprise, pour l'historien, un terrain prometteur.

Il est vrai que les conditions favorables au développement de l'histoire d'entreprise sont largement les mêmes que celles qui peuvent favoriser la sociologie d'EDF, du moins telle que nous la proposons dans cet ouvrage. C'est ainsi que les observations de François Caron expliquant le rapprochement actuel de l'entreprise et de l'histoire valent aussi à propos de notre propre effort : épuisement des « modèles explicatifs accusateurs à l'égard d'une institution considérée avant tout comme un instrument d'oppression et d'exploitation », abandon d'un évolutionnisme qui poussait l'historien à définir des étapes et des lois de l'évolution du système — « l'historien des entreprises

---

32. Cf. notamment Jean BOUVIER, *Naissance d'une banque, le Crédit lyonnais*, Paris, Flammarion, 1968 (Science-poche; 11). François CARON, *Histoire de l'exploitation d'un grand réseau: la Compagnie du chemin de fer du Nord, 1846-1937*, Paris, La Haye, Mouton, 1973 ; Patrick FRIDENSON, *Histoire des usines Renault*, Paris, Seuil, 1972 (un tome II est en cours d'achèvement). On trouvera dans le n° 70 de la *Revue française de gestion*, « Les racines de l'entreprise » (sept.-oct. 1988), outre plusieurs articles sur le thème, une liste sélective, déjà considérable, établie par Patrick Fridenson. Signalons également l'existence, à la Maison des sciences de l'homme de Paris, d'une base de données bibliographique internationale d'histoire des entreprises.

33. Cf., pour un état de la question aux États-Unis, Robert W. POMEROY, « Business et histoire aux États-Unis », in *Mémoire d'avenir. L'histoire dans l'entreprise* (sous la dir. de Maurice HAMON et Felix TORRES), Paris, Économica, 1987, p. 57-78. Cf. également l'ensemble du n° 70 de la *Revue française de gestion.*

34. L'expression est d'Alain-Charles MARTINET, « L'histoire, un investissement productif », in *Revue française de gestion*, n° 70, p. 172-174.

devait donc faire correspondre les réalités, qu'il observait, aux caractéristiques de ces différentes étapes [35] ».

A partir du moment où l'entreprise est conçue comme un acteur du changement et se perçoit elle-même comme tel, s'ouvre l'espace de démarches historiques qui tracent les liens assurant la jonction entre le passé et l'avenir.

L'historien d'entreprise produit des connaissances qui renforcent généralement l'image d'une continuité ; à la limite, son intervention permet, plus ou moins partiellement, d'expliquer le présent par le passé. Il est parfois tenté par un certain historicisme, dont on trouve plusieurs expressions dans les actes du colloque d'histoire appliquée aux entreprises [36], et qui consiste à affirmer qu'il y a autant d'histoires que d'entreprises et de cultures d'entreprises, comme si le flux du changement charriait des milliers d'expériences irréductibles les unes aux autres. Et puisque l'histoire d'entreprise devient un élément de connaissance et de compréhension du présent, on constate un phénomène que d'autres branches des sciences sociales ont expérimenté avant elle : le développement d'activités de conseil dans lesquelles l'historien-consultant contribue à la formation du personnel, participe à l'élaboration de stratégies de communication, internes et externes dans lesquelles son travail s'inscrit, ou collabore à la prise de décision. Ainsi, les auteurs de l'excellente *Histoire(s) de l'EDF* [37] ont répondu à une demande du Service d'information de relations publiques (SIRP) d'EDF qui, en 1980, « s'interrogeait sur l'état d'esprit qui régnait à l'intérieur de l'entreprise au sortir d'une décennie agitée [38] » ; on attendait d'eux un document écrit permettant de diffuser la connaissance « d'une part à l'intérieur de l'entreprise — l'agent EDF y est confronté à un passé mythique, mais pauvre ou réécrit en fonction d'a priori idéologiques ou syndicaux — mais aussi à l'extérieur, car l'entreprise EDF s'estime victime d'une déformation/détérioration de son image dans le public [39] ».

---

35. François CARON, « Préface », in *Mémoire d'avenir, op. cit.*, p. 7-8.
36. *Mémoire d'avenir, op. cit.*
37. Alain BELTRAN, Jean-François PICARD, Martine BUNGENER, *Histoire(s) de l'EDF*, Paris, Dunod, 1985.
38. Alain BELTRAN et Jean-François PICARD, « EDF au péril de l'histoire. A propos d'une histoire orale de la décision chez Électricité de France de 1946 à nos jours », in *Mémoire d'avenir, op. cit.*, p. 163.
39. Ces propos sont de Régine du Riveau, d'EDF, lors du colloque édité sous le titre *Mémoire d'avenir, op. cit.*, p. 254.

Tout cela traduit une insertion, certes limitée, de l'histoire d'entreprise dans le champ des sciences sociales appliquées, avec ici des difficultés que connaissent bien les sociologues des organisations : devoir de réserve, menace de censure, risque, lié au problème de l'accès aux sources, de trop s'identifier aux acteurs dirigeants et, comme dit Fridenson, de produire un « discours sur le discours *[patronal en l'occurrence]* [40] ».

Notre propre recherche a été, elle aussi, facilitée par la direction d'EDF et n'échappe peut-être pas entièrement aux limites qui viennent d'être évoquées. Elle prend largement en considération les dimensions historiques de l'action, le rôle d'EDF dans le développement national, les stratégies passées, tant internes qu'externes, de ses dirigeants. Mais elle n'est pas pour autant une histoire d'EDF.

Définir sociologiquement le passé, et plus précisément le modèle fondateur, n'explique pas le présent. Le passé apparaît comme ce qui résiste aux forces d'éclatement, ce qui maintient une cohésion et une cohérence de plus en plus menacées. Il ne fonde guère la culture d'entreprise de demain et, bien davantage, est marque, regret ou souvenir de l'identité initiale, malmenée, altérée. Ce livre ne reconstitue en aucune façon la chronologie d'événements qui formeraient autant de maillons d'une chaîne de causalités successives ; au plus loin de l'« histoire-récit » dont François Furet nous a appris à nous méfier [41], il s'agit d'étudier les transformations d'un système d'action inscrit dans une matrice qui se déforme et se complexifie sans que ceux qui le pilotent, les dirigeants d'EDF, soient capables ou désireux d'en envisager l'abandon pur et simple.

---

40. Patrick FRIDENSON, « Pour développer l'histoire des entreprises », in *Problèmes et objets de la recherche en sciences sociales*, Paris, EHESS, 1987, p. 215.
41. François FURET, *L'Atelier de l'histoire*, Paris, Flammarion, 1982.

I

La naissance d'un acteur

1

Le modèle fondateur

Contrairement à la plupart des entreprises, EDF, dès sa naissance ou presque, est une organisation de taille adulte, fruit d'intenses discussions qui, en dix-huit mois, se soldent par la loi de nationalisation du 8 avril 1946. Ce jour-là, EDF et GDF sortent de terre, « dressés comme des cathédrales [1] ».

Le processus qui aboutit à la loi du 8 avril, puis au décret du 22 juin 1946 définissant le statut du personnel du nouvel établissement, est commandé par des convergences qu'on n'observe ni avant ni après dans l'histoire du pays. Convergences proprement politiques, puisque même si la loi est votée au dernier moment, même si, plus encore, le décret d'application signé par Félix Gouin lui est presque arraché, l'existence d'EDF implique que les communistes (PCF), les socialistes (SFIO) et MRP, gouvernant ensemble, soient d'accord sinon sur les modalités, du moins sur le principe de la nationalisation. Celle-ci n'est pas seulement voulue par le parti communiste et la CGT, elle a une légitimité beaucoup plus large qui trouve sa source, notamment, dans le programme de mars 1944 du Conseil national de la Résistance prévoyant « le retour à la nation [...] des sources d'énergie », ou dans les déclarations publiques du général de Gaulle, annonçant en 1944 et 1945, qu'il adopte cette idée.

Du côté des acteurs sociaux, le rapport de force, en 1946, est

1. Le mot est de Roger Pauwels, alors secrétaire général de la Fédération CGT du personnel des industries de l'énergie, dans sa préface à René GAUDY, *Et la lumière fut nationalisée. Naissance d'EDF-GDF*, Paris, Ed. Sociales, 1978, p. 10.

très favorable aux tenants de la nationalisation. La CGT, à l'époque de la Première Guerre mondiale, en avait fait un thème de revendication, qui avait perdu de son importance jusqu'en 1936, pour retrouver vigueur à l'occasion du Front populaire. Or, en 1946, la syndicalisation est massive dans les industries électriques et gazières, atteignant 95 % des 112 000 agents du gaz et de l'électricité en avril 1946 [2]. Les ingénieurs et les cadres sont eux aussi ouverts à l'action syndicale et beaucoup rejoignent la CGT par l'intermédiaire de l'Union des ingénieurs et techniciens français (UNITEC). Sur 10 000 ingénieurs, cadres et agents de maîtrise, signale René Gaudy, 1 500 se syndiquent à la CGT en 1946. En face d'eux, et même s'il a moins collaboré que dans d'autres branches, le patronat des industries concernées est sans grande légitimité, et sa capacité de s'opposer à la nationalisation se révèle limitée [3].

Celle-ci avait été préparée par le Front populaire, où « les acteurs principaux de la future nationalisation se rencontrent, se jaugent et, par-delà les clivages politiques, s'apprécient [4] ». Elle est possible dans la brève conjoncture générée par la guerre et la Résistance et qui s'achève en 1947, quand les ministres communistes doivent quitter le gouvernement. Elle s'opère dans un climat tendu : bagarre parlementaire à propos du projet de loi de nationalisation, campagne de presse violemment hostile à Marcel Paul, ministre (communiste) de la Production industrielle à partir du 21 novembre 1945, et personnage clé de la création d'EDF [5].

---

2. D'après Jean-François PICARD, Alain BELTRAN, Martine BUNGENER, *Histoire(s) de l'EDF*, Paris, Dunod, 1985, p. 4.

3. Dans son importante thèse, *Alternative Currents: Technocratic Power and Worker's Resistance at EDF, 1946-1970*, Robert Lee FROST indique qu'en fait le patronat électrique a collaboré autant que d'autres, mais que son image, au sortir de la guerre, est apparue moins négative grâce à la personnalité d'Ernest Mercier, principal dirigeant de la CPDE qui avait, lui, rejoint la Résistance dès 1942. Sur l'histoire de la nationalisation, outre la thèse de Frost et les livres de PICARD et *al.*, ou de GAUDY *(op. cit.)*, cf. aussi Guy BOUTHILLIER, *La Nationalisation du gaz et de l'électricité en France*, Paris, FNSP, 1968.

4. Jean-François PICARD et *al.*, *op. cit.*, p. 18.

5. Militant syndicaliste de longue date, secrétaire général de la Fédération de l'éclairage (CGT) en 1931, membre du Comité central du PCF, résistant, puis déporté à Buchenwald, Marcel Paul fut accusé, dès l'époque du vote de nationalisation, non seulement de ruiner les actionnaires des industries nationalisées et de créer une catégorie privilégiée de travailleurs, mais aussi d'être responsable de la mort de déportés français non communistes à Buchenwald, au profit d'autres déportés membres de son parti.

La loi, tout comme le statut, si l'on excepte quelques concessions limitées [6], traduisent bien en effet la volonté de leur principal artisan, Marcel Paul. Le nouvel Établissement doit permettre d'accélérer la reconstruction du pays de façon rationnelle et socialement juste. Les investissements considérables qu'appelle la production d'énergie seront le fait de l'État, qui évitera, avec EDF, les gaspillages et les profits abusifs propres au secteur privé. Le réseau sera réorganisé de façon optimale, la production et la distribution seront normalisées, il n'y aura plus cette poussière de petites entreprises, elles-mêmes dominées par quelques grands groupes, mais un établissement public à caractère industriel et commercial apportant à la nation l'électricité dont elle a besoin. Le personnel, avec le statut, bénéficiera d'une « avancée sociale et démocratique inédite alors en France, en matière de garantie d'emploi, de rémunérations, de retraites, maladies, avantages familiaux, réalisations sociales de pointe, libre exercice du droit syndical, amorce de participation [...] à la gestion au travers des organismes statutaires [7] ». Un modèle est né, dans lequel vont se couler les dirigeants d'Électricité de France.

Les conditions dans lesquelles a été créé l'Établissement pèsent, de toute évidence, sur son fonctionnement ultérieur, et les promoteurs du « retour à la nation » de la production et de la distribution d'électricité joueront parfois un rôle non négligeable dans EDF ou vis-à-vis d'elle, à commencer par Marcel Paul, secrétaire général de la Fédération de l'éclairage (CGT) de 1947 à 1963. Mais les débats ayant mené à la loi de nationalisation et au statut du personnel sont par nature distincts de ceux qui vont animer la vie interne et externe d'EDF, et les acteurs qui ont participé à sa création ne sont pas les responsables de sa vie ultérieure. EDF une fois créée définit un système d'action, c'est-à-dire un ensemble de relations plus ou moins intégrées qui se jouent, notamment, entre les dirigeants de l'Établissement et divers autres acteurs.

---

6. Dans le projet définitif, diverses concessions ont été faites, « certaines entreprises ont échappé à la loi [... dont la Compagnie nationale du Rhône...]. Le Gaz a été séparé de l'Électricité, avec deux établissements distincts. Les directeurs généraux sont nommés au Conseil des ministres, et non élus par les conseils d'administration... » (René GAUDY, *op. cit.*, p. 113).

7. Roger PAUWELS, in René GAUDY, *op. cit.*, p. 10. Sur l'importance de la notion de statut avant-guerre, dans les entreprises d'électricité, cf. Robert Lee FROST, *op. cit.*

Cet ensemble de relations pourrait être envisagé de manière chronologique, dans sa continuité et son évolution, sous la forme d'une histoire d'EDF. Notre démarche, assez différemment, va consister, dans un premier temps, à dessiner l'image des rapports où s'opposent et se rencontrent les dirigeants d'EDF et leurs principaux interlocuteurs, qu'il s'agisse de l'État, des usagers ou des syndicats. Cette image n'est pas un mythe, construction imaginaire qui renverrait à un âge d'or n'ayant jamais existé. Elle correspond, globalement, à des lignes de force dont certaines ne sont jamais aussi nettes qu'à l'époque des débuts, dont d'autres se précisent un peu après ; elle constitue la référence à partir de laquelle, tout au long de cet ouvrage, nous nous efforcerons ensuite de lire et de comprendre un certain nombre de transformations. Le *modèle fondateur*, malgré sa forte intégration voulue en 1946, n'est pas intangible. Sa structure initiale apporte néanmoins les repères qui nous permettront d'apprécier l'action ultérieure des dirigeants d'EDF, leur capacité de piloter ce modèle, de l'adapter, de le modifier et éventuellement d'envisager d'en sortir.

Les acteurs dirigeants

Pour diriger l'entreprise née de la fusion de quelque 1 300 sociétés, plusieurs solutions pouvaient être envisagées. L'idée qui prévalut, et qui donna à coup sûr aux dirigeants une forte capacité d'action, tant vis-à-vis de l'extérieur qu'à l'intérieur, face aux syndicats, fut de confier la direction d'EDF à des hommes définis avant tout par leur compétence. Marcel Paul était conscient des risques d'échec qu'aurait encourus la nationalisation si EDF avait été placée dans les mains de responsables choisis pour leur seule appartenance syndicale ou politique.

Mieux même, sa ligne de conduite, comme ministre, fut de chercher à éviter l'incompréhension ou la rupture avec les anciens dirigeants de l'industrie électrique. Tout en écartant les adversaires les plus hostiles à la nationalisation, il n'hésita pas à faire appel à certains de ces anciens dirigeants, à commencer par le premier président-directeur général d'EDF, Pierre Simon, auparavant directeur d'une entreprise privée, l'Énergie électrique, et qui lui-même s'entoura, sur huit membres de son état-major, de quatre anciens dirigeants de l'industrie électrique (Pierre Grézel, Roger Rigoulot, Pierre Massé, Pierre Ailleret).

Au-delà de ces quelques personnalités, et si l'on considère sur la longue durée les principaux dirigeants d'EDF, ses directeurs généraux, ses responsables des grandes directions, on constate aisément qu'on a affaire à un monde d'ingénieurs, avec une nette prédominance des « X-Ponts » (anciens élèves de l'École polytechnique et de l'École des ponts et chaussées). Ces « X-Ponts » étaient déjà massivement présents dans l'industrie électrique ; ce sont rarement des « héritiers », ils doivent bien davantage leur carrière à leurs études et leurs diplômes. Surtout, ce sont des organisateurs qui raisonnent en termes scientifiques et économiques [8].

Les premiers dirigeants d'EDF, entreprise nationalisée, ne s'identifient pas nécessairement à l'État, même s'ils ont fait une partie de leur carrière dans la haute fonction publique. Par contre, tous sont convaincus d'agir au nom de l'intérêt collectif et parlent haut et clair le langage de la nation. Les mots de grandeur ou d'indépendance nationale ont un sens très profond pour ces ingénieurs, qui ont la plus vive conscience d'être des acteurs centraux du développement du pays. Certains d'entre eux — ce sera moins vrai par la suite — ont une expérience du privé, et tous ont le souci d'une gestion rationnelle de leur entreprise, que le législateur a voulue « à caractère industriel et commercial » parce que, explique l'inventeur de la formule, « il fallait également satisfaire les ingénieurs et les responsables de la politique commerciale qui poussaient à ce qu'EDF soit régie par le droit privé, d'abord parce que les rémunérations étaient plus importantes, pensaient-ils, dans le secteur privé. Ensuite parce qu'il y avait de leur part un refus de la fonctionnarisation. Enfin, les gestionnaires [...] désiraient qu'on applique la législation des sociétés et les règles du commerce dans les relations de l'entreprise nationalisée avec les fournisseurs et la clientèle [9] ».

Ainsi, compétence technico-économique, confiance dans la raison, identification à l'intérêt collectif et à la grandeur de la nation caractérisent les premiers dirigeants d'EDF.

---

8. Cf. Philippe SIMONNOT, *Les Nucléocrates*, Grenoble, PUG, 1978, p. 189. Sur ce thème, cf. aussi, plus récent, Peter PRINGLE, James SPIGELMAN, *Les Barons de l'atome*, Paris, Seuil, 1982.

9. Ces propos sont tenus par Georges Maleville, cf. Jean-François PICARD et *al.*, *op. cit.*, p. 29.

Face à l'État

Dans le modèle fondateur, le rapport des dirigeants d'EDF à l'État est fait d'une confiance réelle et partagée qui leur autorise de réels degrés de liberté. Là encore, on retrouve la marque de Marcel Paul qui expliquait devant l'Assemblée nationale constituante, le 27 mars 1946 : « Certes, il faut que les hommes responsables de la gestion soient effectivement et scrupuleusement contrôlés. Mais ce contrôle doit s'exercer par des méthodes employées dans l'industrie [...]. Il nous faut des hommes de qualité [...]. Il faut donner à ces hommes le goût de l'initiative et le sens des responsabilités [10]. »

L'autonomie des dirigeants d'EDF repose ainsi, en principe, sur leur compétence et leur propre capacité d'initiative. Elle se joue en tout premier lieu par rapport à la principale *tutelle*, c'est-à-dire au ministère de l'Industrie (en 1946, ministère de la Production industrielle) et, plus précisément, à sa direction de l'Électricité (qui devient ensuite direction du Gaz, de l'Électricité et du Charbon, la « DIGEC »).

Les responsables de la tutelle ont un profil comparable à celui des dirigeants d'EDF ; ainsi Henri Varlet et Louis Saulgeot, parmi les premiers directeurs de l'Électricité, sont des ingénieurs des Ponts : la communication est aisée. Elle l'est d'autant plus qu'au plus haut niveau, on le sait, certains des premiers dirigeants d'EDF ont une réelle expérience de la haute administration : Pierre Simon, le premier P-DG, a fait l'essentiel de sa carrière dans l'administration et a participé à deux reprises à des ministères. Roger Gaspard, qui lui succède comme directeur général, a été directeur de cabinet de Paul Ramadier (secrétaire d'État aux Mines, à l'Électricité et aux Combustibles du gouvernement Blum de juillet 1936 à janvier 1938), puis, pendant quelques mois, sous Pétain, directeur de l'Électricité. Le modèle fondateur, de ce point de vue, fait de la tutelle un lieu de passage vers la direction d'EDF. Plus tard, des hommes comme Jean Andriot, Charles Chevrier ou Albert Robin y effectueront une partie importante de leur carrière avant de se retrouver à la direction d'EDF.

L'administration tutélaire comprend bien les argumentations scientifico-économiques d'EDF, et à la limite, sera parfois

10. Cité par René GAUDY, *op. cit.*, p. 105.

perçue, par la suite, comme le vecteur d'EDF dans la puissance publique, le lieu par où celle-ci fait remonter ses intérêts sur un mode quasi corporatiste jusque dans l'État. Dans le modèle fondateur, il vaut mieux pourtant parler de relation harmonieuse, d'autant plus réussie que, sous la IVe République, la haute administration dispose d'un certain poids face à la classe politique, instable et peu compétente techniquement, et que l'économie nationale se caractérise successivement par la reconstruction et la croissance accélérée, phases au cours desquelles les entreprises nationalisées jouent un rôle central. L'administration constitue une « colonne vertébrale », responsable, qui dispose d'une réelle continuité ; elle est là, explique M. Chevrier (directeur général de 1979 à 1982), à l'occasion de notre recherche [11], pour « superviser les établissements, les ramener dans le droit chemin, les aider... ». L'autonomie dont disposent les dirigeants d'EDF est indissociable de la confiance que leur accorde l'administration, et de la confiance dont cette dernière bénéficie de la part du pouvoir politique. Elle est bien évidemment susceptible d'être mise en cause par les responsables politiques et il ne faut pas attendre longtemps après la création d'EDF pour constater (mai 1947) que le gouvernement, en refusant par exemple d'autoriser l'Établissement à augmenter ses tarifs, entend bien le cas échéant lui imposer ses vues.

Dans la pratique, la relation entre les dirigeants d'EDF et la puissance publique tend à s'écarter constamment du modèle fondateur, et la période qui s'ouvre avec la guerre froide apporte les premières expressions, massives, d'une réelle opposition. Pourtant, la tension ne monte jamais aux extrêmes, à la mise en cause des principes généraux qui orientent le fonctionnement de l'Établissement. Entre EDF et l'État est en jeu un rapport où EDF peut prendre en charge le développement économique du pays dans son domaine propre, sur un mode relativement peu conflictuel. Dans le modèle fondateur, ce rapport n'est pas de l'ordre de l'antagonisme irréductible, il est même un élément fondamental d'intégration, ce qui n'exclut pas de fortes crises.

11. Rappelons que cette recherche, sur laquelle repose le corps de notre ouvrage, est présentée dans l'introduction et, de façon beaucoup plus détaillée, dans l'annexe 1.

Les attentes des usagers

Nous avons pris l'habitude de voir critiquer EDF, « État dans l'État » [12] si l'on en croit la contestation antinucléaire des années 1975-1980, monstre technocratique plus soucieux de ses avantages corporatistes que du bien-être des usagers selon divers médias et aux yeux de larges segments de l'opinion publique. Cette image, relativement récente, ne correspond pas au modèle fondateur.

Après-guerre, EDF est d'abord un partisan de la reconstruction. Le pays a beaucoup souffert, le réseau électrique, indispensable à son redressement, ne suffit pas à répondre aux besoins ; coupures et délestages sont monnaie courante. Si un reproche peut alors être fait à EDF, c'est celui de ne pas produire et distribuer des quantités suffisantes d'électricité. En fait, partout, elle est attendue, parfois même avec impatience, il n'y a aucun hiatus important entre l'établissement et la population. Si l'opinion publique a pu être çà et là hostile au contenu du statut, jugé trop favorable au personnel [13], ou sensible aux accusations relatives au comportement de Marcel Paul au camp de concentration de Buchenwald, elle n'en est pas pour autant critique vis-à-vis d'EDF elle-même.

Les premiers conflits avec l'extérieur apparaissent avec la réalisation du programme hydraulique, et plus précisément autour du premier grand chantier, celui du barrage de Tignes. Phénomène mineur, très localisé — « quelques cailloux sur le chemin, des manifestations un peu enfantines. Rien de bien grave », dira Pierre Massé, à l'époque directeur général adjoint [14]. D'autres contestations du même ordre suivront, notamment à l'occasion de l'aménagement hydraulique de la Durance, résistances locales où se mêlent le refus de voir détruit un site, un village, une micro-culture, et la défense d'intérêts spécifiques civils — par exemple, lorsque des agriculteurs cherchent à obtenir la meilleure indemnisation possible pour leurs terres — et politico-

12. Frédérique DE GRAVELAINE, Sylvie O'DY, *L'État EDF*, Paris, Alain Moreau, 1978.

13. On trouvera dans René GAUDY, *op. cit.*, p. 157-158, de nombreux extraits de la presse de l'époque. Qu'il s'agisse du *Monde* (4 juillet 1946), de *L'Époque* (30 juin), du *Figaro*, de *La Croix du Nord*, etc., tous s'indignent du traitement particulier réservé au personnel d'EDF.

14. Cf. Jean-François PICARD et *al., op. cit.*, p. 65. Le barrage de Tignes a été mis en service en 1952.

administratifs — par exemple, lorsque plusieurs administrations ou départements sont concernés. La résistance rencontre parfois une certaine sympathie dans l'opinion publique, dont témoigne notamment l'accueil réservé au film *L'Eau vive* et à la chanson du même titre de Guy Béart [15]. Mais elle ne se prolonge pas en un conflit de portée plus globale, comme ce sera le cas plus tard avec le programme électronucléaire.

La France de la fin des années quarante et des années cinquante ne remet pas en cause les valeurs de la civilisation industrielle ; EDF est largement identifiée au progrès et à la croissance, et il est artificiel de parler d'un rapport social à propos de ce qui se joue entre l'Établissement et sa clientèle. EDF est un service public, reconnue comme tel, elle est attachée au principe d'un traitement égalitaire de tous ses usagers, qu'elle respecte, et en dehors des difficultés passagères et limitées qu'elle rencontre à l'occasion de grands chantiers, elle n'est vécue ni comme une menace ni comme un acteur imposant abusivement ses vues à une société impuissante. Dans le modèle fondateur, l'image d'un conflit entre EDF et les usagers n'a guère sa place.

Dirigeants et personnel

Au départ, les conditions sont réunies pour que le personnel, par l'intermédiaire des organisations syndicales, dispose face à la direction d'EDF de ressources considérables. Seule une loi, en effet, peut défaire ce que le statut comporte de droits et de sécurité pour les agents d'EDF. La grille des salaires, unique, vaut pour l'agent en service comme pour celui en « inactivité » — le terme de retraite est supprimé. Hommes et femmes bénéficient de l'égalité de salaires. Le salaire de base est fixé par accord entre le directeur général et les organisations syndicales représentatives, l'un des ministères de tutelle (les Finances) n'intervenant en principe que pour arbitrage, en cas de nécessité. Toute décision concernant le personnel doit être précédée d'une consultation pour avis de la commission paritaire, et il

15. Sur certains aspects de cette époque, cf. les analyses de Jean DUBOST, qui intervint longuement sur place, en psychosociologue : *De la recherche-action à l'analyse sociale*, thèse pour le doctorat d'État, Paris-Nanterre, 1983. EDF n'est jamais mentionnée nommément, mais facilement identifiable.

n'y a pratiquement aucune possibilité de licenciement, et en tout cas pas pour cause économique. Le personnel siège avec la direction aux « commissions secondaires » (où se prennent les décisions concernant le recrutement, l'avancement, la discipline, etc.), à la « commission supérieure nationale du personnel » qui les prolonge, et au conseil d'administration.

Protégé et assuré, comme dit un important dirigeant cégétiste, de « vivre avec un minimum de dignité... [16] », l'agent d'EDF participe à la gestion de l'Établissement, à tous les niveaux, dans le cadre de comités mixtes à la production (CMP) où, en théorie, les représentants syndicaux ont à connaître tous les problèmes qui concernent la marche de l'Établissement : pour la CGT, les CMP, en effet, permettent de collaborer avec la direction sans se substituer à la hiérarchie, et de « contribuer à la gestion, dans les meilleures conditions d'efficacité possible, d'un patrimoine énergétique qui avait été mis à la disposition de la nation [17] ».

Espace de gestion démocratique pour les uns, à commencer par la CGT, soviets pour d'autres, et en particulier pour une certaine presse de droite en 1946, les CMP ont dans l'ensemble, de fait, fonctionné en deçà des aspirations de leurs promoteurs, lieu de rencontre entre dirigeants et syndicalistes où les grandes questions sont rarement abordées et traitées. En théorie, les CMP devaient promouvoir un accroissement de productivité, favoriser une meilleure organisation des services, contribuer à la lutte contre le gaspillage, etc. ; en fait, ils n'ont jamais apporté qu'une contribution mineure de ce point de vue, comme si, en fin de compte, le personnel répugnait à s'engager dans une voie qui aurait pu tendre à une certaine cogestion. Mais les CMP sont souvent décrits aujourd'hui, par les dirigeants d'EDF, comme amortissant ou régulant des rapports avec les syndicats qui, sinon, seraient bloqués ou explosifs.

Un aspect particulier a fait couler beaucoup d'encre, dès que fut connu le statut de 1946. Il s'agit des œuvres sociales, confiées au niveau le plus élevé à un Conseil central des œuvres sociales qui deviendra plus tard Conseil de la caisse d'action sociale (CCAS) — dite aussi *la* CCAS. Gérées par les seules

16. François DUTEIL, Philippe HAUMONT, *Les Bâtisseurs. Luttes et gestion à la CCAS*, Paris, Messidor, 1986, p. 13. François Duteil a publié par la suite un ouvrage de portée plus générale, *De l'énergie pour les hommes*, Paris, Messidor-Éd. sociales, 1988.

17. *Id., ibid.*, p. 54.

organisations syndicales, et en fait par la CGT, largement majoritaire [18], les œuvres sociales ont un budget gigantesque puisqu'il représente 1 % du chiffre d'affaires d'EDF. Activités culturelles, sportives, colonies de vacances, cantines, mutuelles, formation, etc. : la liste est longue des possibilités qu'offre un tel budget. Mais si les critiques n'ont jamais cessé, ce n'est pas tant pour la conception du « social » que peuvent avoir les responsables de la CCAS que pour le pouvoir immense dont ils sont détenteurs et dont on les a souvent accusés de faire bénéficier abusivement leur confédération, voire le parti communiste.

Il y a donc, dans le modèle fondateur, un poids, voire une emprise syndicale exceptionnelle. Cette emprise, même si on parle couramment *des* syndicats à EDF, est fondamentalement cégétiste. La CFTC doit surtout à sa participation au Conseil national de la Résistance d'avoir obtenu un siège au conseil d'administration, et même chez les cadres, la CGT est majoritaire.

On pourrait s'attendre qu'avec un tel rapport de forces la CGT se comporte comme une force politico-sociale imposant constamment ses vues à la direction. En fait, ce n'est pas ainsi qu'il faut rendre compte de la relation qui, dans le modèle fondateur, associe et oppose direction et syndicats.

Cette relation a quelques antécédents dans le passé, et nous savons qu'avant-guerre, au moment du Front populaire et du « Programme 38 », puis dans la Résistance et la préparation de la loi de nationalisation, une convergence s'était esquissée. Surtout, on constate qu'au-delà de conflits salariaux somme toute classiques il existe, au niveau de la culture ou des grandes orientations, une certaine proximité de vues. Les dirigeants d'EDF, tout comme les responsables cégétistes, veulent le succès et de la nationalisation et de leur entreprise ; les uns et les autres ont le souci commun de tenir l'État à distance respectable. De façon très similaire, ils ont confiance dans la science et dans la raison, et s'identifient au progrès qu'apporte leur produit, l'électricité. Ils partagent les mêmes objectifs de développement, et parlent de la même façon, bien souvent, de l'intérêt collectif. Pour la CGT, EDF est une entreprise exceptionnelle, une réussite qui doit beaucoup à celui qui fut un grand

---

18. De 1951 à 1964, la CGT, pour des raisons essentiellement politiques, n'a pas exercé son contrôle sur la CCAS.

ministre et qui, jusqu'en 1964, demeure un grand dirigeant, Marcel Paul. C'est pourquoi « les syndicats », dans le modèle fondateur, ne montent jamais aux extrêmes, évitent les conduites de rupture, se veulent toujours responsables. On le constate en particulier, en 1947, lors des grandes grèves consécutives à l'éviction des ministres communistes du gouvernement, où la grève est moins dure à EDF que chez les mineurs par exemple, non pas par faiblesse ou manque de combativité, mais parce que Marcel Paul n'accepte pas le risque d'affaiblir EDF elle-même. On le constate constamment par la suite : chaque fois que les plus hauts dirigeants d'EDF ont le sentiment d'une menace excessive, chaque fois qu'ils pensent qu'une action revendicative va trop loin, ils savent trouver le contact direct qui, du côté de la CGT, permettra d'éviter de porter atteinte aux intérêts de l'Établissement.

La convergence n'est pas seulement défensive et, à la limite, proche d'un certain corporatisme d'entreprise. Elle est aussi, très nettement, offensive, en particulier lorsqu'il s'agit de promouvoir des projets qui se heurtent à l'hostilité d'autres acteurs, et notamment des pouvoirs publics. De ce point de vue, le modèle fondateur est d'une remarquable stabilité : du programme hydraulique des débuts au programme nucléaire des années soixante-dix, la direction d'EDF a souvent pu compter sur la CGT pour aller de l'avant et développer ses plus grands projets, malgré diverses oppositions.

Un système d'action intégré

On comprend mieux, maintenant, la force du modèle fondateur. Il met face à face des hommes qui, au-delà d'oppositions politiques, voire sociales, partagent les mêmes orientations. Dirigeants, syndicalistes, agents de base, cadres et techniciens d'EDF, hauts fonctionnaires privilégient la compétence, le savoir-faire et, plus abstraitement, la science et la raison. Ils se vivent comme facteurs d'un progrès bénéficiant à la collectivité tout entière, et sans que l'opinion publique ou des mouvements contestataires viennent sérieusement mettre en cause cette perception qu'ils ont d'eux-mêmes. En produisant le kilowattheure au moindre coût, ils pensent servir l'intérêt général, et à leurs yeux, l'optimum collectif et celui d'EDF ne font qu'un. Ils sont porteurs, d'une certaine façon, du même universalisme, ce sont les héritiers des Lumières et d'une France qui croit dans sa grandeur et sa capacité de développement associée aux idées d'intérêt collectif et de justice sociale.

Le ciment idéologique qui rassemble les acteurs propose une vision globale et interdit qu'on s'arrête à l'idée trop partielle de corporatisme d'entreprise. Il *intègre* le système d'action sans le *fusionner* dans une totalité indifférenciée : les dirigeants d'EDF sont des experts dès qu'il s'agit de s'appuyer sur les syndicats pour faire reculer la haute administration, ou vice versa — on est dans un jeu à trois où chacun négocie, manœuvre, défend ses visées.

L'intégration est facilitée par le monopole dont dispose EDF, non pas en matière de production, mais pour la distribution du courant. Dans une telle situation, en effet, les problèmes peuvent être posés au plus haut niveau, celui de la politique énergétique du pays, de son développement, sans que la lutte pour la conquête du marché rende second ce niveau, qui est celui où s'opèrent le mieux, en fin de compte, la convergence des acteurs et l'intégration du modèle fondateur.

Une conséquence, qui est aussi une condition nécessaire de cette forte intégration, est dans la centralisation qu'appelle nécessairement le fonctionnement harmonieux du modèle fondateur. Le statut prévoyait une certaine décentralisation, régionale, et une des concessions que Marcel Paul avait dû faire au moment du vote de la loi de nationalisation était dans la séparation — relative — de Gaz de France et EDF. Mais, comme l'a noté Richard F. Kuisel, les éléments de décentralisation prévus dans le statut ne furent jamais mis en pratique et, plus généralement, les « impératifs économiques l'emportèrent sur les idéaux politiques » [19]. Le modèle fondateur est robuste.

---

19. Richard F. KUISEL, *Capitalism and the State in Modern France*, Cambridge, Cambridge University Press, 1981, p. 210-211 (trad. Gallimard).

2

Trois logiques d'action

Acteur du développement national auquel elle identifie constamment le sien, EDF est d'abord figure centrale de la reconstruction du pays. Puis, dès la fin des années cinquante, l'offre d'électricité tend à suffire à la demande, et il lui faut penser en termes d'accroissement simultané de l'offre et de la demande. Une troisième phase de son existence naît de l'élaboration et de la mise en place du programme électronucléaire des années soixante-dix. Celle-ci suscite de vives critiques et la formation d'une contestation dont une dimension est antitechnocratique. EDF devra ensuite, dans une conjoncture de croissance ralentie, commercialiser une électricité surabondante en dehors des périodes de pointe et, plus largement, gérer les problèmes d'une quatrième phase, celle de l'après-nucléaire, que nous n'envisagerons que beaucoup plus loin dans ce livre. A chacune de ces grandes périodes correspondent chez les dirigeants d'EDF des logiques d'action dominantes [1], ainsi que des difficultés croissantes pour rester dans le cadre du modèle fondateur, de plus en plus délicat à intégrer.

Industrialisation et logique industrielle

Produire

Au sortir de la guerre, on le sait, EDF est appelée à participer à la reconstruction du pays. Cela implique pour elle

1. Sur la notion de logique d'action, cf. Lucien KARPIK, « Les politiques et les logiques d'action de la grande entreprise industrielle », in *Sociologie du travail*, n° 1, 1972, p. 82-105.

d'accroître tout à la fois sa productivité et sa capacité de production. La logique d'action principale, pour ses responsables, est une combinaison où il s'agit de se comporter en organisateurs et en modernisateurs, d'être des industriels et des industrialisateurs. A la fin des années quarante, et bien au-delà, le modèle fondateur, pourtant sérieusement affecté par les conséquences de la guerre froide, fonctionne de manière très intégrée. La CGT et la direction sont d'accord pour fournir un effort de production considérable, et souvent, à l'époque, on travaille six jours par semaine et dix heures par jour. L'accord existe aussi si l'on considère la construction de l'avenir, et le succès des tenants d'un programme hydraulique, face aux partisans de la construction de centrales thermiques, illustre parfaitement les convergences du moment. La CGT est favorable à ce programme, souvent qualifié « de gauche » [2] (le thermique serait alors « de droite »), le soutien politique à l'hydraulique est explicite, ne serait-ce que dans le plan Monnet. Les ingénieurs qui dirigent EDF, et dont beaucoup sont des X-Ponts, sont d'ardents promoteurs d'un programme où ils pourront utiliser leurs compétences techniques et leur maîtrise du calcul économique qui commence à s'affirmer. Enfin, les barrages sur la Durance, qui constituent l'essentiel du programme initial, puis les barrages au fil de l'eau, sur le Rhin, évitent les importations de charbon liées au thermique, et permettront à leurs promoteurs de dire qu'ils contribuent à l'indépendance nationale.

En pensant, puis en lançant les grands chantiers du programme hydraulique, qui emploient couramment des milliers de personnes, en réalisant, au tournant des années quarante-cinquante, plusieurs aménagements importants chaque année, les dirigeants d'EDF sont plus des acteurs du développement que des industriels. La direction de l'Équipement, qui a en son sein la charge de concevoir les installations et d'assurer la maîtrise des ouvrages (dialogue avec les autorités locales, sélection des entreprises de bâtiment et de travaux publics, organisation du chantier), est le vecteur de cette action de construction [3].

Mais ce côté spectaculaire ne doit pas masquer l'autre face

2. Sur les positions de la CGT concernant l'hydraulique, cf. René LE GUEN, *Voyage avec des cadres*, Paris, Éd. sociales, 1977.
3. Pour situer cette direction dans une présentation d'ensemble, cf. le schéma présenté en annexe 2.

de l'action des dirigeants d'EDF, qui se comportent également en organisateurs du travail dans leur propre entreprise. Le rapport qui les lie et les oppose au personnel est, curieusement, un rapport de classes tronqué. Les travailleurs d'EDF, surtout à la production, mènent souvent des actions revendicatives, sur les salaires, sur la nécessité d'embaucher du personnel supplémentaire, sur certains aspects des conditions de travail. Mais le propre de leurs luttes est qu'elles peuvent difficilement s'élever jusqu'à une contestation globale et porter une visée historique, un projet de contrôle ou de socialisation de l'industrie, tout simplement parce que leur entreprise correspond déjà, à bien des égards, à un tel projet. Cette caractéristique des conflits du travail, inscrite dans le modèle fondateur d'EDF, est indissociable de la référence à l'intérêt national et au service public, commune aux dirigeants et au personnel. Mais EDF n'en est pas moins une grande entreprise industrielle où maîtres du travail et ouvriers entretiennent des relations de pouvoir qui relèvent de l'axe synchronique évoqué dans l'introduction.

Managers, de ce point de vue, les dirigeants d'EDF veulent élever la productivité et améliorer l'organisation du travail : cet aspect de leur action appelle des outils de production disponibles sur-le-champ, adaptés à une demande d'électricité qui, jusqu'en 1950 ou 1951, dépasse l'offre. Ce qui, compte tenu du sous-équipement du pays, est contradictoire avec le programme d'équipement hydraulique qui ne peut porter ses fruits qu'à moyen terme, et en tout cas bien plus tardivement que ne le feraient des investissements d'un même montant dans la construction de centrales thermiques. C'est pourquoi la fin des années quarante voit s'inaugurer des tensions, dont les auteurs d'*Histoire(s) de l'EDF* rendent bien compte [4], entre la direction de l'Équipement, promoteur de l'hydraulique et, plus largement, d'une perspective à moyen et long terme, et la direction de l'Exploitation (qui deviendra direction de la Production et du Transport), davantage soucieuse de répondre aux besoins immédiats des usagers.

Contrairement aux idées reçues, telles qu'elles circulent à l'intérieur d'EDF, les rivalités entre grandes « directions », qui s'inaugurent ainsi avec l'Équipement et la Production-

4. Plus largement, sur le programme hydraulique, cf. le chapitre 5, p. 59-82, d'*Histoire(s) de l'EDF, op. cit.* Cf. aussi Robert L. FROST, *op. cit.*

Transport, ne tiennent pas tant à l'existence de « féodalités », ou à la personnalité de tel ou tel directeur, qu'aux tensions entre des sous-logiques qui se distinguent et parfois s'opposent en se transcrivant, très concrètement, dans l'organigramme de l'entreprise. Ces tensions internes n'affaiblissent pas le modèle fondateur ; elles sont, pour l'instant, le prix à payer pour l'intégration d'une logique de développement, prédominante, et d'une logique industrielle, d'importance non négligeable.

Le déclin de la logique industrielle

Il est excessif aujourd'hui de maintenir l'image d'une logique industrielle conservant une réelle centralité dans l'action des dirigeants d'EDF, du moins si l'on entend par logique industrielle le souci primordial d'organiser et de diriger le travail productif.

Certes, l'essentiel, pour EDF, est toujours de produire et de transporter du courant. Mais cette nécessité est pensée désormais en termes de *capacité de production* bien plus que de *production* proprement dite. Le responsable d'une unité — un barrage, une centrale thermique classique, une centrale nucléaire, etc. — est avant tout un homme disponible, prêt à déclencher, arrêter, ralentir ou accélérer la fabrication en fonction des indications du service des mouvements d'énergie qui dicte en temps réel ce que chacun doit faire et ne pas faire. Des ordinateurs calculent en permanence les quantités que doivent débiter les diverses unités du réseau pour répondre à la demande globale avec un coût minimum ou même, depuis quelques années, pour vendre du courant à l'exportation dans les meilleures conditions. C'est pourquoi, sur le terrain, la notion de productivité change de sens et renvoie à la recherche d'un optimum économique — d'où cette formulation paradoxale qu'un responsable de groupe de production hydraulique a quelque difficulté à faire entendre : « La productivité, ce n'est pas forcément produire plus, c'est parfois produire moins [...]. Il y a environ trois ans, je l'ai dit pour la première fois à mes chefs de centrale, ils m'ont regardé avec des yeux ronds. »*.

* Sauf mention contraire, les phrases entre guillements proviennent de nos entretiens individuels ou collectifs avec des dirigeants d'EDF. Ceux-ci ne sont pas nommés ni même, la plupart du temps, identifiables pour respecter, comme convenu, leur anonymat.

Ce n'est pas dans le travail industriel que se jouent les rapports les plus significatifs au sein d'EDF, et même à la production proprement dite, le travail ouvrier devient une catégorie seconde. Dans une centrale nucléaire, « la sûreté, l'absence d'accident sont la priorité, et le deuxième souci, c'est leur fiabilité, leur disponibilité, leur capacité de production ». Mieux même, au cœur d'un tel équipement, travailler, c'est « être continuellement en veille sur quelque chose qui ne se passe pas. Vous êtes là, devant vos cadrans, à attendre ». Dans ces installations modernes, l'automation et l'électronique ont remplacé le travail traditionnel, il n'y a plus d'ouvriers professionnels ni d'OS, mais des ingénieurs, des techniciens et des opérateurs sans qualification ni tâche directement productive, dont l'effectif total ne dépasse jamais quelques centaines de personnes pour une production pouvant atteindre jusqu'au quinzième du total national [5].

Même là où subsistent des outils moins récents, dans les centrales thermiques ou à la production hydraulique, les figures classiques du travail, l'ouvrier qualifié, l'OS, l'agent de maîtrise ont perdu de leur influence et correspondent à des effectifs considérablement réduits. Le problème, là aussi, est d'être capable de faire face, même pour un très court laps de temps, à des ordres de mise en service ou d'arrêt d'installations. Priment de plus en plus la disponibilité et la capacité d'intervention, tandis que la production elle-même va de soi ou presque. La logique industrielle, même dominée par une logique de développement à laquelle elle était associée, était importante dans les années cinquante et même encore soixante ; elle a cessé d'alimenter de façon décisive les débats et les tensions internes à EDF.

La logique commerciale

Dans le modèle fondateur, EDF est un service public, elle doit fournir l'électricité et non pas vendre un produit commercial.

5. De ce point de vue, une centrale nucléaire s'apparente aux usines à « process », telles qu'on en rencontre dans la pétrochimie, la sidérurgie moderne, la cimenterie, certaines industries agro-alimentaires, etc. Cf. par exemple les travaux de Benjamin Coriat. Précisons qu'une centrale de quatre tranches occupe environ 850 agents EDF, dont 13 % de cadres, 25 à 28 % d'agents d'exécution, et 59 à 62 % d'agents de maîtrise.

Cette orientation générale est respectée jusqu'à la fin des années cinquante ; à partir de là, elle est constamment malmenée.

Le passage des dirigeants d'EDF à une logique commerciale, qui ensuite devient une constante de leur action, doit beaucoup à des conditions qui leur échappent — transformations dans la vie politique française, évolution des cours du pétrole, changements dans la consommation des ménages, etc. Mais il tient aussi à la capacité de ces dirigeants d'élaborer pour leur entreprise une vision de l'avenir, il est inséparable d'une visée de développement.

De ce point de vue, la logique commerciale peut prendre un sens différent dans le temps et selon qu'elle accompagne ou non une autre logique. C'est ce que nous verrons, notamment à propos du programme nucléaire des années soixante-dix.

Vers le « tournant commercial »

Les premières ébauches d'un effort commercial sont expérimentales, avec les « villes pilotes » (Boulogne-sur-Seine, Avignon et Orléans) où un « tarif pilote » est proposé aux usagers domestiques, en même temps qu'une campagne de promotion encourage l'installation de cuisinières et de chauffe-eau électriques, avec, aussi, très comparables dans leur principe, les « fermes pilotes » de Bretagne.

Le succès aidant, et dans une conjoncture politique et économique hautement favorable, la direction d'EDF systématise ces expériences au tout début des années soixante, avec la politique du « compteur bleu ». Une campagne de promotion propose aux usagers de moderniser à très peu de frais pour eux leur installation électrique, la politique tarifaire devant permettre à EDF d'amortir à terme, très confortablement, ses investissements pour la mise en place de « compteurs bleus ». EDF, ici, perçoit bien le formidable essor des « produits blancs », symboles et vecteurs de la consommation de masse, et le surcroît de puissance qu'apportent les nouveaux compteurs est destiné à accompagner leur pénétration en faveur de l'électricité.

Une telle démarche ne peut être envisagée qu'à partir du moment où la production d'électricité, déjà suffisante, est susceptible d'accroissement. Le programme hydraulique est en effet pratiquement achevé, les barrages donnent à plein rendement. On entre, de plus, dans une conjoncture d'abondance et de faible prix du pétrole, qui intervient alors pour une part importante dans la fabrication d'électricité thermique.

Le « compteur bleu » n'est que la première étape d'un processus qui s'amplifie tout au long des années soixante, pour être même, à la fin de cette période, qualifié de « tournant commercial » par les dirigeants d'EDF.

Ce processus traduit fondamentalement un réaménagement du modèle fondateur, surtout dans ce qui a trait aux relations d'EDF avec l'État. Du côté de l'État, en effet, des transformations considérables sont en cours depuis le retour du général de Gaulle aux affaires. La fin de la guerre d'Algérie, l'ouverture des frontières de l'Europe s'accompagnent de la poussée d'une pensée et d'une pratique libérales. Les idées qui dominent, en ce qui concerne les entreprises publiques, sont celles de désengagement de l'État et de rentabilité économique et financière de ces entreprises. Ces idées se cristallisent dans le célèbre rapport Nora (1967)[6]; elles incluent la contrepartie théorique d'une autonomie accrue des directions des entreprises concernées, en matière tarifaire notamment. Elles ouvrent la voie à une politique commerciale et débouchent, à la fin des années soixante, sur la mise en place d'une relation contractuelle entre l'État et EDF qui signent, en décembre 1970, leur premier « contrat de programme »: l'Établissement, dans le cadre d'engagements réciproques très précis, dispose d'une plus grande liberté de gestion, il s'agit bien, comme dit le préambule du contrat de programme, d'« accroître l'autonomie d'EDF et renforcer son efficacité[7] ».

Ce qui est possible du côté de l'État est très fortement voulu du côté de la direction d'EDF. Ainsi, le rapport Nora, rédigé à la demande du Premier ministre, non seulement tient manifestement largement compte du point de vue de la direction d'EDF, mais comporte même une annexe sur les tarifs qui a été rédigée par deux de ses dirigeants, Marcel Boiteux et Louis Puiseux. L'évolution qui s'opère, en ne mettant nullement en cause, bien au contraire, le caractère relativement harmonieux des relations entre État et EDF, traduit une certaine souplesse du modèle fondateur, et montre aussi qu'une logique commerciale peut y trouver sa place. Le « tournant commercial » vient

---

6. Rapport Nora (1969).
7. Cf. la *Revue française de l'énergie*, n° 228, janvier 1971.

parachever des transformations étalées sur une dizaine d'années. Dans l'ensemble, il est perçu par les dirigeants d'EDF comme une amélioration, un progrès à l'intérieur du modèle fondateur, ce qui n'exclut pas qu'un « malaise »[8] soit ressenti çà et là.

Tournant commercial et programme nucléaire

Le « tournant commercial » n'est pas seulement la conclusion d'un processus. Il en annonce aussi un autre, il prépare le succès d'une opération qui va dominer la vie d'EDF par la suite, la mise en place du programme nucléaire.

La rentabilité d'une centrale nucléaire passe par un fonctionnement ininterrompu en dehors des périodes d'entretien ou des exigences de la sûreté, et dès la fin des années soixante ceux qui, à la tête d'EDF, pensent que l'électricité nucléaire va remplacer en bonne part l'électricité thermique classique, et préparent cette transition, sont conduits à se préoccuper des débouchés qui permettront de rentabiliser les nouveaux équipements en écoulant leur production en toute saison et jour et nuit.

En ce sens, le « tournant commercial » annonce déjà la ligne de pente du début des années quatre-vingt — le souci de commercialiser une électricité surabondante en dehors des pointes hivernales. Pour préparer le passage au nucléaire, il convient d'opérer un effort commercial qui anticipe les conséquences.

Concrètement, il n'est pas facile, au début des années soixante-dix, une fois le « compteur bleu » ou des formules comparables généralisés, de susciter une demande accrue d'électricité chez les usagers — d'autant qu'à l'époque on n'envisage guère un effort particulier en dehors des usagers domestiques. La principale idée qui fait son chemin est celle dite du « chauffage électrique intégré ». Il s'agit de développer, dans le logement neuf plus que dans l'ancien, le recours à un mode de chauffage dont l'installation revient beaucoup moins cher que d'autres formules, et qui peut se révéler compétitif dans la mesure où il va de pair avec une isolation thermique bien pensée. Le « chauffage électrique intégré » relève d'une politique commerciale active à laquelle s'identifient les plus hauts

8. Sur le « tournant commercial » d'EDF et sur celui d'autres entreprises publiques, cf. Jean-Pierre ANASTASSOPOULOS, *La Stratégie des entreprises publiques*, Paris, Dalloz, 1980, ch. IV, p. 65-85.

dirigeants d'EDF, à commencer par son président, Paul Delouvrier, qui sillonne la France pour montrer l'importance attachée à cette application de l'électricité. Celle-ci est vite associée, en 1973-1974, aux projets nucléaires de l'Établissement — c'est l'époque du slogan « Tout électrique, tout nucléaire [9] » qui, en bien peu de temps, sera pour les antinucléaires le symbole même de la volonté de toute-puissance d'EDF. C'est aussi l'époque où la logique commerciale, au-delà du « malaise » interne qu'elle a créé au sein de l'Établissement, commence à être source de conflits avec la puissance publique, et contribue à déstabiliser, de façon certes encore minime, le modèle fondateur.

Fin 1973 en effet, le contrat de programme, qui devait durer cinq ans, est délaissé, le poids de l'État, notamment sur les prix de l'électricité, redevient plus grand, puis des mesures encore plus directement contraires à la logique commerciale sont prises par les pouvoirs publics qui, notamment, interdisent la publicité encourageant la consommation d'énergie. Le retournement économique — la crise —, le choc pétrolier, la fin, aussi, de la politique inaugurée quelques années auparavant par le Premier ministre Chaban-Delmas entraînent le retrait provisoire de la logique commerciale. Ce retrait ne doit rien à la volonté des dirigeants d'EDF : il témoigne d'un raidissement de la puissance tutélaire, il se traduit par une certaine tension entre l'une et les autres. Mais il est la contrepartie d'un changement de conjoncture qui se traduit aussi par la décision officielle d'accélérer la construction de centrales nucléaires, et donc d'ouvrir le champ à la logique technocratique qui sera présentée plus loin.

Dix ans après

La mise au second plan de la logique commerciale, après le tournant de la fin des années soixante, qui fut aussi un premier apogée, va durer, *grosso modo*, une bonne dizaine d'années, le temps pour EDF de se doter du parc nucléaire qui lui permettra à nouveau, après une période où elle semble simplement coller à la demande, de disposer d'équipements à la limite du

9. On ignore, à EDF, comment ce slogan si critiqué a été lancé — « Nous avons fait une recherche, dit un dirigeant, pour savoir qui, dans la Maison, avait dit un jour publiquement : "Tout électrique, tout nucléaire", nous n'avons jamais rien trouvé. »

surdimensionnement. Jusqu'à la fin des années soixante-dix, la puissance nucléaire installée est modeste, la production d'électricité est encore très largement tributaire d'autres énergies primaires, devenues coûteuses après la guerre du Kippour (octobre 1973), et les dirigeants d'EDF eux-mêmes ont d'autres soucis que celui de commercialiser leur produit. Dans l'histoire d'EDF, le 19 décembre 1978 est une date noire. Ce jour-là, une bonne partie du réseau s'effondre et la majorité des usagers sont privés de courant pendant plusieurs heures. Cette panne impressionnante montre que la capacité de production et de transport a cessé d'être à la hauteur de la demande, que l'Établissement a insuffisamment investi dans le réseau, et que la maîtrise des automatismes laisse à désirer. De telles défaillances ne justifient assurément pas un effort pour pousser à une consommation accrue d'électricité.

La première condition du retour au commercial est dans le renversement des données du problème, qui devient celui de l'écoulement d'une production qui tend à être surabondante. Mais d'autres conditions nouvelles ou renouvelées se font jour, qui vont dans le même sens.

Les unes tiennent à la concurrence de plus en plus vive dont l'électricité est l'objet. Tout au long des « trente glorieuses » dont parle Jean Fourastié, EDF était comme portée par la croissance, et les parts du marché de l'énergie qui correspondaient à son produit appartenaient elles-mêmes à un ensemble en expansion considérable. Dans les années cinquante, le directeur des études et recherches d'EDF, Pierre Ailleret, n'avait-il pas formulé la loi du doublement de la consommation électrique tous les dix ans ? Trente ans plus tard, la croissance générale est singulièrement ralentie et il faut, pour EDF, se battre sur le marché.

La concurrence est d'abord presque interne, avec le Gaz. Établissement certes indépendant d'EDF, Gaz de France n'en est pas moins fortement associé à elle, au niveau de directions dites « fonctionnelles » (à commencer par celle du personnel et des relations sociales), mais aussi à celui, qui nous intéresse ici, de la direction de la distribution.

Considérable par ses effectifs, qui atteignent près des deux tiers de tout le personnel, la direction de la distribution assure la fourniture du courant pour les usagers domestiques et les petits et moyens consommateurs industriels ; elle facture, elle encaisse, elle est en contact avec la clientèle. Elle est aux avant-postes dès qu'il s'agit de déployer une logique commerciale, de prospecter de nouveaux usagers, de faire de la promotion et de la publicité. Une de ses caractéristiques les plus notables, pour parler le langage maison, est d'être *mixte*, c'est-à-dire de relever à la fois d'EDF et de GDF. Nous verrons plus loin, très concrètement, qu'en son sein s'exerce une quasi-concurrence qui, lorsqu'elle s'exacerbe, tend à mettre en cause le principe de la « mixité » elle-même. Notons simplement, pour l'instant, que le gaz, dont l'évolution des prix suit celle du pétrole, concurrence d'autant plus l'électricité que les « gaziers » ont dans l'ensemble la réputation, justifiée, d'être de bons commerçants dont le « mordant » n'aurait pas été émoussé par un monopole, comme c'est le cas pour EDF.

La concurrence est aussi externe. En Provence par exemple, EDF ne doit-elle pas lutter contre le charbon de Gardanne, le pétrole de l'étang de Berre, l'énergie solaire, dont l'image demeure positive bien que moins forte ? La concurrence est accentuée par la baisse spectaculaire du prix du pétrole, depuis le début des années quatre-vingt, et par le dynamisme commercial, confinant souvent à l'agressivité, dont ont toujours su faire preuve les pétroliers. Elle doit aussi beaucoup à l'intervention de l'État et à ses encouragements à d'autres sources d'énergie, notamment au charbon, auquel une politique d'aide publique a conféré un regain de jeunesse.

La logique commerciale, ici, n'est plus tant, comme auparavant, la marque de l'entrée dans une ère nouvelle où il faut vendre et pas seulement produire. Elle devient une conséquence, dans des conditions qui l'appellent également (concurrence accrue, croissance ralentie), d'une action antérieure qui s'est soldée par la construction d'un parc de centrales nucléaires que seule une politique commerciale dynamique peut empêcher d'être surdimensionné.

L'ébranlement du modèle fondateur

Autant la logique commerciale des années soixante semble compatible avec le modèle fondateur, autant celle des années quatre-vingt contribue à le déstructurer.

Il est vrai que la logique commerciale a pris désormais, dans la vie de l'Établissement, une place considérable, au point même d'apparaître aux yeux de beaucoup comme centrale. Le thème du client-roi est devenu un « slogan fédérateur », il s'agit maintenant d'être au service de la clientèle. Les rapports internes à EDF sont présentés en termes marchands, le vocabulaire du commerce et de l'échange sert à en rendre compte. La notion de service public, désormais plus difficile à définir, est souvent assimilée à celle du service à la clientèle. Au « marketing » qui s'étoffe s'ajoute le souci constant de déceler, voire d'inventer, des besoins que l'électricité pourra satisfaire : de même qu'EDF a su, dans le passé, faire preuve d'une réelle capacité d'innovation avec le binôme chauffage électrique-isolation, on évoque, dans les deux groupes de recherche, les perspectives qu'ouvre pour l'avenir le marché de la climatisation. A la limite, la logique commerciale vient résoudre les flottements et les tensions internes : « Le discours intégrateur, on l'a actuellement : c'est le message commercial. »

Mais ce « discours intégrateur » — si tant est qu'il le soit vraiment — a pour contrepartie nécessaire un relâchement de la tutelle étatique et, à la limite, un affaiblissement du caractère public de l'action d'EDF. La progression commerciale, l'effort pour affirmer une démarche tout entière tendue vers la clientèle sont autant d'appels au desserrement de l'emprise de l'État. Le paradoxe, ici, est que c'est un gouvernement socialiste qui entérine cette évolution le plus nettement, avec les dispositions ministérielles du 27 juillet 1983 supprimant certaines interdictions pesant sur EDF, notamment en matière de publicité. « L'occasion nous était donnée d'intervenir auprès de nos clients sans nous demander si nous étions ou non dans la logique du gouvernement, alors que jusqu'à présent nous ne pouvions pas lever le petit doigt. Maintenant, les freins sont levés, et il s'agit de dire à nos agents : "Il faut y aller." »

La logique commerciale n'implique pas seulement moins d'État et plus de marché. Elle déstabilise la relation interne avec la CGT, pour qui la légitimité de l'Établissement ne peut assurément être définie à partir de la notion, de plus en plus prégnante, de clientèle. Elle met en cause, nous y reviendrons, les principes de la tarification au coût marginal. Or ces principes, même s'ils ne se sont imposés que dans les années cinquante et soixante, assurent aux yeux des dirigeants d'EDF l'intégration de la rigueur scientifico-économique et de la justice sociale [10]. Enfin, la logique commerciale, en transformant les usagers en clients, inscrit l'action d'EDF dans un marché que traversent des courants d'opinion et que parfois, certes très modestement, organisent des mouvements de consommateurs, obligeant les dirigeants de l'Établissement à tenir compte de ces forces sociales et culturelles qui n'avaient guère d'espace dans le modèle fondateur.

La logique technocratique

Déjà au début des années soixante-dix et bien plus nettement dix ans plus tard, la logique commerciale, dans l'action des dirigeants d'EDF, est, du moins en partie, une conséquence ou un facteur de réussite d'une logique différente [11]. La mise en place du programme nucléaire, en effet, relève d'une logique qui n'est qu'accessoirement industrielle, qui n'est pas non plus commerciale, et que nous qualifierons de technocratique.

Cette logique est elle-même complexe. D'une part, elle renvoie au rôle des dirigeants d'EDF dans le développement du pays. Acteurs du changement, pour leur entreprise en même temps que pour la collectivité nationale, ils contribuent de façon décisive au grand mouvement de bascule qui fait passer la France dans l'ère post-industrielle. D'autre part, la logique technocratique introduit ces mêmes dirigeants, et l'Établissement tout entier derrière eux, dans un conflit social de type nouveau, où ils se heurtent à une contestation qui, entre autres significations, refuse leur emprise sur la culture et, plus précisément,

---

10. D'une certaine façon, les critiques d'inspiration libérale formulées récemment par Henri Lepage vont, sur ce point précis, dans notre sens et nous confortent dans l'idée que la doctrine du coût marginal s'inscrit bien dans le modèle fondateur : « Encore aujourd'hui, écrit M. Lepage, l'idéologie du "coût marginal" telle que mise en œuvre par EDF, et malgré ses origines théoriques authentiquement libérales, doit d'abord et surtout être comprise comme un instrument de planification. *Elle est, en un sens, la dernière survivance contemporaine de l'époque où l'on croyait au Plan* » (Henri LEPAGE, *EDF et la tarification au coût marginal*, Paris, La Documentation française, 1988, p. 13).

11. Cf. Pierre MASSÉ, *Le Choix des investissements. Critères et méthodes*, Paris, Dunod, 1968. Signalons que l'on trouve de nombreuses indications intéressantes sur l'histoire d'EDF, et sur son rôle personnel, dans l'autobiographie de Pierre MASSÉ, *Aléas et progrès. Entre Candide et Cassandre*, Paris, Flammarion, 1984.

leurs conceptions du rôle et de la place de l'énergie dans notre société et leur manière de les imposer.

S'il y a logique technocratique, c'est dans la mesure où cette double action, de développement et de domination sociale d'un type inédit, s'exerce au nom de moyens d'études et d'expertises dont EDF a un quasi-monopole. La direction de l'Établissement, ici, se révèle capable de mobiliser d'importantes ressources scientifiques et technologiques, qu'elle est pratiquement seule à pouvoir rassembler, pour élaborer des projets qu'elle considère d'intérêt collectif, national, et qui vont dans le sens du renforcement de sa propre puissance et dans la perspective de son propre développement.

Dans cette perspective, EDF oriente dans son domaine de compétence — l'énergie — maints aspects de la vie sociale, de l'économie et de la culture, pesant directement et indirectement sur les modes de production industrielle, les formes d'organisation du travail, les normes de consommation, les modes de vie, absorbant des investissements qui pourraient être affectés à d'autres activités, assurant l'indépendance énergétique du pays, etc. Ce rôle structurant d'EDF est positif pour les uns, négatif pour d'autres : là n'est pas la question qui nous occupe. L'essentiel est de voir qu'une logique d'action autonome s'est mise en place, logique technocratique qui l'emporte sur toute autre durant les années soixante-dix, avant d'entraîner, au tournant des années quatre-vingt, bien des difficultés pour les dirigeants d'EDF, lorsqu'ils ont à gérer son déclin et le ralentissement du programme nucléaire. La logique technocratique n'est pas vraiment inédite ou nouvelle. Mais c'est bien avec le programme nucléaire qu'elle occupe une place si considérable et devient pour un temps le principal moteur de l'action.

La compétence économique

Le monopole dont dispose EDF n'est pas que sur un produit, l'électricité. Certes, plus de 85 % de la production d'électricité en France relèvent de l'Établissement, le reste étant assuré par quelques entreprises dans des conditions très particulières (SNCF, Houillères, Compagnie nationale du Rhône, etc.), par des régies ou dans des usines traitant les résidus urbains. De même, la distribution d'électricité n'échappe que pour 5 % environ à l'Établissement, passant alors, pour l'essentiel, par des régies, des coopératives d'usagers, des sociétés d'économie mixte et des sociétés d'intérêt collectif agricole. Mais si les dirigeants d'EDF sont capables d'élaborer des programmes aussi considérables que l'hydraulique des années cinquante et le nucléaire des années soixante-dix, s'ils sont capables aussi, d'une façon ou d'une autre, de convaincre le pouvoir politique de l'utilité et du bien-fondé de leurs projets, c'est parce qu'ils s'appuient sur un autre monopole, celui de la compétence. Celle-ci s'est construite progressivement, d'abord technologique, puis également, et de plus en plus, économique.

Au départ, en effet, les moyens de connaissance scientifique et d'expertise dont dispose l'entreprise nationalisée proviennent la plupart du temps des anciennes entreprises privées et servent avant tout à standardiser et moderniser la production et la distribution du courant. La direction des études et recherches, aux effectifs modestes si on la compare à celle de la distribution, ne compte que quelques centaines de personnes dans les années cinquante, et résout d'abord le problème que pose l'hétérogénéité des tensions et des fréquences héritée de la multiplicité des anciennes entreprises privées d'électricité.

Ses efforts se diversifient ensuite, toujours très techniques, à la pointe de l'innovation, et avec, pour l'essentiel, le souci d'apporter des réponses aux problèmes concrets.

Mais si, avec les Études et Recherches, tout comme avec les compétences rassemblées dans d'autres directions, EDF dispose d'un savoir-faire et d'une capacité d'innovation uniques au monde dans son domaine, c'est surtout de la mise en relation de ce bagage technologique et du calcul économique au plus haut niveau qu'elle tire son efficacité.

Le calcul économique, à EDF, est autant un outil qu'une doctrine. Il s'y développe autour de deux préoccupations principales, d'abord distinctes, puis qu'il permet d'intégrer. D'une part, en effet, les techniques mathématiques servent à optimiser les choix d'investissements en fonction de nombreuses variables, dont certaines aléatoires. EDF, ici, fait figure de pionnier et de leader. Elle introduit en France la notion de taux d'actualisation en francs constants, qui sera en particulier utilisée dans la planification nationale; ses économistes sont à la pointe de la recherche opérationnelle et dialoguent d'égal à égal avec les meilleurs spécialistes mondiaux; ils sont parmi les premiers au monde à mettre au point des modèles de programmation dynamique, et à les appliquer, pour préparer des décisions d'équipement [12].

D'autre part, le calcul économique fonde les principes de base de la tarification au coût marginal, qui consiste à faire payer l'électricité selon des prix qui traduisent les coûts. Ces principes, auxquels est associé le nom de Marcel Boiteux, directeur général (1967-1978) puis président d'EDF jusqu'en 1987, et qu'il esquisse dès la fin des années quarante, semblent assurer l'heureuse synthèse d'une volonté de justice sociale et de rationalité économique. Avec eux, en effet, les usagers sont égaux face aux prix et, simultanément, l'Établissement y trouve les moyens de réaliser un optimum économique [13].

Ces deux démarches, l'une relative au coût des équipements, l'autre aux tarifs de l'électricité, même si elles sont développées de façon relativement autonome, sont en fait cohérentes, et l'ensemble constitue une véritable doctrine, fortement intégrée.

Celle-ci ne s'élabore pleinement qu'au fil des années cinquante et n'existait donc pas au moment où se met en place le modèle fondateur. Pourtant on peut dire qu'elle le parachève, traduisant en un ensemble rigoureux, mathématisé, les grands principes initiaux que sont le recours à la raison et une certaine conception de l'égalité sociale.

La doctrine économique d'EDF n'est pas en totale harmonie avec le projet d'une politique commerciale dynamique et, d'ailleurs, elle se fixe bien avant le tournant commercial ; elle impose en effet une rigidité dans les prix qui interdit d'importantes concessions tarifaires à des clients, gros utilisateurs industriels par exemple, qui risquent de se tourner vers des énergies concurrentes, ou même d'implanter leurs usines à l'étranger [14].

---

12. Il existe une abondante littérature technique et professionnelle sur la tarification à EDF. Cf., par exemple, Juan Carlos ORTIGAS, *Tarification et consommation d'électricité par l'industrie : problèmes et particularités*, Paris, Économica, PUF, 1984. Par ailleurs, sur l'ensemble des études menées dans EDF, cf. Jean-François PICARD, *Recherche et industrie : témoignages sur 40 ans d'études et de recherches à EDF*, Paris, Eyrolles, 1987.

13. Encore qu'on peut penser qu'elle est bien plus favorable aux gros utilisateurs industriels qu'aux petits et, *a fortiori*, aux usagers domestiques. Cette thèse est développée par Robert L. FROST, « Point de vue : de quelques effets d'une gestion scientifique », in *Revue française de gestion*, n° 70, sept.-oct. 1988, p. 108-120.

14. De ce point de vue, Marcel Boiteux a souvent tenu des propos tout à fait explicites. « Nous aurions eu constamment l'État sur le dos si nous n'avions pu exhiber un outil cohérent — auquel on a attribué une certaine aura scientifique — pour couper court aux récriminations éventuelles de toutes origines », déclare-t-il

Surtout, elle apporte aux dirigeants d'EDF les moyens d'une argumentation sans faille face à la puissance publique, elle leur confère une force considérable [15]. Approfondissement du modèle fondateur, qu'elle mène à son apogée, la doctrine économique qui se cristallise dans les années cinquante-soixante est également le principal vecteur d'une logique d'action autonome, de type technocratique.

Le déploiement de la logique technocratique

Le programme électronucléaire n'aurait pas vu le jour, du moins à l'échelle qui fut la sienne en France, sans que certaines conditions politiques, françaises et internationales, soient remplies. Mais il est d'abord le fruit d'une élaboration technologique et économique qui doit beaucoup aux dirigeants d'EDF.

Une littérature abondante, qui répond pour l'essentiel à la fascination du public pour le thème du nucléaire militaire mais aussi à l'importance que celui-ci revêt dans l'histoire mondiale et nationale, rend compte des développements qu'a connus dans notre pays le nucléaire, tant civil que militaire, et il n'est pas difficile, en s'y reportant, de voir comment EDF est devenue techniquement capable de promouvoir le programme qui assure aujourd'hui la plus grande part de la production électrique.

Au départ, le rôle moteur est assuré par le commissariat à l'Énergie atomique (CEA) et EDF, plutôt réservée, se contente, au début des années cinquante, d'apporter la preuve expérimentale qu'il est possible de produire de l'électricité à partir d'une pile atomique. La centrale expérimentale de Chinon est l'occasion pour EDF d'affirmer un intérêt croissant pour le nucléaire, et d'acquérir son savoir-faire. Mais la France doit-elle promouvoir le procédé graphite-gaz, utilisé à Chinon et qui a les faveurs du CEA, ou la filière PWR (« Pressurised Water Reactor »), moins coûteuse en exploitation mais qui présente l'inconvénient d'être « américaine » ? EDF penche fortement pour cette dernière mais, nationalisme oblige, le chef de l'État, le général de Gaulle, lui est défavorable.

---

en 1988 à propos du « tarif vert », système de tarification fondé sur le coût marginal et adopté par EDF en 1957, in « Un outil de gestion peut-il être neutre ? », interview parue dans la *Revue française de gestion*, n° 70, p. 100-107.

15. Cf., entre autres, Bertrand GOLDSCHMIDT, *Le Complexe atomique. Histoire politique de l'énergie nucléaire*, Paris, Fayard, 1980.

Son départ, en 1969, introduit une rupture politique et constitue pour les dirigeants d'EDF l'occasion non seulement d'obtenir gain de cause, mais d'exprimer aussi la toute-puissance de l'Établissement en des termes inconcevables quelques années auparavant : le directeur général d'EDF annonce l'abandon de la filière graphite-gaz avant même que ne soit rendue publique la décision gouvernementale. Techniquement, EDF est au point dès le début des années soixante-dix, prête à commander en série les centrales PWR de 900, puis de 1 300 MW. La conjoncture économique et politique de l'hiver 1973-1974 fait le reste ; l'embargo sur le pétrole puis la hausse considérable de son prix, consécutifs à la guerre du Kippour, montrent la vulnérabilité et la grande dépendance de la France en matière énergétique, et dans ce contexte, la maladie du président Pompidou et le climat de crise qui règne au sommet de l'État rendent la pression des événements encore moins tenable et les solutions préconisées par EDF encore plus séduisantes. Le plan Messmer, du nom du Premier ministre, est annoncé le 6 mars 1974 ; il prévoit la construction en deux ans de treize centrales de 1 000 MW, et un effort soutenu les années suivantes pour donner priorité absolue à l'électricité nucléaire. Décision « prise à la hussarde par le gouvernement » au sein duquel « la frousse a gagné », il doit beaucoup aux recommandations de la commission PEON (Commission consultative pour la production d'électricité d'origine nucléaire), qui réunit la « nucléocratie » dont parle Philippe Simonnot, à commencer par des dirigeants d'EDF.

Le programme nucléaire d'EDF, qui comporte également un « super-régénérateur » (Super-Phénix), s'inscrit dans une chaîne complexe allant de l'approvisionnement en uranium jusqu'au traitement des déchets radioactifs. Il a été préparé à EDF de longue date, par une réflexion économique d'abord marginale, puis de plus en plus centrale dans la vie de l'Établissement, ce qu'illustre la trajectoire de Marcel Boiteux, économiste à qui est confiée la direction des études économiques générales en 1958, et qui se retrouve directeur général en 1967.

C'est à tort que la contestation antinucléaire a souvent reproché à EDF d'avoir imposé ce programme. En fait, EDF ne l'a que proposé, mais en exerçant une pression argumentée et soutenue pendant des années et en s'appuyant sur des dossiers et des calculs qui n'ont reçu, dans la situation politique et économique de l'hiver 1973-1974, aucune critique émanant de la puissance publique. Qui pouvait s'opposer à la perspective d'assurer au meilleur coût l'indépendance énergétique de la nation, scientifiquement, rationnellement, à court terme, dans des conditions optimales de sécurité, et en apportant, de surcroît, un flux de travail continu à l'industrie française [16] ?

La déstabilisation du modèle fondateur

Le passage à une logique technocratique ne traduit pas seulement une montée en puissance de l'Établissement, qui va jouer un rôle renouvelé d'acteur du développement national. Il malmène le modèle fondateur en suscitant la formation d'une contestation relativement structurée, en indiquant que la relation fondatrice avec l'État a changé, en donnant l'occasion à la CFDT d'affirmer son originalité à l'intérieur d'EDF.

Ce n'est pas le lieu d'analyser le mouvement antinucléaire [17]. Mais nous pouvons en rappeler rapidement la portée et les principales significations. La lutte antinucléaire rassemble, dès les premières manifestations de Fessenheim et de Bugey (1971), un ensemble composite d'écologistes, de scientifiques, de syndicalistes (CFDT), d'acteurs portés par la contre-culture des années soixante et par la crise des valeurs industrielles, etc. Cette contestation hétérogène, qui repose souvent sur la peur et la confusion des thèmes civils et militaires, comporte un mouvement proprement social, antitechnocratique, mêlé à toutes sortes de courants politiques, gauchistes ou anarchistes, mais aussi culturels, et qui désigne couramment EDF comme son principal adversaire. Les uns voient dans l'Établissement un « État dans l'État », forteresse s'arrogeant avec morgue les attributs de la puissance publique, et multipliant les abus. Frédérique de Gravelaine et Sylvie O'Dy, dans l'ouvrage *L'État EDF*, ont repris à leur compte cette critique, en des termes qui entraînèrent de fortes réactions à l'intérieur d'EDF : EDF fournit aux élus locaux des « dossiers ridiculement minces ou au contenu trop épais » pour être utilisés à temps (p. 167), elle ment, ne « respecte jamais les documents d'urbanisme en vigueur » (p. 168), agit sans consultation « au mépris de la loi » (p. 169), bref, sa

16. Sur l'attitude et les attentes des industriels concernés, cf. Philippe SIMONNOT, *Les Nucléocrates, op. cit.*

17. Cf. *La Prophétie antinucléaire, op. cit.*

stratégie n'a « rien à voir avec la démocratie » et, face à une contestation qui se développe, elle « succombe à l'engrenage de la violence et de la répression » (p. 173) [18].

D'autres, tout en faisant leurs ces reproches, développent une critique différente, dénonçant l'acteur technocratique qu'est EDF, qui renforce son emprise sur la population grâce au monopole dont elle dispose en matière d'études et d'expertises. EDF, alors, n'est pas tant un « État dans l'État » qu'un appareil de domination incapable, en réalité, d'assumer pleinement les conséquences de ses choix dans l'hypothèse d'un grave accident nucléaire. Louis Puiseux [19], dans *La Babel nucléaire*, a défendu ce point de vue qui l'a conduit à démissionner d'EDF, où un bel avenir lui était promis ; certains des militants antinucléaires, dans l'intervention sociologique que nous avons menée avec eux en 1978-1979 [20], ont adopté des positions comparables.

La contestation antinucléaire culmine en 1977, avec la grande manifestation de Malville, marquée par les violences policières qui entraînent la mort d'un manifestant et les graves blessures de plusieurs. Elle surprend d'abord profondément et ébranle fortement les esprits au sein d'EDF. « Nous avons été choqués par l'opposition au nucléaire et par le procès qu'on nous faisait », dit l'un. « Les gens de la Distribution qui se faisaient agresser au nom du nucléaire n'ont pas compris », dit l'autre. Il faut aux dirigeants d'EDF « se mobiliser en première ligne », répondre sur le terrain aux accusations lancées avec souvent plus d'assurance que de connaissance des dossiers. Pour la première fois à une échelle significative, un rapport avec l'extérieur est posé, hautement conflictuel, et portant sur les enjeux de leur action auxquels les dirigeants d'EDF sont le plus attachés.

Ce ne sont pas les avantages dont bénéficie le personnel ou le pouvoir trop grand de la CGT qui sont ainsi l'objet de contestations, mais le projet le plus important d'EDF depuis le programme hydraulique. Les principales orientations de l'Établissement et, plus précisément, le programme par lequel elle entend identifier son avenir propre et celui de la nation sont mis en cause, l'époque d'un certain consensus national autour d'EDF

18. *Id., ibid.*
19. Louis Puiseux, *La Babel nucléaire*, Paris, Galilée, 1977.
20. *La Prophétie antinucléaire, op. cit.*

est révolue. Un nouveau mouvement social questionne les procédures d'EDF, refuse ses conceptions, met en doute ses calculs et, en fin de compte, sa légitimité et la portée universelle de son discours.

Dans le même temps, la nature des relations d'EDF avec l'État se transforme. EDF, avec le quasi-monopole dont elle s'est dotée en matière de calcul économique, et avec son savoir-faire technologique, est devenue un acteur à qui il est difficile d'opposer une autre rationalité, d'autres calculs, d'autres arguments scientifiques ou économiques que les siens.

Il est tentant alors, pour les pouvoirs publics, de s'effacer derrière l'Établissement, et de lui laisser assumer politiquement les choix qu'il a proposés aux responsables politiques du pays : c'est ce qui arrive au moment où la lutte antinucléaire est en phase d'expansion, jusqu'en 1977. Et en dehors de cette conjoncture, le renforcement du pouvoir technocratique d'EDF a pour conséquence d'interdire à l'État de réellement débattre avec les dirigeants de l'Établissement sur le plan économique ou technologique. A EDF, qui s'appuie sur sa puissance d'expertise, l'État tend à ne pouvoir répondre que dans des termes ou des perspectives politiques.

A l'intérieur même d'EDF, dans les rapports entre direction et syndicats, l'ère du nucléaire distord également le modèle fondateur. Plus précisément, on constate un double phénomène, de renforcement des convergences entre CGT et direction, et de poussée d'un syndicalisme qui n'a pas sa place dans le modèle fondateur, et qu'incarne la CFDT.

Les relations entre la CGT et la direction, tout au long de l'histoire d'EDF, ont souvent été tendues, mais jamais à l'excès, et le déroulement dans l'Établissement du mouvement de Mai 1968, puis des négociations consécutives aux grandes grèves de l'époque confirme cette image d'un rapport entre acteurs responsables : en Mai 1968, la CGT se refuse à couper le courant, avec d'ailleurs l'accord des autres syndicats, et pousse à la reprise du travail bien plus tôt que dans d'autres branches ou entreprises.

Le développement du programme nucléaire est tout à fait compatible avec la confiance dans la science et le progrès. Entre la « croissance zéro » de certains écologistes ou les utopies antiet post-industrielles du moment [21], et les perspectives d'une production et d'une consommation accrues d'électricité, la CGT n'hésite guère. Son soutien au programme nucléaire n'est pas sans réserve, d'autant qu'à la base on y est parfois sensible à la contestation antinucléaire et à la violence de la répression policière de Malville. Mais il est très réel au sommet, et en parfaite cohérence avec les positions politiques du parti communiste, encore très puissant. « Le programme nucléaire, il ne faut pas l'oublier, ne se serait pas fait si la CGT d'EDF s'y était opposée », se souvient un dirigeant d'EDF, qui précise : « De grandes choses se sont faites avec l'appui incontestable de la CGT. » Mieux même, un autre dirigeant constate que la CGT trouve que la direction manque d'ardeur et de dynamisme : « C'est vrai que quand on rencontre des parlementaires communistes ou des syndicalistes CGT, on se fait plutôt engueuler parce qu'on n'en fait pas assez. » « La CGT nous a souvent accusés de manquer d'ambition ! »

Mais si la convergence avec la CGT est confirmée, tout à fait dans le sens du modèle fondateur, la jeune CFDT, née en 1964 de la scission avec la CFTC, pose à la direction des problèmes nouveaux, et en des termes dont s'accommode mal le modèle fondateur. Le mouvement de Mai 1968 n'a pas été entièrement canalisé par la CGT, et bien des sensibilités présentes dans la lutte ne s'y sont pas retrouvées, surtout lorsqu'il a fallu, dès le 1er mai, s'engager à reprendre le travail. La CFDT a largement hérité d'une contestation qui s'exerce sur la gauche de la CGT ; surtout, elle devient le lieu où, à l'intérieur même d'EDF, on s'interroge sur le type de société et le type de développement qu'induit le nucléaire [22]. La CFDT n'est pas à proprement parler antinucléaire, sinon en ses marges. Mais, comme l'a montré la recherche dirigée par Alain Touraine [23], d'une part ses réflexions les plus générales la rapprochent du mouvement antinucléaire, notamment dans ses composantes écologistes, et d'autre part ses militants, sur le terrain, constatent que le nucléaire pose des questions inédites ou renouvelées en matière de conditions de travail, et en particulier de sécurité. Syndicat

21. Faut-il rappeler l'importance et le succès des ouvrages d'Ivan ILLICH sur la convivialité, l'école, la médecine ou les transports ?

22. Parmi les textes qui expriment le mieux cette réflexion, cf. CFDT, *Le Dossier de l'énergie*, Paris, Seuil, 1984.

23. *La Prophétie antinucléaire, op. cit.*

beaucoup moins cohérent et prévisible que la CGT, minoritaire et tentée parfois, de ce fait, par la surenchère, la CFDT du début des années soixante-dix, à EDF, n'est pas totalement étrangère au modèle fondateur, dont elle exprime plutôt une crise qu'elle contribue à exacerber. Cette crise demeure cependant limitée, et l'on peut même penser que la CFDT de l'époque, par le caractère instable de ses positions, par ses expressions de spontanéisme, de gauchisme, ou par certains excès, retarde en fait la crise générale de la relation CGT-direction, dont à l'inverse, par contraste, le caractère responsable et efficace est comme mis en valeur.

De tous côtés, on le voit, le modèle fondateur est déstabilisé avec l'émergence, l'affirmation puis les conséquences de la logique technocratique si décisive dans les années soixante-dix.

II

La crise du modèle fondateur

3

L'État et la nation

La décomposition du modèle fondateur ne correspond pas seulement à la poussée de nouvelles logiques d'action, commerciale puis, surtout, technocratique. Un éclairage complémentaire nous en est donné par l'examen des relations qui se jouent entre les dirigeants d'EDF et la collectivité nationale à laquelle ils appartiennent.

Le modèle fondateur n'implique pas seulement une relation harmonieuse des dirigeants d'EDF à l'État et une identification très forte de leur part à la nation, il intègre et tend même presque à fusionner ces deux éléments. Une telle fusion est facile à concevoir, tant la tradition centralisatrice et l'héritage de la Révolution nous ont habitués à associer État et nation : s'il est un pays au monde où il est possible de parler d'État-nation, c'est bien la France. Mais les dirigeants d'EDF s'identifient-ils toujours à cette image ?

Le poids de l'État

L'État de la fin des années quatre-vingt n'est pas celui de l'après-guerre, et ses transformations générales, bien au-delà des problèmes limités que pose la politique énergétique du pays, pèsent lourdement sur les conduites et les représentations des dirigeants d'EDF.

Mais comment les dirigeants d'EDF perçoivent-ils l'État aujourd'hui ?

Haute administration et pouvoir politique

Les dirigeants d'EDF distinguent constamment le pouvoir proprement politique de la haute administration. Sous la IVe République, les plus âgés s'en souviennent, les responsables politiques changent fréquemment, mais la tutelle est exercée de façon stable et continue car les hauts fonctionnaires expérimentés et compétents demeurent.

La Ve République a vu se renverser la situation. Avec elle, le pouvoir politique s'est considérablement renforcé tandis que s'affaiblissait le pouvoir administratif, de moins en moins capable, on l'a vu, de débattre d'égal à égal avec EDF en matière scientifique et économique. L'autonomie relative des dirigeants d'EDF repose de plus en plus sur son monopole d'expertise ; elle est d'autant plus forte que certains d'entre eux ont, de surcroît, un réel poids politique. M. Delouvrier, lorsqu'il est reçu par notre premier groupe d'intervention, l'explique clairement : ses degrés de liberté, comme président de l'Établissement (1969-1979), étaient comparables à ceux d'un président d'entreprise privée et peut-être même supérieurs dans la mesure où, appartenant à un grand corps, il ne craignait pas pour son avenir personnel en cas de démission : « Si vous avez une conviction ancrée et que vous ne craignez pas la démission, vous êtes fort à l'égard de ceux qui gouvernent, plus fort qu'un patron du privé. » Sachant s'imposer parce qu'identifié à la grandeur nationale, ce grand commis de l'État disposait d'une forte légitimité, aussi bien avec le général de Gaulle qu'avec son successeur à la tête de l'État, Georges Pompidou.

Sous la présidence de Valéry Giscard d'Estaing puis, surtout, à partir de 1981, on assiste à une nette inflexion. La haute administration se renforce, mais sous la forme renouvelée de ce qui est perçu à EDF comme une technobureaucratie irresponsable et incompétente. « Elle est jalouse de ses camarades qui sont dans les entreprises nationales, jalouse de leur pouvoir, de leur liberté, de l'intérêt de leur métier, elle est aigrie », dit un participant de notre premier groupe d'intervention. « Les jeunes gens des cabinets qui savent tout sans être jamais allés sur le tas » exercent une emprise croissante sur le pouvoir politique, surtout lorsqu'il est inexpérimenté (arrivée de la gauche au pouvoir en 1981), ou qu'il redécouvre la conduite des affaires (retour de la droite en 1986) : « Quand un ministre arrive, qu'il soit de gauche ou de droite, il est pieds et poings liés par son administration, qui lui dit de se méfier, que nous sommes des vampires, des voyous et des menteurs », dit un dirigeant auquel un autre répond, comme en écho : « Il arrive très fréquemment que nous nous entendions bien avec un ministre et son cabinet et qu'ensuite nous ayons des difficultés avec une administration tatillonne. Il est du reste assez curieux de constater à quel point un ministre peut être impuissant devant un directeur d'administration. » C'est ainsi, par exemple, qu'« avant 1981 les responsables les plus hauts étaient tout à fait d'accord pour qu'on substitue l'électricité au fuel, mais ça patinait déjà, comme aujourd'hui *[1984]*, en dessous ».

En période de crise ou, du moins, de croissance ralentie, moins identifiables qu'auparavant à un grand projet qui en faisait des acteurs centraux du développement national, les dirigeants d'EDF, à les suivre, se heurtent de plus en plus à un État où les rancœurs de la haute administration à leur égard se combinent à un mode d'intervention strictement politique pour entraver leur action.

L'hydre à plusieurs têtes

Dans le discours spontané des dirigeants d'EDF, l'Établissement est souvent un agent d'exécution de l'État. « Nous sommes un service public au service du gouvernement. Le conseil d'administration et le directeur général sont révocables sur un signe de tête. » Image forte, qui semble indiquer que l'État régente tout. Les investissements sont définis « au plus haut niveau de l'État », les salaires aussi, et par voie de conséquence, les négociations salariales sont contrôlées de près par les pouvoirs publics. Ainsi, lors des plus importantes d'entre elles, « ce n'est pas un mystère, il y a couramment une interruption de séance pour appeler l'hôtel Matignon et demander : est-ce qu'on peut lâcher ça ou non ? ». Les tarifs sont décidés par le Comité de la concurrence et des prix. « Qu'est-ce qu'une maison qui ne définit pas ses programmes d'investissement, ni les salaires de ses agents, ni les tarifs des produits qu'elle vend ? »

L'État exerce une tutelle financière, présente sur place et pas seulement industrielle, et un dirigeant explique : « Je ne peux pratiquement passer aucun contrat important sans le visa du contrôleur d'État dont tout le monde sait, et il ne le cache pas lui-même, qu'il ne le donnera pas sans avoir téléphoné au cabinet du ministère des Finances. »

Sous le poids apparemment massif de cette double tutelle, il convient pourtant de voir une réalité complexe et nuancée. La tutelle du ministère de l'Économie et des Finances est diversifiée. Trois grandes directions interviennent, avec souvent des préoccupations contradictoires, celle de la Concurrence et de la Consommation, qui contrôle les tarifs, celle du Budget, qui surveille la gestion au jour le jour, et enfin celle du Trésor, qui s'intéresse aux investissements et à l'équilibre financier. La tutelle du ministère de l'Industrie, si importante dans le modèle fondateur, a perdu, semble-t-il, sa centralité, et les seules activités réellement en croissance de la DIGEC sont celles, très techniques, qui concernent la sûreté nucléaire. Le ministère de l'Environnement, qui n'existe que depuis la présidence de Valéry Giscard d'Estaing, intervient de plus en plus nettement dans la vie d'EDF sous une forme critique, à la limite de l'hostilité, bien plus que de façon bienveillante. D'autres ministères, tel celui des Affaires sociales, sont eux aussi couramment amenés à intervenir et, en définitive, les dirigeants d'EDF ont le sentiment d'avoir affaire à une machine étatique bien plus lourde et pesante que par le passé. Ce sentiment est renforcé si l'on considère les services extérieurs des ministères qui viennent d'être évoqués, et qui se sont eux-mêmes multipliés : « De nombreux sous-services ont été créés, et nous sommes en face de gens qui ont indirectement le pouvoir et qui en jouent. »

Le pouvoir local

La décentralisation et, au-delà de l'action législative, l'évolution politico-administrative générale du pays font que, de plus en plus, la relation d'EDF avec la puissance publique se joue aussi à un niveau local ou régional. Ce qui pose aux dirigeants d'EDF des problèmes supplémentaires. Selon eux, ces problèmes tiennent souvent au manque de maturité ou d'expérience des élus locaux ou régionaux, qui ne savent pas toujours consulter, s'entourer convenablement et adopter des comportements responsables. Les maires agissent parfois avec légèreté ou, au contraire, abusent d'une position locale pour tenter de faire prévaloir leurs exigences, par exemple à propos d'un équipement qu'EDF projette d'installer sur le territoire de leur commune.

Toujours du même point de vue, il y a parfois aussi incohérence entre le pouvoir central et ses représentants, les préfets, et un conseil général ou régional, conflit d'intérêts ou d'amour-propre, et l'Établissement peut alors se trouver à devoir gérer une situation délicate. Ce qu'illustre un directeur régional de la production et du transport à propos de la construction de lignes à haute tension : « Il y a un dualisme région-département. Le préfet n'ose pas signer les déclarations d'utilité publique, alors que rien ne le lui interdit, pour tenir compte d'intérêts partisans... Le pouvoir régional, lui, conteste le fait qu'il soit obligé de demander la signature... Quand on est à cheval sur deux régions, on n'en sort plus ! » C'est ainsi que la décentralisation, en donnant voix au chapitre à divers interlocuteurs, a abouti à allonger en moyenne les délais qui séparent la décision de construire une installation de la réalisation effective.

Sur le terrain, au niveau local ou régional, la puissance publique n'attend pas seulement d'EDF qu'elle tienne compte des impératifs qui correspondent à ses attributions. Elle veut aussi qu'EDF se comporte en acteur du développement local, parfois bien au-delà de ses compétences propres. Des responsabilités traditionnelles, que l'Établissement a lui-même dans le passé généralement acceptées, parfois même recherchées, en sont accrues, par exemple lorsque s'achève un grand chantier (construction d'un barrage, d'une centrale) ou que ferme une installation. EDF doit alors, plus qu'auparavant, prendre sa part des difficultés locales et notamment participer à des créations d'emplois et à des initiatives de développement qui n'ont pas nécessairement à voir avec la production ou la distribution d'électricité.

L'existence de pouvoirs locaux et régionaux plus puissants que par le passé ne pose pas seulement à EDF des problèmes limités chacun à telle ou telle situation particulière. Elle entraîne en effet des difficultés nouvelles de coordination interne et met en cause le modèle général, centralisé et centralisateur, sur lequel repose le fonctionnement de l'Établissement.

Cohérente au sommet, en effet, EDF l'est moins sur le terrain, localement ou régionalement. Ses découpages internes changent d'une grande direction à une autre, et ceux qui sont à l'origine d'une difficulté ne sont pas toujours ceux qui sont obligés de la gérer face aux élus ou aux représentants du pouvoir central. C'est ainsi que dans les groupes de notre recherche, la Distribution est critiquée par des participants qui relèvent d'autres directions, pour avoir toujours revendiqué la quasi-exclusivité des relations publiques sur le terrain ; et ceux des participants qui relèvent de cette direction reprochent alors les promesses inconsidérées avancées par la direction de l'Équipement lors de la construction de sites importants qu'elle quitte une fois le chantier terminé et remis dans les mains de la Production.

Le problème n'est pas seulement organisationnel et la réponse d'EDF, par conséquent, ne peut se réduire à la seule amélioration de la coordination sur le terrain. A devoir, en effet, traiter de plus en plus avec un grand nombre de pouvoirs qui se comportent chacun comme des mini-États, EDF répond à des préoccupations qui ne peuvent correspondre qu'à des intérêts limités et à courte vue. La poussée des pouvoirs locaux et régionaux fait partout monter les enchères, retardant la mise en place d'équipements, les rendant plus coûteux, et contribuant, en fin de compte, à affaiblir la capacité de l'Établissement à parler et agir au nom de l'intérêt général.

Le contre-pouvoir de l'Agence française pour la maîtrise de l'énergie (AFME)

Dans le jeu des relations entre dirigeants d'EDF et appareils d'État, l'Agence française pour la maîtrise de l'énergie, héritière de l'Agence française pour les économies d'énergie, joue un rôle bien particulier, surtout depuis les élections de 1981 et la désignation, à sa tête, de Michel Rolland, jusque-là un des principaux dirigeants confédéraux de la CFDT.

Vue d'EDF, l'AFME, tout comme le ministère de l'Environnement mais bien plus nettement encore, est devenue un bastion de l'écologie politique, un lieu où des militants de la lutte antinucléaire accèdent à la conduite des affaires publiques, un ensemble de compétences qui entache le monopole d'expertise dont dispose EDF — d'où peut-être l'image très positive qu'en donne Cohen-Tanuggi dans un ouvrage d'inspiration libérale, tocquevillienne [1]. A la limite, elle contribue à faire vivre institutionnellement une action politique et culturelle qui s'est

1. Laurent COHEN-TANUGGI, *Le Droit sans l'État*, Paris, PUF, 1985.

épuisée si l'on considère l'état des luttes écologistes et antinucléaires en France. Comme dit un dirigeant d'EDF, le changement de pouvoir en 1981 a amené dans l'administration « un certain nombre de jeunes gens, sympathiques et brillants, à mon point de vue, mais qui se sont dit : "Enfin, on va faire tomber un certain nombre de Bastille." Et nous sommes classés parmi les Bastille... ».

En mettant face à face notre premier groupe avec un dirigeant de l'AFME, notre recherche permet de dégager la nature et les enjeux de la relation conflictuelle où s'opposent les deux institutions. L'interlocuteur, après avoir indiqué le courant d'esprit d'où procèdent les dirigeants actuels de l'AFME — PSU-CFDT —, explique longuement en quoi, selon lui, l'AFME met en cause le pouvoir excessif d'EDF, qui « produit deux choses : les critères et la vérification des critères. Moyennant quoi elle ne peut que réussir » ; sa compétence technique lui donne la capacité de se soustraire à toute discussion réelle pour emporter la décision des pouvoirs publics dans son intérêt propre. Cette approche, où se mêlent les thèmes classiques de l'État dans l'État et du pouvoir technocratique d'EDF, agace les membres du groupe. Ces dirigeants, qui ont souvent participé à des débats contradictoires sur le nucléaire, ont réponse à la critique de leur invité ; et surtout, ils sont prêts à accepter l'idée principale qui l'anime, à savoir qu'il n'est pas bon, en démocratie, qu'une institution dispose d'un monopole d'expertise et de compétences. De ce point de vue, ils ne sont résolument pas hostiles à l'AFME. Mais concrètement, sur le terrain, celle-ci, affirment-ils, ne se comporte pas en organisme venant éclairer, objectivement et scientifiquement, les décisions d'acteurs locaux en matière énergétique.

Les reproches, ici, pleuvent sur l'interlocuteur : l'AFME, lorsqu'elle intervient à la demande d'un conseil municipal à propos d'un choix énergétique, ne consulte pas EDF et fait des suggestions « unilatérales », hostiles à l'électricité ; elle offre des subventions aux clients d'EDF ou GDF qui acceptent de « passer au charbon ». Et lorsque, « malgré tout », un industriel choisit l'électricité, il est soumis à des pressions exorbitantes. De façon plus générale, l'AFME s'efforcerait, partout où elle le peut, de contrebalancer l'électricité au profit d'autres énergies. Bref, l'AFME agirait de manière injuste et irrationnelle, s'appuyant sur des critères politiques là où devrait primer la seule logique économique. Ces reproches sont évidemment récusés par l'interlocuteur, qui répond que c'est la politique énergétique du pays qui est incohérente. L'essentiel, dans toute cette discussion, est qu'elle révèle l'importance d'un acteur, l'AFME, qui, en quelques années, est venu, du côté de l'État, perturber et dérégler les relations classiques entre EDF et l'État. Au-delà de pratiques locales peut-être effectivement abusives ou maladroites, les dirigeants d'EDF s'inquiètent surtout de voir l'AFME déstabiliser un modèle qui s'est déjà, on le sait, complexifié. L'agence, à les suivre, fausse, en haut, les règles traditionnelles de l'élaboration de la politique énergétique, et en bas le jeu d'une concurrence où elle sape systématiquement les efforts commerciaux de l'Établissement.

Ainsi, de tous côtés, la perception de l'État qu'ont les dirigeants d'EDF est celle d'un ensemble d'appareils de plus en plus diversifiés, imposant des contraintes et des contrôles renouvelés. Cette perception n'est-elle pas en totale contradiction avec l'image de logiques autonomes, et avec l'idée que les dirigeants d'EDF sont capables de se comporter en acteurs déployant des projets et une certaine visée du progrès et de l'avenir ?

En fait non. D'abord parce qu'il s'agit ici des représentations qu'ont ces dirigeants de l'État et non d'une analyse distanciée, et que ces représentations d'un État plus compliqué et moins favorable doivent précisément beaucoup à la poussée de logiques autonomes qui s'y heurtent. Ensuite parce que l'État et, plus précisément, le gouvernement et la haute administration, sont traversés de toutes sortes de contradictions, sont porteurs d'exigences qui s'annulent : « Nous sommes constamment pris en sandwich entre une partie des pouvoirs publics qui dit : "Mais enfin, vous alimentez l'inflation", et une autre qui dit : "Vous n'y pensez pas, vous êtes en train de tuer tel secteur de l'industrie française." » Le fait même d'avoir des interlocuteurs multiples n'est pas toujours source de difficulté pour les dirigeants d'EDF, capables de se mobiliser avec cohérence [2] ; et la

2. Sur l'opposition entre la cohésion et la cohérence des directions d'entreprise, et les contradictions dans les appareils d'État, cf., par exemple, Michel BAUER, Élie COHEN, *op. cit.*

plupart d'entre eux, tout en soulignant leur totale loyauté à l'égard du pouvoir d'État, indiquent également qu'ils savent fort bien, le cas échéant, naviguer en contournant les écueils. Enfin et surtout, la lourdeur et la complexité des appareils d'État n'empêchent pas, en fin de compte, les dirigeants d'EDF de faire entendre la voix de ce qu'ils considèrent être la raison. « Les choses se passent plutôt bien avec les pouvoirs publics, à condition de s'y prendre à l'avance, de dialoguer », et « sur des sujets de fond, qu'on a profondément médités, remués dans la maison, parfois pendant plusieurs années, l'expérience montre que ça ne va peut-être pas aussi vite qu'on le désirerait pour obtenir le feu vert des pouvoirs publics, mais qu'il est rare que ça ne vienne pas ». L'État, en définitive, bien plus qu'un monstre abstrait, hydre ou pieuvre incontournable, constitue pour les dirigeants d'EDF un interlocuteur. Les ressources scientifiques, les compétences qu'EDF peut mobiliser lui permettent, dans une relation souvent pesante et difficile, de faire passer, en définitive, ce qui n'est rien d'autre à ses yeux que le discours de la sagesse et de l'intérêt collectif.

Critiques de l'État

Plus l'État est perçu comme un ensemble diversifié avec lequel il s'agit pour EDF d'entretenir de multiples relations, et moins il est surprenant d'enregistrer à son égard un ensemble non moins diversifié de critiques.

Celles-ci peuvent être générales, visant en particulier les énarques qui, dans les cabinets ministériels, croient tout savoir et orientent maladroitement la politique, ou les politiciens que leurs intérêts électoraux, nécessairement à courte vue, empêchent de réellement prendre en charge l'avenir du pays. Dans cette perspective, l'État, c'est aussi la sclérose bureaucratique, dont pâtit par ricochet EDF... « Il y a dix ans, le Fonds national de la recherche, c'étaient six personnes. Aujourd'hui, il y en a cent cinquante. » Les demandes démultipliées émanant de la bureaucratie d'État sont génératrices de complications internes, alourdissent le travail et sont, de surcroît, inefficaces. Ainsi, explique un dirigeant d'EDF, la décomposition des budgets en des lignes différentes de plus en plus nombreuses « me laisse tout degré de liberté. Quand on arrive à ce stade de détail, je défie quiconque de venir me contrôler ». A l'inverse, la critique est également souvent conjoncturelle et très précise, survenant au détour d'une phrase, à l'occasion de tel ou tel problème. Évoque-t-on par exemple, au printemps 1987, la situation étrange de l'Établissement, le fait que depuis plusieurs mois on attend la nomination des président et directeur général qui succéderont à Marcel Boiteux et Jean Guilhamon ? Aussitôt s'élèvent des voix pour dénoncer l'État irresponsable, laissant voguer dans l'entre-deux l'immense paquebot où l'on sait que les hommes aux commandes vont partir, mais où l'on ignore tout de leurs remplaçants à venir.

Entre la critique globale et les remarques ponctuelles ou conjoncturelles, les reproches les plus décisifs qui surgissent à l'occasion de notre recherche portent sur les obstacles et les contraintes qui naissent de l'intervention étatique. Là aussi, disons-le nettement, il s'agit d'un discours spontané qui fuse, abondamment, dès les premiers échanges des entretiens de notre recherche, mais dont nous pouvons d'ores et déjà suspecter la constance.

L'État obstacle

Si l'État constitue une entrave dans une période où il s'agit avant tout d'écouler une électricité devenue abondante, c'est d'abord par les obstacles qu'il oppose à la logique commerciale de l'Établissement. Les décisions de juillet 1983 ont certes levé certains interdits, mais il n'est toujours pas possible d'engager librement les actions de publicité, de promotion, de sponsoring ou autre auxquelles se livrent sans contrôle les entreprises privées. « On voudrait faire sur les chaudières électriques, qui viennent se substituer au fuel, la même chose que sur les pompes à chaleur et... on nous interdit de le faire ! »

Les obstacles à une action commerciale débridée ne sont pas seulement directs, sous la forme de contrôles paralysants ou d'interdits. Ils sont aussi perçus comme la conséquence, indirecte, d'un vaste ensemble de décisions qu'impose l'État en matière tarifaire — ce qui empêche de jouer sur les prix pour gagner des parts de marché —, en matière d'emplois et de salaires — il n'est pas possible d'embaucher au rythme voulu du personnel et en particulier du personnel à vocation commerciale, etc. La tension entre logique commerciale et intervention de l'État est telle qu'elle pourrait induire, chez ceux des dirigeants qui s'identifient le plus à l'image d'un acteur autonome, à l'appel sinon à la rupture, du moins au dégagement d'EDF par rapport à l'État. Nous y reviendrons.

Au-delà de la seule action commerciale, l'État est aussi vécu comme empêchant EDF de mobiliser pleinement ses forces dans sa réponse à toutes sortes de difficultés. C'est ainsi qu'il lui est reproché de contribuer à entretenir la crise qui sévit à la direction de l'Équipement depuis le ralentissement considérable du programme nucléaire. Dans les années soixante-dix, cette direction était en première ligne, pensant et organisant la construction du parc nucléaire dont elle était l'architecte industriel. Mais depuis, ses compétences ne sont guère mises à contribution, ses effectifs semblent pléthoriques par rapport au potentiel de travail, son savoir-faire risque de se perdre, et l'on recherche des réponses à cette chute. D'où les projets où l'Équipement, par exemple, envisage de fonctionner comme bureau d'études, en particulier à l'exportation. Mais la marge de manœuvre est limitée, entre autres facteurs, par la lettre sinon l'esprit de la loi de nationalisation, et on imagine mal le pouvoir politique, quel qu'il soit, osant toucher à cette loi.

Si l'État semble à ce point un obstacle à l'action des dirigeants d'EDF, ce n'est pas seulement parce qu'il est le garant du statut et de la loi de nationalisation, opposant en particulier la notion de service public à celles de vente ou de rapports marchands. C'est aussi parce que s'y condensent pressions et demandes en provenance de l'opinion publique ou de certains secteurs de la société, et dont les pouvoirs publics tiennent compte, que ce soit par nécessité, si la pression est vive, ou par intérêt, si elle permet de mieux faire admettre un point de vue politique aux responsables d'EDF. Ainsi, le thème des avantages et privilèges dont disposent les agents de l'Établissement, relancé avec un succès considérable par un ouvrage de François de Closets [3] a facilité, en 1986, une politique salariale peu favorable à ces mêmes agents. De même, le ministère de l'Environnement, pour obtenir une législation relative, comme on dit à EDF, aux

---

3. François DE CLOSETS, *Toujours plus*, Paris, Grasset et Fasquelle, 1982.

« petits poissons[4] », sait pouvoir s'appuyer sur une grande sensibilité de l'opinion publique et des associations de pêcheurs, même si cette législation, en imposant diverses mesures très coûteuses, peut entraîner, au bout du compte, un prix plus élevé du kilowattheure.

L'État régalien

Mais l'État est beaucoup plus qu'un lieu de contraintes, somme toute légitime aux yeux des dirigeants d'EDF dès lors qu'ils considèrent la taille de l'Établissement : « Lorsque l'on voit l'importance des investissements par rapport à la nation, on ne peut pas empêcher l'État de s'intéresser à la façon dont on va engager la structure industrielle. Il y a toute une série de conséquences de nos décisions qui font que, tôt ou tard, les pouvoirs publics sont obligés de porter à notre attention les conséquences que peuvent avoir nos actes sur l'industrie, l'aménagement du territoire, etc. » Les véritables problèmes tiennent plutôt, du point de vue des dirigeants de l'Établissement, au fait que les pouvoirs publics sont mus par une logique politique qui leur autorise bien des débordements ou des manquements par rapport à la rationalité économique dont EDF se veut le champion.

Les exemples, ici, pleuvent pour dénoncer cet État qui profite de son pouvoir et de la bonne santé de l'Établissement pour lui imposer des décisions qui n'ont rien à voir avec sa mission. « EDF est un levier pour faire des démonstrations. C'est un peu désagréable pour les dirigeants de l'Établissement », note l'un d'entre eux, tandis que d'autres constatent que l'État ne respecte pas ses propres engagements. Ainsi en 1985, l'État et l'Établissement se mettent d'accord sur un contrat de plan, puis aussitôt, « on l'enterre » d'un désagréable « coup de canif », l'État décidant unilatéralement une baisse anticipée des tarifs sous prétexte que l'entreprise a les moyens d'assumer une telle décision. De même fin 1986, le gouvernement a empoché — « arbitrairement », dit un dirigeant d'EDF — l'essentiel des bénéfices de l'entreprise, contribuant ainsi au mécontentement

4. « Petits poissons » : il s'agit en fait de mesures, jugées souvent trop contraignantes pour EDF, relatives à la protection des rivières, leur température, leur propreté, etc.

qui s'est traduit par la grande grève, avec coupures de courant, de décembre 1986-janvier 1987. EDF permet à l'État d'asseoir à bon compte sa politique de l'emploi, par exemple lorsqu'il lui faut embaucher après les élections de 1981 plusieurs centaines de mineurs, pour aider à la reconversion des Charbonnages de France — à EDF, on aurait certainement préféré recruter ailleurs du personnel même si, en fin de compte, on ne regrette pas cette reconversion. EDF sert également à l'État de collecteur de taxes puisque la taxe locale sur les consommations d'électricité est facturée et encaissée par EDF, faisant payer aux usagers des sommes qui en réalité ne reviennent pas à l'Établissement. Pour les dirigeants d'EDF, il vaudrait mieux que l'État et les collectivités locales perçoivent directement impôts et taxes, et que les factures d'électricité soient établies en fonction des seules consommations.

L'Établissement est également le vecteur d'une politique industrielle dont il supporterait en fait les surcoûts, comme semblent l'indiquer les prix de l'électricité consentis depuis plusieurs années à Pechiney[5]. L'État, ici, souligne-t-on à plusieurs reprises, a imposé sans consultation réelle des baisses considérables de tarif, qui minent le principe du coût marginal, pour que soit produit en France un aluminium gros consommateur d'électricité. Mais s'il fallait sauver l'aluminium français, se plaignent les dirigeants d'EDF, s'il fallait fournir une électricité bon marché à un producteur envisageant sinon de s'implanter à l'étranger, ce qui est acceptable en théorie, l'État aurait pu verser des subventions à Pechiney plutôt que de faire subir l'opération à EDF — « On n'est pas là pour soutenir les canards boiteux de l'industrie française ! »

L'Établissement est ainsi soumis aux contraintes d'une politique économique générale à laquelle il obéit toujours scrupuleusement — trop même, peut-être, pensent certains : « Quoi qu'on ait écrit, quoi qu'on ait dit, l'Établissement a toujours été d'une discipline vraiment exemplaire, même quelquefois un

5. Pechiney, avec une consommation de 9,4 TWh (1987), est malgré tout le deuxième client industriel d'EDF après Eurodif. A lui seul, ce groupe représente plus de 3 % de la consommation nationale totale d'électricité et plus de 9 % de la consommation industrielle. Une partie de cette consommation, à la suite d'accords entre Pechiney et EDF, bénéficie d'un tarif particulier qui reste hautement confidentiel et qui constitue pour Pechiney la condition indispensable à la production de l'aluminium en France.

peu trop... Oui, c'est même le reproche inverse qu'on pourrait lui faire, celui de ne pas avoir été parfois indiscipliné. On râle, on rouspète, mais il suffit que le ministre dise : point final, et c'est point final ! » EDF se conforme à cette politique, parfois assénée pourtant de façon brutale, ou sous la forme d'un chantage. Brutale : lorsque tel ministre décide, en 1986, que diverses réductions pour travaux d'isolation pourront apparaître sur les factures de gaz et d'électricité, et non venir en déduction de l'impôt sur le revenu : « Il l'annonce et, comme moi, M. Guilhamon (directeur général) l'apprend à la radio, le matin en se rasant ! » Sous la forme d'un chantage : lorsque le directeur du Budget « limite nos effectifs, il n'en a aucun droit. Aucun. Nous ne sommes pas un service de l'État. Mais il le fait en disant : c'est ça ou vous n'avez pas d'augmentation. C'est du chantage. Résultat : on nous demande de vendre du courant, mais on ne nous laisse pas embaucher les commerçants dont on a besoin — on nous demande d'améliorer la qualité de tension, mais on n'a pas les gars pour entretenir le réseau, etc. ! ».

La politique économique générale, même assénée brutalement, serait à la limite acceptée par les dirigeants d'EDF s'ils avaient le sentiment qu'elle est cohérente et bien pensée. Mais tel ne semble pas toujours être le cas. En matière énergétique, le soutien au charbon du début des années quatre-vingt est décrit comme absurde à terme, et injuste vis-à-vis d'EDF : « Le charbon de La Mure, pour lequel de grands projets sont aidés par l'État, ressemblera fort, dans vingt ans, à du charbon australien ; alors là, je dis que ce n'est pas de jeu » ; de même, « le seul fait que M. X..., quand il était aux Économies d'énergie *[agence devenue AFME]*, ait réussi à faire limiter le chauffage électrique des maisons, a coûté autant de dollars à la France que tous les emprunts EDF » ; ou bien encore, « le Fonds spécial pour les grands travaux investit des milliards dans les réseaux de chaleur, ce qui est une erreur monumentale du point vue économique ou thermodynamique ».

Bref — et l'exposé de ces critiques pourrait être considérablement allongé —, l'État, aux yeux des dirigeants d'EDF, mérite un flot de reproches. On est loin de l'image harmonieuse, peut-être devenue un peu mythique, du modèle fondateur, et cette image d'un réseau dense et tendu de relations avec la puissance publique appelle des interrogations : ne vaudrait-il pas mieux qu'EDF devienne une entreprise plus proche du secteur privé, ne faut-il pas envisager d'en appeler à la rupture, de sortir du modèle fondateur ?

La force du modèle fondateur

En réalité, les dirigeants d'EDF demeurent tous très attachés à cet État qu'ils critiquent pourtant d'abondance. Ils savent fort bien que le gouvernement, quel qu'il soit, exerce une fonction d'arbitrage général qui peut conduire, très légitimement, à des décisions défavorables à EDF. Ils n'ignorent pas qu'une entreprise privée de taille comparable à la leur rencontrerait du côté de l'État des obstacles et des contraintes au moins aussi considérables que ce qu'ils rencontrent. Dans aucun pays au monde, même très « libéral », les prix de l'électricité, par exemple, ne sont libres. Plus précisément, toutes les séances où les deux groupes de recherches débattent avec des interlocuteurs incarnant d'une façon ou d'une autre la question de l'État, débouchent sur le même constat, celui de la validité, en fin de compte, du système de relations EDF-État tel qu'il ressort du modèle fondateur, pour autant qu'il relève d'une conception relativement souple.

Un partenaire bien utile

La tutelle n'est pas seulement source de difficultés, loin de là. Elle apporte aussi, à bien des égards, une aide ou une caution qui peut se révéler très utile. Elle constitue parfois une sorte d'alibi, permettant de faire endosser par d'autres la responsabilité de décisions impopulaires. Ainsi, en présence d'un haut fonctionnaire de la direction du Trésor, on avoue sereinement : « Pendant trois ans, on a vécu dans une certaine tranquillité vis-à-vis de nos partenaires sociaux en leur opposant qu'il n'était pas possible d'augmenter les effectifs. C'était un parapluie qu'on ouvrait. » L'État proprement tutélaire protège EDF, lui permet de défendre ses intérêts. C'est un allié dans les affaires essentielles, avec qui on cherche ensemble des réponses communes à certains problèmes, à commencer par ceux que posent la sécurité et la sûreté des installations nucléaires. La puissance publique peut être un atout, et si le besoin s'en fait vraiment sentir, il est possible de la solliciter et d'obtenir satisfaction :

« Un client me dit, raconte un directeur régional de la production et du transport, que si un raccordement ne se fait pas le plus vite possible, il ne se fait pas raccorder en France. J'ai mobilisé l'administration qui a imposé à chaque intervenant de prendre le temps minimal pour faire les opérations. Il a suffi de treize mois, au lieu de vingt-six. » Au nom de l'emploi et de l'industrie, bien des choses sont possibles.

Plus précisément, chacun des deux groupes, rencontrant un responsable de la DIGEC, affiche explicitement avec lui une grande proximité de vues. « On est un peu parent avec cette tutelle-là, dit l'un, on a les mêmes idées », et l'on considère aisément qu'à la DIGEC, et donc au ministère de l'Industrie, « on est toujours prêt à défendre EDF vis-à-vis des autres ministères ». Ce constat s'étend, même plus nuancé, à des directions d'autres ministères. Ainsi, le premier groupe s'entend dire, ce qui ne le surprend guère, que la direction du Trésor « n'est quand même pas hypertatillonne » et que quand EDF a embauché plusieurs centaines de personnes sans autorisation, « ce n'est pas pour autant qu'un couperet est tombé ».

En fait, au-delà d'un État tutélaire somme toute plutôt satisfaisant, on voudrait que l'État politique intervienne moins ou mieux, et de façon plus prévisible, par exemple dans le cadre de contrats de programme ou assimilables, fixant des orientations générales et laissant ensuite une réelle latitude aux dirigeants pour tenir leurs engagements. On souhaiterait que l'État-contre-pouvoir, incarné par l'AFME, fonctionne de manière moins partiale. Et dans l'ensemble, le discours spontané des dirigeants d'EDF, toujours très critique vis-à-vis de l'État dans un premier temps, laisse la place à des propos mesurés, voire des constats de convergence chaque fois qu'un débat avec un représentant de l'État central a le temps de se développer dans notre recherche.

Cette remarque vaut également si on considère la relation qui peut se jouer sur le terrain, avec les élus locaux par exemple. Recevant un élu de Gironde, le deuxième groupe est satisfait de constater l'image hautement positive qui est donnée de l'Établissement. EDF, explique l'interlocuteur, apporte bien plus que la seule électricité. Elle est créatrice d'emplois, par les chantiers qu'elle ouvre, les installations qu'elle fait fonctionner ; elle est un agent de modernisation construisant ou aménageant pour ses besoins propres des routes, des ports, apportant l'éclairage, équipements qui restent ensuite. C'est une administration compétente, ouverte et riche, un authentique service public, toujours susceptible d'embaucher une personne qu'on lui recommande. D'ailleurs, bien des têtes de liste aux élections municipales s'adjoignent un salarié d'EDF, « ça facilite les choses ». Ce tableau presque idyllique remet à leur place les critiques que le même groupe a pu faire à propos des pouvoirs publics. Sur le terrain, localement ou régionalement, EDF entretient de bonnes relations avec les élus, tout comme avec les représentants du pouvoir central, elle est appréciée, sait se faire entendre, et si sa tâche est plus compliquée que dans le passé, il lui faut surtout apprendre à mieux coordonner son action. Les dirigeants de l'Établissement, tout en regrettant la lourdeur et la complexité croissante des relations locales avec les pouvoirs publics, en déduisent qu'ils doivent s'adapter et mieux s'organiser, ils n'en appellent en aucune façon à une délocalisation ou à une recentralisation du pouvoir.

Le rejet du libéralisme

Une séance de notre recherche va encore plus loin en apportant une expression spectaculaire de l'attachement des dirigeants d'EDF à l'État et, plus précisément, au service public. C'est celle où le premier groupe reçoit le principal animateur d'un club politique aux positions hyper-libérales.

Nous sommes au printemps 1986, à quelques semaines d'élections législatives que la droite s'apprête à gagner, et dans une conjoncture de poussée des idéologies libérales. On parle beaucoup à l'époque de dénationalisation, et l'invité, précisément, fait savoir que son club a élaboré des projets de loi et décrets qui permettront à la droite, si elle remporte les élections, de procéder rapidement à la privatisation d'entreprises publiques. Très franchement, il explique au groupe que les seuls projets que son club ne parvient pas réellement à mettre au point sont ceux qui concernent EDF, et il propose de jouer le jeu aux dirigeants de l'Établissement qui le reçoivent : voyons ensemble, leur dit-il en substance, s'il est vraiment absurde ou impossible de dénationaliser EDF, et donc d'ouvrir la concurrence, de supprimer les administrations centrales chargées de l'énergie, de fixer de saines règles de gestion, etc.

Se piquant au jeu, le groupe engage dès lors avec lui un débat animé, où toutes les hypothèses que présente l'invité sont en fait rejetées avec force, qu'il évoque la privatisation du capital d'EDF, celle de certaines de ses structures, la suppression des concessions ou la rupture du monopole.

Au nom de la justice sociale et de la solidarité nationale, on ne peut admettre la remise en cause de la péréquation des tarifs telle que la conçoit actuellement EDF : « Dans le schéma que vous proposez, les contribuables des régions les moins nanties seraient appelés à payer beaucoup plus cher que les autres pour être approvisionnés, ce qui est injuste ! », s'indigne-t-on, en précisant : « Mais la nation, ça existe ! » Parce qu'EDF a le souci de la collectivité et du service public, elle n'est pas une entreprise comme les autres et ne peut donc répondre aux mêmes lois. « Si j'étais le patron d'une entreprise privée de distribution d'électricité, dit un membre du groupe, je reconnais que je mettrais l'argent là où c'est juteux, j'aurais moins le souci du service public. » On se sent dépositaire d'une partie des deniers publics, qu'il n'est pas question de mal dépenser.

Aux yeux des membres du groupe, les hypothèses de l'invité ne sont pas seulement antisociales, elles sont aussi antiéconomiques. Introduire, comme il le suggère, des sociétés privées distributrices d'électricité impliquerait soit des investissements multiples pour différencier le réseau, soit sa détérioration, et l'on note, sceptique, que « la société concessionnaire que vous décrivez ne va pas faire les investissements nécessaires pour tenir en état le réseau ». Plus largement, l'unité de l'entreprise qu'autorise son lien avec l'État garantit une vision à long terme, la cohérence en matière de prévisions, la coordination. Si cette unité est aliénée, « on risque d'en faire pâtir l'économie tout entière. C'est du devoir de la nation dont il est question ». Et le maintien de cette unité passe par la confirmation, par l'État, du monopole d'EDF sur la distribution. Il n'y a, explique-t-on à l'interlocuteur, aucun intérêt pour la collectivité à substituer une multiplicité de monopoles locaux à un monopole national — et comme il serait absurde et coûteux de créer plusieurs réseaux pour desservir une même clientèle, mieux vaut ne pas toucher au système actuel.

Enfin, l'argumentation déployée par le groupe est aussi politique. C'est également pour « faire face à la versatilité du monde politique », et en particulier pour ne pas risquer d'être tributaire de pressions et de stratégies à courte vue dictées par les échéances électorales, que doit être maintenu, tel quel, le « bloc » que constitue EDF.

Cet ensemble d'arguments peut paraître étonnant puisque les mêmes dirigeants, nous le savons, reprochent constamment à l'État de ne pas respecter suffisamment l'intérêt collectif, d'introduire de l'irrationalité dans l'action économique ou de développer des pratiques politiques à court terme. En fait, le groupe ne revient pas sur ce qu'il dit par ailleurs de l'État, il affirme, plutôt, qu'EDF est comme chargée par lui, et souvent à sa place, d'accomplir une mission d'intérêt général, et que cette mission est indissociable d'un lien étroit avec la puissance publique. Surtout, l'attitude du groupe indique que les critiques à l'encontre de l'État pèsent moins que le remède qu'elles appellent. Cette attitude témoigne, en opposition aux idées libérales, d'un profond attachement aux valeurs et au mode de relation avec l'État que porte le modèle fondateur. Dès qu'on touche au caractère public de l'Établissement, le discours des dirigeants se durcit, la référence au modèle fondateur se déploie, presque canonique, on en appelle, avec une tranquille certitude, à la justice sociale, à la raison, à l'intérêt collectif, à la solidarité nationale et au lien classique avec l'État.

Ce qui mène à une première conclusion de ce chapitre, négative. Les relations des dirigeants d'EDF avec l'État ont considérablement évolué depuis 1946 ; elles ont connu des hauts, comme à l'époque du contrat de programme du 23 décembre 1970, et des bas, comme au temps de la guerre froide ou, bien plus récemment, au cours de l'hiver 1986-1987. Elles pourraient, du point de vue d'EDF, être améliorées et modifiées dans le sens d'une plus grande autonomie de l'Établissement. Mais il n'est pas question pour autant, toujours du même point de vue, de sortir du modèle fondateur. Est-ce à dire que celui-ci continue, comme par le passé, à régir les relations de l'État et de l'Établissement de manière intégrée ?

La nation n'est pas l'État

Depuis la création d'EDF, les dirigeants identifient leur action à l'intérêt national. Thème classique, qui fonde la loi de 1946 et le statut qui en découle, et de là, légitime les responsables de l'Établissement : « Notre légitimité vient de la loi de nationalisation. »

L'identification à la nation

Le thème de la légitimité nationale, sans avoir été bouleversé ou mis en question, a évolué depuis les temps héroïques de la reconstruction du pays. A l'époque, les dirigeants d'EDF assuraient la remise à flot et la modernisation de l'économie du pays, et il n'y avait aucun hiatus entre ce rôle économique, l'idée de service public, voire de démocratie, et celle de grandeur nationale.

Tel était le sens de la nationalisation : le thème spécifique de l'indépendance nationale était mineur et pour l'essentiel associé aux importations de charbon, qu'EDF, grâce en particulier à son programme de développement, était supposée réduire.

A partir du premier choc pétrolier, ce thème, dans le discours des dirigeants de l'Établissement, a occupé une place centrale. Soumise au diktat des pays de l'OPEP, humiliée par des régimes que le monde occidental avait l'habitude de considérer avec dédain, dépourvue de ressources propres, la France, grâce au programme nucléaire, allait pouvoir affirmer son indépendance énergétique.

De mauvais esprits avaient beau souligner la dépendance résultant du choix d'une filière non pas française, mais américaine (le PWR de Westinghouse), les réponses à l'objection venaient, nombreuses [6], et EDF se présentait comme le champion de l'indépendance nationale. Les estimations chiffrées diffusées au début des années quatre-vingt par EDF insistent sur le caractère « national » de la production électrique française. En 1990, à les suivre, 74 % de l'énergie électrique sera d'origine nucléaire, 18 % hydraulique, 6 % fossile (combustibles français), et des calculs tenant compte des importations d'uranium permettent d'affirmer qu'à 90 % l'électricité sera produite nationalement.

Avec le nucléaire, l'indépendance n'est pas seulement économique, elle est aussi politique. Les risques de rupture dans la fourniture de minerai sont quasi nuls, les possibilités de stokage considérables, et la maîtrise française des technologies électronucléaires met EDF à l'abri de toute pression internationale.

Une fois le programme nucléaire bien engagé, le thème de la nation a connu dans le discours des responsables d'EDF un

6. Cf., sur ce point, *Les Nucléocrates, op. cit.*, p. 177-178.

enrichissement qui renvoie à nouveau à la grandeur du pays. Ce programme a permis en effet à la France de se doter d'une industrie électronucléaire de pointe, très en avance au niveau mondial, et capable d'exporter du matériel, du savoir-faire et même des installations clés en main ; il apporte au pays une énergie surabondante et peu coûteuse, qui peut être exportée, d'où d'importantes rentrées de devises, et qui constitue un atout pour l'industrie française dans son ensemble. EDF peut ainsi prétendre « contribuer à sortir le pays de la crise » et apparaître comme une figure décisive du développement national.

La dissociation de l'État et de la nation

Dans le même temps, et même s'il n'est pas question d'en appeler à la rupture avec lui, les dirigeants d'EDF sont prolixes pour critiquer l'État. État-nation : dans le langage courant, on saute couramment d'un terme à l'autre, ne serait-ce que parce qu'en France ils sont facilement accolables.

Mais qu'avons-nous constaté ? Plus EDF est engagée dans des relations autres que tutélaires avec l'État, plus il lui faut manœuvrer, chercher sa voie dans le maquis des ministères et de leurs services, traiter avec des partenaires politiques et administratifs, agir avec les pouvoirs publics sur plusieurs niveaux, central, régional, départemental, local, et moins elle reconnaît à l'État la légitimité qui est celle de la nation. L'État que pratiquent les dirigeants d'EDF n'est assurément pas une abstraction, un être collectif doté d'une visée ou d'un projet historique, c'est une réalité bien concrète, peu cohérente, peu stable dans les hommes qui la dirigent. « L'État, dit explicitement un dirigeant d'EDF, c'est l'intérêt politique qui veut s'associer à l'intérêt général. Mais la politique va à l'encontre de l'intérêt général dans certains cas. Nous, nous sommes orientés uniquement vers l'intérêt général. »

Dès lors, l'identification d'EDF à la nation passe, en quelque sorte, au-dessus de l'État, à qui est déniée la légitimité absolue qu'on accorde à la nation et à soi-même. C'est pourquoi on n'hésite pas, dans des cas extrêmes, à opposer l'État et la nation : « Quand trop c'est trop, on rappelle qu'on a des obligations qu'on tient de la nation », et, par exemple, on souligne que la loi de nationalisation interdit à EDF un déficit que tel ou tel ministre cherche pourtant à lui imposer. Non seulement on distingue l'État de la nation, mais on rappelle que la légitimité de l'Établissement repose sur l'acte même de naissance d'EDF : « On tient beaucoup à tenir notre légitimité de la nation et non de l'État. » Ce dernier, par ses comportements à court terme, par son hyperpolitisation, par son hétérogénéité, ne saurait parler au nom des mêmes intérêts supérieurs que ceux qui font agir EDF : « Nous n'appartenons pas à l'État. Mais à la nation. La source de toute légitimité, c'est la nation, pas l'État. »

Cette opposition de l'État et de la nation n'est pas entièrement étrangère au modèle fondateur, qui fixe les modalités de relations entre l'Établissement et la puissance publique. Mais elle s'est considérablement renforcée, d'une part avec l'évolution des appareils d'État, et d'autre part avec la poussée de logiques d'action autonomes, commerciales et technocratiques, dont le déploiement rencontre nécessairement des réticences ou des refus de la part de l'État.

Dans le modèle fondateur, on circule aisément entre les notions d'État et de nation ; aujourd'hui, cette circulation est malaisée et même rejetée par les dirigeants de l'Établissement. Pour eux, l'État n'est plus la nation. En ce sens, le modèle fondateur, sans voler en éclats, est comme déstructuré puisque deux notions qu'il intégrait de manière très étroite sont devenues, en son sein, distantes et presque contradictoires.

4

Blocages et vieillissement

Dans le modèle fondateur, l'efficacité de l'Établissement passe par une réelle cohérence entre ce qu'EDF symbolise au-dehors — le progrès, le développement, la reconstruction de la nation — et ce qu'elle est au-dedans — moderne, progressiste, bien organisée, capable d'offrir à tous de réelles possibilités d'épanouissement professionnel.

Mais aujourd'hui, cette cohérence est mise en cause à l'intérieur même d'EDF. Une sclérose, des rigidités sont apparues. On peut d'abord les observer et les analyser de manière générale, on peut aussi les étudier là où elles définissent un problème social majeur, dans la relation entre direction et syndicats.

Lourdeurs bureaucratiques

« Périr ou bouillonner », s'exclame l'ancien président d'EDF, M. Delouvrier, lors de sa rencontre avec le premier groupe de recherche : toute grande organisation, effectivement, génère des rigidités, des blocages, des dysfonctionnements, et EDF n'échappe pas à la règle. Problème classique, au cœur même de la sociologie des organisations, et auquel notre recherche apporte un éclairage spécifique. En mettant face à face des dirigeants de l'Établissement et divers interlocuteurs, à commencer par de jeunes agents, nous faisons plus qu'enregistrer des plaintes ou des témoignages, nous nous donnons les moyens de faire apparaître les enjeux les plus significatifs que recouvre le discours général sur la bureaucratie.

Chacun des deux groupes de dirigeants a l'occasion de discuter avec une poignée de jeunes agents, reçus dans les deux cas pour une rencontre qui dure plusieurs heures. Ceux-ci ont leur franc-parler, et l'on pouvait s'attendre à une critique animée, portant sur la culture de l'entreprise ou sur l'attachement de la hiérarchie à des valeurs somme toute désuètes. Dans un monde où, selon certains sociologues, priment l'individualisme, le narcissisme ou l'hédonisme, les jeunes agents d'EDF ne trouvent-ils pas étouffant le climat de l'entreprise, la référence au service public, l'appel à un « projet » supposé permettre une mobilisation collective ?

En fait, ce n'est pas ce qui ressort de la recherche, qui fait apparaître nettement une grande intégration des jeunes agents à l'Établissement, dont ils regrettent surtout le mauvais fonctionnement. Ces interlocuteurs ne surprennent pas vraiment les cadres dirigeants qui les reçoivent, et ceux-ci souvent même surenchérissent, en leur présence ou ensuite, lors de réunions où ils sont seuls avec les chercheurs.

Le système de recrutement

Tout ce qui concerne la gestion des carrières est contesté. Les critères de recrutement n'apparaissent pas clairement et le processus même de l'embauche est trop long. Les jeunes agents questionnent les cadres dirigeants qu'ils rencontrent et ceux-ci sont mal à l'aise : comment pourraient-ils défendre le système de recrutement que, par ailleurs, ils critiquent ? Les dirigeants éprouvent bien de la peine à justifier les filtres de sélection, dont l'existence ou l'application sont mises en cause : l'entretien, le test d'anglais, l'analyse graphologique.

Sur ce registre, les dirigeants des deux groupes sont intarissables, surtout lorsqu'il n'y a pas d'interlocuteur. Ils regrettent la longueur du processus de recrutement : lassés, les meilleurs candidats trouvent vite, ailleurs, un autre emploi. Ils dénoncent, plus largement, les rigidités qui découragent tous ceux qui souhaitent créer un appel d'air : « Nous n'avons pas la liberté de prendre qui nous voulons pour tel ou tel poste. A chaque poste correspond une qualification reconnue par un diplôme bien défini. Une grille fermée ! C'est grave pour tout le monde : celui qui cherche du travail et qui est valable, celui qui travaille et qui perd ses motivations, ceux qui dirigent. » Le recrutement en cours de carrière apparaît comme une opération délicate, à cause du processus trop long qu'exige un système rigide. En sens inverse, les cadres dirigeants constatent qu'ils n'ont aucun autre débouché que ceux qu'offrent une carrière interne et un parcours sans faute dans la maison. A cela s'ajoute un système de progression de carrière et de salaire relativement lourd, figé, peu motivant. Beaucoup ont l'impression qu'ils auraient pu mieux gagner leur vie à l'extérieur. Pour les chefs d'unité, la mobilité fait partie intégrante de la fonction : chacun sait qu'il a à changer de poste en moyenne tous les trois ans. De même certains jeunes agents ont l'occasion d'apprécier la fréquence des changements de poste. Objectivement, la mobilité interne existe. Mais elle obéit à des règles qui manquent de plus en plus de souplesse, et on regrette, par exemple, que les niveaux hiérarchiques se multiplient, avec « un tas de maîtrises, un tas de niveaux cadres ; ça fait partie de la culture de la maison et ça ne répond plus du tout aux critères modernes d'organisation ».

Dans certaines régions, on manque de candidats, tandis qu'ils sont en surnombre pour d'autres. La publication des vacances de postes ne dépasse pas les frontières d'une direction alors qu'une des solutions pour équilibrer besoins régionaux et candidatures serait justement l'organisation d'une mobilité interdirections. La gestion d'une mobilité conçue de manière très ouverte pose, de manière plus accrue encore, le problème de la formation : nous verrons plus loin que le diable se mord la queue.

Le poids de l'image d'EDF, la rareté des échanges avec le marché du travail affaiblissent les atouts d'un cadre qui souhaiterait quitter le sérail. Il est difficile de recruter en cours de carrière les bons candidats, difficile de trouver un emploi à l'extérieur, difficile de sortir provisoirement de la maison pour y revenir ensuite. Les possibilités d'aérer le système sont limitées : l'entreprise est fermée sur elle-même.

Ainsi, les carrières sont essentiellement internes, sans que la mobilité soit correctement organisée. Et ce qui vaut pour les dirigeants vaut plus encore pour les échelons inférieurs de la hiérarchie. Aujourd'hui les jeunes ne s'y trompent pas : la garantie d'emploi tient trop souvent lieu de motivation aux candidats à l'embauche — « Ce que j'ai vu à EDF en premier, c'est la sécurité d'emploi » ; « Par les temps qui courent, je me suis dit qu'il fallait m'assurer une place. »

La formation

Bénéficiant de la durée et connaissant la très grande stabilité de son personnel, l'entreprise devrait pouvoir faire naître de nouvelles motivations, repérer plus précisément les potentiels, réaliser un véritable investissement en formation. Or là aussi, les jeunes agents développent une critique qui ne semble pas étonner les dirigeants qui les écoutent.

L'attente est si longue que la participation aux stages de formation est perçue par les plus jeunes comme une récompense plutôt que comme une norme ou une nécessité : « J'ai eu de la chance de l'avoir. » Six mois après le recrutement, « on va enfin se voir présenter les activités de l'entreprise ». Un jeune, travaillant depuis dix-huit mois comme magasinier, va bientôt pouvoir participer au stage censé lui apporter les bases de son métier. Autrement dit, bien des opérations de formation spécialement conçues pour les jeunes embauchés sont proposées trop tard. Ce qui laisse une impression de gaspillage. De leur côté, les dirigeants ont bien des reproches à formuler à l'égard de la politique de formation quand elle les concerne directement. La conception même de la formation est souvent perçue comme trop traditionnelle, si bien que pour les cadres supérieurs, ballottés plus que d'autres de session en session, ces successions d'orateurs qui viennent dispenser un discours à des auditeurs plus ou moins passifs ne sont que routine et obligation ou simples occasions de rencontres avec les collègues. Apparemment inadaptée aux enjeux de l'entreprise, aux problèmes, quotidiens ou non, qui assaillent les chefs d'unité, la formation à coups de stages ne les satisfait plus, du moins telle qu'elle est conçue actuellement.

La communication interne

La médiocrité ou les lacunes de la communication interne font également partie des lieux communs du discours des dirigeants de l'Établissement, tout comme des critiques formulées par les jeunes agents [1].

1. Un rapport de recherche de la direction du personnel et des relations sociales (DPRS), daté de 1984, confirme très largement les enseignements de notre propre recherche. Les jeunes agents, y est-il dit, se plaignent de la longueur et de la

La communication verticale paraît bloquée. L'attribution des notes chaque trimestre au cours de la première année, l'élaboration du plan individuel de formation sur deux ans sont autant d'occasions que devraient saisir hiérarchie et subalternes pour se rencontrer. L'attente des jeunes est forte pour tout ce qui concerne leur évolution à court et à moyen terme. Ils veulent savoir ce que l'on pense d'eux, ce que l'on prévoit pour eux. Les cadres dirigeants avouent comprendre la réticence de la hiérarchie à répondre à ces appels : « C'est très difficile de prévoir, d'autant plus que si l'on se trompe, on risque d'éroder le potentiel de confiance. » Plus important encore est le décalage entre les jeunes qui souhaitent se voir confier rapidement un travail, une formation, une évolution conformes à leurs espoirs, et les cadres qui ont une vision globale, à long terme, sur des carrières qui s'étalent sur trente ans. Pour les premiers, le poste occupé à l'embauche a valeur d'essai, avec le projet, peut-être illusoire, que l'on pourra faire autre chose : changer d'entreprise ou accéder à la mobilité interne. Pour les seconds, un premier poste a avant tout valeur d'adaptation à l'entreprise. Les carrières sont longues, le temps fera le reste ; cela va de soi, il n'est pas utile de l'expliquer.

Du bas vers le haut, les rouages fonctionnent mal. Les jeunes se plaignent de la difficulté, voire de l'absence de communication avec leur hiérarchie. Pour certains, la rencontre avec le supérieur est « vague et il n'y a pas de conversation... c'est tout juste si on nous demande si on est bien ». « S'il y avait des occasions de proposer, ce serait bien. » Finalement, on apprend vite à gérer ses rapports avec la hiérarchie, à se garder de faire des suggestions, de prendre des initiatives ; on « se ménage » : « Il m'arrive de faire des suggestions à mon chef mais j'évite parce qu'après je suis obligé de faire machine arrière »... « Faire sentir à la hiérarchie qu'un maillon ne marchait pas, ça a été mal vu ; on m'a dit de m'occuper de mon domaine alors que ce qu'il y a à côté, ça nous regarde. »

Est-ce une question de diplomatie ou de courtoisie, comme l'affirme un dirigeant ? Est-ce seulement la faiblesse de tout être

---

lourdeur de la procédure d'embauche, du caractère répétitif de leurs activités, du système de promotion et de celui de rémunération, etc. Ce rapport propose diverses réponses aux problèmes ainsi posés. Il est complété par un film vidéo où de jeunes embauchés s'expriment sans détour. L'ensemble (rapport + film) a été largement diffusé dans EDF.

humain qui cherche à retarder les remises en cause, comme le dit un autre ? Ce serait trop simple. Du haut vers le bas, un important décalage, une forte déformation sépare l'émission des messages de leur perception. A propos du projet d'entreprise qui se veut, au milieu des années quatre-vingt, le grand pivot de la mobilisation, la communication verticale semble souvent s'arrêter en route, soit au niveau des chefs d'unité qui n'ont pas (encore) repris à leur compte le projet, soit à des paliers hiérarchiques où il est jugé inutile et où l'on néglige d'impliquer la base. Les résultats sont alors à la hauteur d'une politique non concertée : une communication à sens unique, sans récepteur, avec par exemple des écrans d'annonce sur le projet dans les halls d'entrée sans qu'ait été prévue cette simple réponse : « Je ne passe pas par là » ; la perception d'un message erroné où s'amalgament des informations partielles, tronquées, voire fausses, un message, en tout cas, qui n'a plus rien à voir avec ce qui a été émis : « J'ai entendu ce mot *[projet d'entreprise]* lors de mes déplacements. Ce n'est pas notre chef qui va nous en parler : je sais qu'il y a des projets de compression de personnel... tout va être diminué » ; ou bien encore, là où la hiérarchie n'a pas su ou voulu assumer le « projet d'entreprise », le syndicat s'interpose dans la relation hiérarchie/personnel : « J'ai eu connaissance du projet mais je suis allé le chercher. Au syndicat ! Ils sont au courant de beaucoup de choses : ils vivent dans l'entreprise. » A cela s'ajoute la faiblesse de l'esprit d'initiative chez certains cadres dirigeants, une sorte de docilité déplacée, qu'évoquent de grands « anciens » de l'Établissement : « Un principe de respect de la discipline, de ce que l'on croit être les instructions des directeurs généraux... Et jusque dans des détails absurdes ! »... « Le chef de centre qui passe son temps à demander ce qu'il doit faire n'est pas un bon chef de centre. »

Les problèmes de communication verticale sont d'autant plus aigus qu'EDF est une entreprise très centralisée, et on peut même penser qu'ils ne constituent qu'une expression d'une centralisation qui conduit à bien d'autres difficultés. Un exemple, développé par un des participants du deuxième groupe, apporte l'occasion de le constater. Il s'agit du problème du règlement sur les achats, qui oblige, pour de nombreuses fournitures, à passer par l'intermédiaire des marchés nationaux, ce qui peut entraîner un surcoût de 20 % par rapport aux conditions qui pourraient être obtenues localement. Malgré un effort de décentralisation, le règlement, et derrière lui bien souvent le statut, reste envahissant, ne serait-ce que parce qu'il a été la greffe sur laquelle s'est développée une culture forte. « Nous sommes encore une culture ultra-centralisée où on a habitué les gens à appliquer des règlements qui, dans 90 % des cas, étaient bons, mais dans les 10 % restants étaient stupides. Or il fallait les appliquer à 100 %. »

La communication horizontale ne paraît pas meilleure. Faute peut-être d'une gestion minutieuse de la formation, il y a méconnaissance surprenante du fonctionnement de l'entreprise. Pas plus à l'arrivée qu'au départ, on ne sait ce qui se fait dans les autres services. A plusieurs reprises, certains membres des groupes de recherche indiquent qu'ils ont découvert leurs problèmes mutuels en participant à cette expérience : les dirigeants de la distribution ignoraient les difficultés que rencontrent leur collègues de la production ou de l'équipement ; les électriciens « non mixtes » n'avait jamais pris la mesure des tensions avec les gaziers. Les jeunes agents, eux, disent : « Il n'y a pas d'homogénéité au niveau d'un centre : chacun travaille dans son coin. » « Les techniciens ignorent totalement les administratifs. » « On ne sait pas ce qui se passe dans les autres services. » La communication horizontale est défaillante.

La communication externe

Les dirigeants en appellent à des déblocages qui leur assureraient de plus grandes marges de liberté d'action, et ils perçoivent, plus ou moins confusément, un lien entre cette communication interne figée et la possibilité d'améliorer les relations qu'ils entretiennent avec l'extérieur.

L'exemple de l'action commerciale est révélateur. Déjà la forte poussée de cette action n'a pas été accompagnée d'une politique d'embauche de compétences que bien d'autres entreprises estiment indispensables. « Tout le monde est en train de se creuser sur le tournant commercial, mais on embauche un nombre ridicule d'HEC et autres écoles de commerce. » Certains chefs d'unité prennent des initiatives, considèrent par exemple le centre de distribution dont ils ont la charge comme une sorte de PME, revendiquent le monopole du terrain, la légitimité que leur donne le client-roi, et se vivent aujourd'hui comme bien placés pour amorcer des changements, des remises en cause profondes.

Mais peut-on suivre ceux qui non seulement affichent un dynamisme à toute épreuve, mais aussi suggèrent qu'il est typique de l'ensemble de la direction de la distribution ? L'image d'une grande efficacité commerciale résiste mal à l'épreuve que constitue, dans la recherche, la rencontre du premier groupe avec le vice-président de la Confédération générale des petites et moyennes entreprises.

Figure haute en couleur, cet homme d'expérience et de terrain ne mâche pas ses mots. Chaleureux, jovial, il explique longuement, exemples à l'appui, qu'EDF manque d'allant au plan commercial. Il s'en prend à son manque de souplesse quant au tarifs, à l'arrogance bureaucratique de ce monde d'ingénieurs qui préfèrent la discussion avec leurs pairs dans les grandes entreprises et qui « jouent sur notre candeur » de petits entrepreneurs. Il entend montrer l'absence d'esprit d'initiative et de sens commercial des « distributeurs » et leur affirme : « Je vous garantis que si vous allez vers les entrepreneurs, vous en retirerez le plus grand profit. » Il ébranle fortement le groupe. Les uns affichent un moment encore une réelle sérénité, voire une certaine condescendance, au point d'indiquer qu'avec « quatre-vingt-dix mille personnes réparties sur l'ensemble du territoire français, EDF a le meilleur réseau commercial qui puisse exister et dont une entreprise puisse rêver ». Ils se dédouanent facilement sur le dos des petits entrepreneurs qui, selon eux, ne font guère d'efforts pour s'informer sur le système d'aides qu'EDF peut leur proposer : responsables de leurs décisions, ne le sont-ils pas aussi de leurs propres carences ? N'est-ce pas à l'intéressé de rechercher lui-même les solutions à ses problèmes énergétiques ? Mais d'autres plaident coupable et dans l'ensemble, le groupe reconnaît la justesse et même l'utilité des critiques. Effectivement, l'important, admet-on alors face à cet entrepreneur, n'est pas qu'EDF propose une panoplie d'outils commerciaux, « mais que vous ne le sachiez pas, vous ». Sont admis les vices d'une organisation commerciale qui pousse certes à rechercher de nouveaux clients, mais aussi néglige les anciens, et qui sait bien mal s'adresser à la partie pourtant importante de son marché que constituent les PME.

Ainsi, l'interlocuteur a introduit et fait accepter l'idée d'une EDF maladroite dans une action pour laquelle elle dispose d'atouts et de moyens considérables. Il a mis à mal, sans difficulté, l'image du brio commercial et de la maîtrise efficace des relations avec l'extérieur.

Plus généralement, la recherche a dégagé ici cinq thèmes majeurs qui désignent non pas tant un mal général — la bureaucratie, les dysfonctionnements, les blocages —, mais une série d'enjeux relatifs au fonctionnement de l'Établissement. Le recrutement, la mobilité interne, la formation, la communication interne et externe constituent un ensemble de problèmes qui appellent analyse et action. Une recherche comme la nôtre n'est évidemment ni exhaustive ni même à l'abri d'importantes distorsions ; mais la force même avec laquelle s'expriment critiques et autocritiques indique bien l'essentiel, à savoir l'existence d'un décalage, qui n'était pas présent à l'époque du modèle fondateur, entre, d'une part, l'attachement à l'entreprise, fondé sur la fierté d'appartenir à une maison qui a fait de grandes choses, qui produit l'électricité la moins chère du monde, qui à l'étranger force l'admiration, et, d'autre part, les aspirations de ceux qui sont chargés de conduire l'action, et qui ont trop souvent le sentiment d'être coincés à l'intérieur, asphyxiés ou paralysés par des règles et des mécanismes devenus contre-productifs, en même temps qu'ils surestiment parfois leur capacité à agir en direction de l'extérieur.

Un couple vieillissant

EDF a toujours vécu avec la CGT, et parler de syndicalisme dans la maison, c'est avant tout parler de la CGT. Encombrante, parfois haïe, mais toujours respectée, elle est aussi l'histoire de l'entreprise, et a de tout temps démontré qu'elle sait agir en interlocuteur responsable. Avec 52,25 % des voix aux élections [2], ce syndicat est aujourd'hui moins puissant qu'il ne l'a été, mais EDF reste son premier et son dernier grand bastion. La vie avec la CGT, même si elle repose largement sur un certain consensus au sommet, n'a jamais cessé d'être conflictuelle, jalonnée de grèves et de diverses pressions. Dans le modèle fondateur, la direction d'EDF et la CGT s'adaptent l'une à l'autre pour vivre une relation éventuellement tendue, mais où chacun tient compte des limites que l'autre ne peut accepter de voir mises en cause.

2. Ce chiffre est celui des élections professionnelles de 1985. En novembre 1988, la CGT a gagné 2,75 points, passant à 55 %.

Aujourd'hui, la tendance est au brouillage des règles du jeu, et la relation entre la direction d'EDF et la CGT est en crise.

La poussée des corporatismes

La CGT est d'abord menacée par l'expression de forces sociales qui entendent défendre leurs intérêts spécifiques, éventuellement en son sein, et sans chercher à intégrer nécessairement leur action dans un combat plus large.

Des actions catégorielles, échappant largement à la prise en charge syndicale, émergent là où des agents d'EDF, parfois en très petit nombre, contrôlent des points névralgiques, en des lieux où les conditions sont favorables à l'expression d'un corporatisme. C'est ainsi qu'en 1984 les agents de conduite des centrales nucléaires, techniciens bien rémunérés travaillant en six et pratiquement sept équipes, ont déclenché une action visant à obtenir une réduction de leur temps de travail. En réduisant la charge sans répercussion visible pour la clientèle, ces techniciens obligeaient l'Établissement à mettre en marche des installations classiques très coûteuses pour répondre à la demande sur le marché français, et le privaient de ventes à l'exportation. Les conséquences de telles actions pour l'Établissement sont sans proportion avec les sanctions, quand celles-ci sont prononcées. « Avant-hier, il y a eu des coupures avec des baisses de charge et on ne sait pas ce qu'on va faire au plan des sanctions. Probablement rien ! », regrette un chef de centrale nucléaire. Pour les agents qui ne font que baisser la charge, sans se mettre réellement en grève, la perte de salaire est négligeable. Or leur action peut avoir un effet contagieux : d'autres pourraient suivre cet exemple et ceux qui « sont dans les groupements de postes peuvent très bien paralyser le réseau en ne fournissant plus d'informations au dispatching. C'est une corporation [3] ».

Si la direction est profondément hostile à la montée des corporatismes, les syndicats, à commencer par la CGT, sont, eux, plongés dans l'embarras. S'ils résistent à ce type de revendication dont ils ne contrôlent pas toujours la montée, ils risquent d'encourager la formation de syndicats autonomes partout où

3. En décembre 1988, les agents de conduite des centrales nucléaires ont mené à nouveau une lutte autour de revendications comparables (réduction des horaires pour chaque équipe notamment).

des catégories d'agents détiennent des moyens d'action privilégiés. Et s'ils prennent en charge de telles demandes, ils sont amenés à défendre des prétentions qu'ils savent exorbitantes. En rejetant les revendications corporatistes, un syndicat laisse les organisations concurrentes recruter des adhérents qui sont perdus pour lui. La concurrence syndicale se prête aux surenchères. En prenant en charge les luttes catégorielles dans ce qu'elles ont de plus égoïste, le syndicalisme se dégrade et s'affaiblit ; en les ignorant, il est tout aussi perdant.

La défense de l'emploi

S'il est un principe auquel la CGT est indéniablement attachée, outre celui du respect du statut, qui va de soi, c'est bien celui de la défense de l'emploi. La CGT considère qu'EDF a un rôle à jouer au niveau national et qu'elle doit proposer des emplois. Ce principe peut parfois pousser à reprendre des activités confiées momentanément à d'autres entreprises, privées, comme le nettoyage des locaux ou certains travaux d'électricité. En obéissant au gouvernement qui, à la suite des élections de 1981, l'encourageait à augmenter les effectifs et à diminuer la durée du temps de travail, la direction générale rejoignait les positions de la CGT. Mais si l'on s'éloigne de la conjoncture du début des années quatre-vingt, la politique de l'emploi telle qu'elle est voulue par la CGT correspond difficilement aux exigences telles qu'elles sont définies par les dirigeants de l'Établissement, et en particulier aux efforts développés sur le plan commercial. Dans le passé, il pouvait y avoir convergence du discours cégétiste sur l'emploi et des préoccupations de productivité, de modernisation et de développement portées par les dirigeants de l'Établissement, et largement partagées par les responsables syndicaux. Aujourd'hui, cette relative unité se disloque.

Que dire du principe du passage à domicile des releveurs de compteurs ? Pour la CGT, il correspond à la nécessité de conseiller les clients, de conserver des relations humaines avec les usagers. Mais n'est-il pas contradictoire avec les attentes d'utilisateurs de plus en plus nombreux à souhaiter en être dispensés, quitte à remplir des cartes d'autorelève ? Est-ce que ce sont de réelles contraintes organisationnelles qui tracent le circuit que doivent suivre les nouveaux abonnés, ou bien ce circuit n'existe-t-il que pour justifier des postes d'accueil que l'on pourrait, somme toute, fort bien supprimer si la CGT n'insistait pour leur maintien ? Les heures d'ouverture des bureaux, telles qu'elles sont actuellement proposées à la clientèle, ne pourraient-elles pas mieux s'adapter à la demande, être modifiées et surtout complétées par un service d'aide téléphonique ? « Il faut aller dans ce sens et ne pas se cramponner au motif que ça va diminuer le personnel », souhaite un cadre dirigeant qui indique qu'il se heurte là aussi aux positions cégétistes. On le voit, la CGT est fortement soupçonnée d'alourdir les charges de l'Établissement et de ne pas tenir compte des attentes réelles de la clientèle au nom de la défense de principes qui apparaissent décalés par rapport aux besoins de l'action. « Vous considérez que les positions défendues par nos représentants sont des positions dépassées, pour ne pas dire ridicules », proteste un responsable de ce syndicat reçu par le deuxième groupe de recherche.

La CGT centralisatrice

La CGT, à cause de son pouvoir au sein de EDF, mais aussi à cause de ce qu'elle est, impose son propre mode de relations. Son intérêt, sa culture lui dictent une centralisation qui résiste aux éventuels efforts de décentralisation de la direction. Dans cette opposition, elle bénéficie d'un atout considérable, car les formes de relations prévues par les dispositions statutaires lui permettent, à la limite, d'interdire purement et simplement l'introduction de souplesse et d'innovation dans ce domaine.

Une constante dans l'action de la CGT est de refuser qu'un acquis social, à EDF, n'ait de portée que locale : pourquoi ce qui serait accordé à certains ne pourrait-il pas l'être à d'autres appartenant à la même entreprise ? Ce qui vaut pour les acquis vaut aussi pour les luttes. La CGT sait faire remonter vers le niveau central les informations sur les luttes locales afin d'unifier actions et réussites et, le cas échéant, mieux les généraliser. Le sachant, les chefs d'unité doivent faire preuve d'une adresse toute particulière pour ne rien accorder à leurs interlocuteurs syndicaux qui soit susceptible de conduire à des actions en chaîne dans toutes les autres unités et à des demandes de généralisation de ce qui a été fait ponctuellement. En même temps, la logique de l'action syndicale, profondément ancrée sur le terrain et proche des demandes de la base, veut que, justement, ce soient les chefs d'unité qui soient interpellés avec le plus d'insistance. Pour cette raison, leur position leur apparaît souvent comme intenable : bénéficiant d'un grand pouvoir local, ils sont, très normalement, les premiers à qui s'adressent les représentants syndicaux, mais sur bien des enjeux, ils ne peuvent en réalité que mener un semblant de négociations. Il leur faut alors se référer à leur propre hiérarchie, voire à la tutelle, par exemple s'ils estiment la sécurité des installations menacée. Toutes choses qu'ils éviteront de faire le plus longtemps possible au nom de leur autonomie et de leur autorité personnelle. Au bout du compte, les décisions locales ne pouvant être que mineures, c'est à Paris que les décisions importantes sont prises, les informations étant transmises soit par le syndicat, soit par la hiérarchie EDF. De toute façon, « on est recentralisé par le syndicat. Et c'est une contrainte énorme [4] ! ».

Centralisation ne signifie nullement traitement exclusif des dossiers et des conflits à Paris, au siège social. Bien au contraire. La pression syndicale est permanente à EDF où, « à part le conseil d'administration, tout est paritaire, tout est consultatif. On débat de tout et non pas avec le personnel, mais avec les représentants du personnel, nuance ! ». La CGT est le point de passage obligé de toute réforme concernant la gestion du personnel, l'évolution des effectifs, l'amélioration des conditions de travail. Aussi les cadres consacrent-ils souvent une part de leur temps, démesurée à leurs yeux, à rencontrer les syndicats à travers de multiples réunions, qu'elles soient fixées par le statut ou liées aux conflits et tensions internes. Seule la direction de l'Équipement semble à l'abri de cet envahissement, notamment parce que ses effectifs sont peu nombreux et essentiellement composés de cols blancs à haut niveau de technicité, mais aussi parce que les mises en chantier ne constituent plus aujourd'hui, comme on l'a vu, un enjeu central dans l'Établissement.

4. Faut-il dire que ce thème de la centralisation imposée ou voulue par la CGT, tel que nous l'évoquons ici, relève avant tout des représentations qu'en donnent les dirigeants de l'Établissement ? Il suffit d'écouter le discours syndical pour constater une réelle distance par rapport à ces représentations. C'est ainsi, pour citer un exemple entre mille, que la Fédération de l'énergie (CGT), dans un document relatif au droit d'expression, évoque avec insistance sa « conception d'une gestion décentralisée » et son refus de « se cantonner dans une conception hypercentralisée de la gestion d'EDF-GDF » in un « Avis » publié en 1984 dans le rapport intitulé *EDF-GDF. Enquête et premier bilan sur l'expression des salariés.*

Dans l'ensemble, les dirigeants se plaignent du temps considérable et de l'énergie qu'ils dépensent à « combattre les combats », au point que certains considèrent les rencontres avec les syndicats comme un simple moyen de lutte mis en œuvre par ces derniers avec pour objectif la conquête des heures de travail d'un responsable. Il s'agit alors de montrer que l'on est capable « d'être usés beaucoup moins vite que les chefs syndicaux ». Constamment, tant les dirigeants que les représentants syndicaux insistent sur la relative stérilité de ces rencontres.

Ainsi, deux problèmes se mêlent, puisque, du point du vue des dirigeants, le fonctionnement actuel de la CGT est à la fois centralisateur et cause de perte de temps à tous les niveaux de l'Établissement.

Mais si le double problème de la centralisation et de la lourdeur des relations entre dirigeants et CGT mérite notre attention, c'est surtout parce qu'il traduit, là encore, la crise du modèle fondateur. A l'origine, EDF fonctionnait de manière centralisée et si le rôle centralisateur de la CGT fait problème, c'est parce que, de plus en plus, il entre en conflit avec des tendances inverses du côté de la direction — tendances, au demeurant, qu'il ne faut pas exagérer. Celle-ci, en effet, s'efforce de donner plus d'autonomie et d'initiative à tous les niveaux hiérarchiques, elle a promu, à partir de 1984, un « projet d'entreprise » qui va dans ce sens, clle souhaite que puissent se développer des expériences locales dont les résultats n'auraient pas à être automatiquement généralisés à toute l'entreprise : elle sort, dès lors, du modèle fondateur, qu'elle contribue à déstabiliser. Parfois, un accord peut être obtenu avec les syndicats. C'est ainsi que dans les centrales nucléaires des modalités nouvelles de rencontres et de négociations ont pu être mises en place, assurant par rapport à la situation antérieure un fractionnement des lieux et des espaces de relation. Mais dans l'ensemble, il y a de plus en plus tension entre une logique syndicale qui demeure inscrite dans le cadre initial, et un management qui évolue vers plus de délégation à la base. C'est pourquoi aussi les dirigeants ont à ce point le sentiment de perdre un temps considérable avec leurs partenaires syndicaux, et de s'épuiser dans des rencontres stériles.

Radicalisation

La CGT répond-elle vraiment aux sensibilités de sa base ? Il est vrai que les extrêmes semblent caractériser la population qui la soutient, du moins à travers ce qu'en disent les dirigeants qui la côtoient.

D'un côté, la base semble molle, animée essentiellement par des intérêts professionnels ou catégoriels — on vote CGT, on cotise « pour une chance de plus d'avoir un avancement ». Dans ce cas, la sélection entre les différents syndicats s'opère sur des critères simples : on choisit l'organisation capable d'offrir les meilleures garanties, c'est-à-dire celle qui a la plus grande audience. Il faut voir dans ce choix une assurance en cas de difficultés plus qu'une réelle adhésion aux valeurs générales que défend la centrale syndicale. Ce phénomène n'est spécifique ni à la CGT ni à EDF. L'essentiel, aux yeux du moins de certains membres des groupes de recherche, est que cette base molle tire le syndicat vers un conservatisme que traduit l'obsession de l'inaliénabilité du statut ou, plus simplement, le souci du maintien des avantages acquis. C'est toujours, note-t-on, lorsque les garanties ou les avantages des agents sont menacés que les syndicats sont le plus capables de mobiliser : la grève a été massive le jour où il a été question de toucher au tarif de 4 centimes par kWh dont bénéficie le personnel.

A l'autre extrême, une base qui peut se durcir considérablement ; elle entend alors voir immédiatement les résultats de son action, et plutôt que de se placer sur le terrain des actions de type traditionnel, elle s'engage nettement sur une voie qui peut friser la violence. Les dirigeants de nos groupes évoquent à plusieurs reprises des lieux qui ont déjà une tradition d'actions dures, comme Avignon, Nice ou Nîmes. On entend alors parler de séquestrations de cadres, d'intimidations proférées à l'encontre des épouses de ceux-ci, de menaces transmises par téléphone, en pleine nuit, au domicile des responsables, de cordes destinées à pendaison agitées sous le nez d'un cadre, d'injures et de crachats... la CGT ne peut pas endosser la paternité de tels actes, ni reconnaître qu'il peut lui arriver d'être débordée par une partie de sa base. Elle ne peut pas non plus déjuger entièrement les auteurs de violence, surtout lorsqu'ils sont syndiqués chez elle ou, plus encore, quand ils y ont des responsabilités militantes.

Défense professionnelle tournant à la défense catégorielle d'un côté, violence d'un autre côté sont les deux faces d'une même médaille. Diverses composantes de son action tendent à se disjoindre ou à s'isoler, écartelant le syndicat entre des demandes et des pratiques qui, d'intégrées qu'elles étaient auparavant, semblent de plus en plus contradictoires. Ce qui perturbe la relation classique CGT-direction, et par conséquent, là encore, le modèle fondateur.

Rompre ?

Peut-être même la crise est-elle grave, susceptible de mener au divorce et à l'épreuve de force. C'est ce que suggèrent bien des propos tenus par plusieurs dirigeants, annonçant, dans le cadre de notre recherche, des séances tendues entre leur groupe et un responsable de la CGT. Pourtant, ces rencontres surprennent, à l'inverse, par le remarquable contrôle que chacun exerce sur lui-même. Il en est ainsi, notamment, avec le premier groupe, qui débat avec son interlocuteur sur un ton mesuré de questions pourtant lourdes, tels l'emploi, la productivité, le rapport à la clientèle, le pouvoir d'achat, et il faut un épisode qui surgit en fin de parcours pour que s'éclaire pleinement la nature de la relation. Un des participants, en effet, rompt, non sans timidité, avec le ton feutré et courtois qui caractérisait la discussion pour accuser : « Comment pouvez-vous accepter la séquestration de cadres et de leurs familles, alors que votre organisation se dit respectueuse des droits de l'homme ? » L'interlocuteur, qui n'accepte pas l'accusation, s'indigne, hausse le ton, se dit insulté, feint le départ ; aussitôt l'accusateur, reprenant ses esprits, simule le malentendu et fait machine arrière : « Je crois que je me suis mal exprimé. » La séance retrouve alors l'allure calme et prudente qu'elle n'a perdue qu'un court instant. Un ange est passé.

Remises en cause

L'évolution propre à la CGT dans EDF, nous l'avons vu, est une première expression des tendances à la mise en cause du mode de fonctionnement classique. Bien des éléments la renforcent. Les uns tiennent à la CGT elle-même, au-delà de sa présence dans EDF. D'une part, la CGT, tout comme le syndicalisme en général — et dès que l'on sort d'EDF qui constitue une exception —, a vécu une crise impressionnante, visible dès la fin des années soixante-dix [5] : chute du nombre d'adhérents, déclin du militantisme, difficultés croissantes à mobiliser, etc. D'autre part, la subordination du syndicalisme à l'action politique, déjà lourdement inscrite dans la culture socio-politique de la France, n'épargne évidemment pas la CGT d'EDF, ce qui la rend sensible aux changements politiques du pays. Or ceux-ci, depuis 1981, ont été considérables, et tout particulièrement en ce qui concerne le parti communiste auquel la CGT est, peut-être plus que jamais, liée. En 1946, le parti communiste était une figure centrale du paysage politique, et sa légitimité, malgré le pacte germano-soviétique de 1939, avait été renforcée par sa participation à la Résistance. Au milieu des années quatre-vingt, son poids électoral a chuté, et de nombreux dirigeants d'EDF trouvent étrange la situation de leur entreprise, seule en France à conserver un syndicalisme puissant, lui-même lié à un parti au déclin si manifeste.

L'évolution générale de la société pèse aussi dans le sens d'une remise en cause de la relation traditionnelle entre CGT et direction d'EDF. Le plus spectaculaire, ici, est dans l'importance croissante qu'ont prise les médias et l'opinion publique dans la vie sociale et politique en général, et dans celle d'EDF en particulier.

La grève, surtout avec coupure de courant, indispose l'opinion publique, exaspère les usagers et rend réticents les industriels susceptibles de passer à des usages accrus de l'électricité. Et dans une conjoncture marquée par le chômage, la stagnation du pouvoir d'achat et l'apparition de poches de misère, syndicats et direction ne peuvent être insensibles aux critiques qui présentent EDF comme un îlot de garanties et d'avantages.

Face à l'opinion publique, les dirigeants d'EDF ont, dans l'ensemble, plus ou moins fait front avec les syndicats, du moins aussi longtemps que ces derniers maintenaient leur action dans une certaine décence corporatiste. Mais cet équilibre direction générale-syndicats contre opinion publique est fragile, et les alliances pourraient se renverser au profit d'un front direction générale-opinion publique contre syndicats. Les dirigeants

5. Cf. *Le Mouvement ouvrier, op. cit.*

hésitent encore à s'appuyer sur la critique des avantages, telle qu'elle s'est développée au-dehors, pour résister à la pression syndicale. Mais ils constatent qu'elle leur facilite la tâche et leur permet d'installer la contestation interne à un niveau modeste. Et il est certain qu'au moment de la grève de 1984, si coûteuse pour EDF, la direction était disposée, « au cas où ça n'aurait pas cessé, à procéder à l'affichage des rémunérations des grévistes... ». Pour l'instant, nombreux sont ceux qui, dans la maison, considèrent qu'il faut à tout prix sauver l'image de l'entreprise et ne pas laisser l'opinion publique arbitrer les conflits internes. Sans être pour autant opposés au principe de la grève, ils n'acceptent plus ces grèves qui gênent en tout premier lieu la clientèle. Ils souhaitent le respect du service minimum et se demandent quand les syndicats se décideront à mettre en œuvre des formes d'action plus originales, peut-être plus dures encore, mais sauvegardant l'image de la maison.

L'appel à l'opinion publique n'a jamais été directement utilisé par une direction toujours soucieuse d'éviter de monter aux extrêmes. Il pourrait bien se faire, le jour où l'enjeu sera jugé disproportionné par rapport à l'affaire en cause. Le fait même qu'il puisse être envisagé indique que les temps sont révolus où l'Établissement, avec superbe, pouvait rester à peu près indifférent aux pressions venues de la société civile [6]. Or la CGT, affirme un dirigeant de l'Établissement, développe une vision de type « paquebot au milieu du Pacifique », se suffisant à soi-même, sans inclusion dans la société.

Enfin, les dirigeants de nos groupes ont parfois le sentiment que l'orientation commerciale d'EDF n'est pas toujours relayée par la CGT qui conteste la logique de rentabilité sous-jacente au développement du commercial. La CGT considère toujours les utilisateurs d'électricité comme des usagers et se refuse à les nommer « clients », concept pour elle trop lourd de sens. Elle accepte mal les campagnes de publicité à visée proprement commerciale. La filialisation de certaines activités qui tente nombre des dirigeants est aussi source de divergence. Alors que les dirigeants y voient un apport de souplesse, de nouvelles bases

6. Dans le conflit récent des agents de conduite (décembre 1988), la direction d'EDF a envisagé d'alerter la presse à propos du coût de la grève, demesuré si on compare les pertes de l'Établissement et celles, mineures, des grévistes. Il semble, selon plusieurs sources, que le gouvernement se soit opposé à une telle démarche.

pour dynamiser leur action et assurer le développement de l'Établissement, ils se heurtent rapidement au problème du statut, puisque dans ces filiales, le personnel deviendrait non statutaire — ce qui est inacceptable aux yeux de la CGT.

Ainsi, à bien des égards, les voies se séparent et la relation classique entre la CGT et la direction semble se défaire. Mais des forces considérables jouent en sens inverse, interdisant une dérive trop rapide et peut-être même la mise en cause de la relation telle qu'elle s'est structurée dans le modèle fondateur.

Un couple inséparable

C'est au début des années quatre-vingt que le consensus a commencé à s'ébranler, avec des actions sauvages. Des deux côtés, on évoque avec une pointe de nostalgie l'époque où le jeu avait des règles précises, en particulier en ce qui concerne les mots d'ordre de grève : la CGT avertissait la direction à l'avance et chacun mettait de la bonne volonté pour éviter les incidents graves et respecter le service minimum. Depuis 1946, ces règles avaient dans l'ensemble été observées. Mais les grèves récentes, avec baisse de charge spontanée, sont-elles significatives ? Certes, elles témoignent d'une perte de confiance qui fait que, du côté de la CGT, les messages de la direction sont, plus souvent qu'avant, suspectés — « On se dit : les dés sont pipés ; il y a peut-être une vacherie derrière tout ça ! » Mais elles ne correspondent pas nécessairement à des remises en cause profondes d'un *statu quo* qui fait dire à un chef de centre que le « consensus a été considéré et est toujours considéré, à ce jour, comme prioritaire, dans la mesure où une grève générale à EDF pèse lourd. Pour sauvegarder cela, on ne veut pas trop savoir ce qui se passe dans les unités ».

Bien au-delà de ce niveau d'interprétation, c'est le partage de convictions fortes qui a contribué à faire d'EDF ce qu'elle est. Contrairement à la CFDT, la CGT ne s'est jamais opposée au programme électronucléaire : elle y a cru tout autant, sinon plus que la direction de l'entreprise. Tout comme la direction d'EDF, la CGT est fort attachée à la notion de service public et elle ne revient pas sur la nécessité d'une soumission au contrôle de l'État que justifient le monopole de la distribution de l'électricité et, plus simplement, la taille de l'entreprise. Enfin, elle affiche une confiance inébranlable dans la science et la technologie comme sources de progrès. Ces valeurs, même affaiblies, comme nous le verrons par la suite, sont aussi celles des dirigeants qui, pour cette raison, respectent la CGT : « De grandes choses se sont faites avec l'appui incontestable de la CGT. » Tous partagent la même fierté de participer à l'action de l'entreprise et on reconnaît qu'« une part de l'action qu'ils *[la CGT]* mènent dans le sens d'en faire toujours plus par nous-mêmes vient de la conviction intime qu'un agent EDF travaille mieux et en fait davantage ». Ainsi, plus on s'élève vers les enjeux les plus globaux, plus la direction et le principal syndicat maintiennent une certaine convergence de vues.

La compréhension mutuelle n'est jamais aussi forte, aujourd'hui, que lorsqu'il s'agit de tenir à distance l'État ou de s'en protéger, de faire face notamment à une tutelle souvent jugée trop directive en matière de tarifs, d'investissements, d'effectifs et de salaires. La CGT sait combien la marge de manœuvre de la direction générale est étroite, notamment quand il s'agit de salaires — terrain sur lequel elle porte bon nombre de ses revendications. Les demandes qu'elle émet sur ce plan et les actions qui les appuient s'adressent, au-delà de la direction d'EDF, directement à la tutelle qui donne les autorisations. De son côté, la direction comprend l'amertume du personnel qui souhaite recueillir sa part des gains de productivité accomplis. Un front implicite peut ainsi rapprocher CGT et direction.

On l'a vu, en particulier au cours de l'hiver 1986, quand la direction d'EDF, presque explicitement, aurait souhaité que soient satisfaites, au moins partiellement, les revendications salariales d'un personnel qu'il s'agissait alors de mobiliser autour du « projet d'entreprise ». Le refus gouvernemental d'accorder une augmentation modérée — 0,3 % — fragilisait la politique générale de la direction, qui se comporta, à la limite, comme un relais de la pression syndicale sur la tutelle, et qui était aussi révoltée que les agents de base. En règle générale, direction et CGT s'accordent pour revendiquer une plus large autonomie pour l'Établissement, même si ni l'une ni l'autre ne met en cause le principe du contrôle qu'exerce l'État. Si bien qu'il est des situations, telle la grève de l'hiver 1986, où l'adversaire des dirigeants est beaucoup plus la tutelle que la CGT. A la limite, c'est l'étroitesse de la marge de manœuvre qui pousse toutes les forces de la maison à faire front commun contre la tutelle, notamment pour tout ce qui touche aux aspects sociaux de la gestion de l'Établissement. Il n'y a pas un couple direction-CGT, prêt à modifier sa relation, mais un système politique où jouent aussi d'autres acteurs, l'État notamment, et au sein duquel toutes les forces ne pèsent pas nécessairement dans le même sens.

C'est pourquoi le modèle fondateur, en ce qui concerne le rapport entre CGT et direction, est plus ébranlé que menacé. Il apporte encore beaucoup à chacun, et personne ne s'aventure à aller trop loin dans sa mise en cause. C'est ce qu'exprime de façon imagée un responsable de la CGT qui, au moment de se séparer du deuxième groupe de recherche, déclare aux dirigeants avec qui il vient d'avoir un long débat, sur un ton un peu solennel, et en identifiant le personnel et son syndicat : « Dans les périodes difficiles, on a encore plus besoin de considérer que le personnel fait partie de l'entreprise et qu'il est capable de comprendre les problèmes. J'ai l'impression que certains éléments de la direction ne mesurent pas très bien que si on mettait en pratique leurs décisions, on tuerait la poule aux œufs d'or. »

5

Doutes, tensions et tentation néo-corporatiste

Dans le processus de déstructuration du modèle fondateur, les références communes qui intégraient les acteurs concernés au sein du même système se défont. La raison, le progrès, le service public ou la nation avaient à l'origine valeur de loi, ou presque, et constituaient un solide mortier. Paradoxalement, les notions de culture et d'identité d'entreprise apparaissent dans le vocabulaire des acteurs (tout comme dans celui des consultants et des professionnels de la gestion [1]), comme si l'on prenait tout particulièrement conscience de leur importance au moment où s'instaurent le doute, la crise d'identité et, plus fondamentalement, la décomposition de la culture fondatrice.

Les limites de la rationalité économique

La logique commerciale puis la logique technocratique, chacune à sa façon, ne pouvaient à terme que perturber la rationalité économique de l'Établissement, élevée au rang de doctrine dès les années cinquante.

---

1. Les débats autour de la culture d'entreprise, s'ils ne sont pas toujours très profonds, sont relativement denses. Une littérature abondante, d'inspiration anglo-saxonne, développe le thème de la « corporate culture » (l'expression désigne un sous-système de l'entreprise, fait de valeurs, de mythes, de rites, de héros ou de symboles) ou s'interroge sur les liens entre culture d'entreprise et culture générale de la société concernée, entre culture et histoire, etc. Cf., pour un bon état de la question, les n° 47-48 (septembre-octobre 1984) et 64 (septembre-octobre 1987) de la *Revue française de gestion*.

La poussée commerciale

La logique commerciale n'est évidemment pas en elle-même porteuse d'irrationnel, elle est fondamentalement économique. Mais vendre, c'est pouvoir négocier, disposer de degrés de liberté, être capable, pour gagner un nouveau client, pour séduire un industriel hésitant, pour convaincre une municipalité réticente, de faire preuve de souplesse dans les prix proposés. La tarification au coût marginal apportait un principe de raison et de justice sociale dans une situation de pur monopole : cette justification s'affaiblit si on considère qu'EDF se bat, désormais, sur un marché concurrentiel. Elle était utile face à la tutelle et aux pressions politiques, auxquelles elle permettait d'opposer un raisonnement rigoureux, imparable : elle cesse de l'être face à une clientèle qui, en dehors des usages captifs de l'électricité, calcule et va au plus offrant, éventuellement gaz, charbon, fuel. Dans le contexte d'une politique de développement de la consommation, « on peut se demander si la vérité des prix est une bonne formule, s'il ne faudrait pas faire des rabais là où on a des chances de vendre. Il y a donc un problème d'éthique de la maison ». Éthique : là où d'autres parleraient de stratégie commerciale, le qualificatif employé indique bien à quel point c'est un fondement même de l'entreprise qui est en cause. Effectivement, il est difficile de s'en tenir au coût marginal de développement, face surtout à des industriels auxquels des critères de gestion et de temps de retour des investissements imposent des raisonnements à court ou, au mieux, à moyen terme. Et l'on sent bien qu'il y a de plus en plus à choisir entre la rigueur, seule à même d'assurer « l'optimum de gestion du service public », et l'expansion.

Un bilan

La logique technocratique était comme portée par des calculs et des prévisions économiques. Dix ans après l'apogée de la lutte antinucléaire, qui contestait les choix orientés par ces calculs et ces prévisions, est-il encore possible de maintenir les affirmations qui accompagnèrent la réalisation du programme nucléaire ? Une réponse intéressante à cette question est donnée par le long débat qui s'organise entre le premier groupe de recherche et deux économistes contestataires venus présenter des analyses qu'ils avaient déjà rendues publiques, notamment dans un article important paru dans *Sciences et Vie*[2].

Ces deux interlocuteurs frappent rudement. A leurs yeux, EDF, avec le programme électronucléaire, a non seulement surinvesti, mais mal investi. Elle s'est appuyée sur des estimations outrées de la consommation prévisionnelle d'énergie pour renforcer son développement au détriment d'autres industries, elle a absorbé, pour ses investissements, des ressources considérables — sa part dans l'investissement industriel global est montée à 25 % —, au point d'engager le pays tout entier dans un schéma malsain de développement. Les difficultés actuelles de l'industrie automobile française, par exemple, tiennent pour une part au fait qu'elle n'a pu disposer des ressources financières, massivement orientées vers l'énergie. De plus EDF, en « poussant » l'électricité, a encouragé les ménages à consommer, alors qu'en période de crise il aurait fallu ne pas privilégier la consommation.

Cet ensemble de critiques, étayées par des données chiffrées, est présenté sans agressivité et entraîne une première réaction, inattendue : le seul membre du groupe à relever exclusivement de GDF, « gazier de service » dans la recherche, rejoint les positions défendues par les deux invités, marquant une distance avec les autres participants qui en dit long sur les tensions qui règnent alors entre son entreprise et EDF : nous y reviendrons. Puis viennent les réponses à l'argumentation des interlocuteurs[3]. Le programme électronucléaire permet de faire face aux fortes pointes de l'hiver, il a apporté une réponse rapide au choc pétrolier ; le niveau de consommation électrique en France est inférieur à celui de nos voisins allemands, ce qui interdit de parler en termes d'excès induits par l'action d'EDF ; le kilowattheure français est un des moins coûteux du monde, et les emprunts que l'on reproche tant à EDF ont été effectués en dollars, sur le marché international, « pour ne pas ponctionner le marché français ».

2. Yves LENOIR, Jean-Pierre ORFEUIL, « Dix ans de programme nucléaire : EDF devient un fardeau pour la France », in *Sciences et Vie*, n° 794, t. CXXXI, nov. 1983, p. 24-33 et 164-170. Sur un tout autre registre, on trouvera une critique libérale de la tarification pratiquée par EDF dans le rapport d'Henri LEPAGE, *op. cit.*

3. Pour une présentation systématique de l'argumentation des dirigeants d'EDF, on peut se reporter à la réponse à l'article cité plus haut, « EDF répond à *Sciences et Vie* », in *Sciences et Vie*, n° 796, fév. 1984, p. 82-92.

Pourtant, les positions du groupe ne sont pas si solides, et l'on voit poindre en son sein des interrogations qui témoignent d'une certaine hésitation par rapport à la doctrine économique de l'Établissement. Aux reproches portant sur les efforts d'EDF pour encourager les usages de l'électricité, alors qu'objectivement d'autres énergies seraient peut-être plus avantageuses, on réagit en se demandant si les interlocuteurs ne seraient pas en fait « hostiles à notre action commerciale », et on précise : « Pourquoi voulez-vous qu'une entreprise commerciale mette le phare sur les inconvénients de son produit ? » A la limite, « peut-être qu'on camoufle derrière le service public une stratégie d'entreprise. Est-ce qu'on ne fait pas semblant de travailler pour la communauté pour défendre en fait notre bien à nous ? ».

Il n'y a évidemment pas de gagnants et de perdants dans ce type de débats, et l'essentiel est ici dans les effets sur le groupe d'une critique posée, bien argumentée, mettant en cause la rationalité économique ou la qualité des expertises proposées par EDF. Cette critique renvoie très directement les participants aux efforts commerciaux de l'Établissement et, de là, à l'idée d'une distance possible entre les intérêts d'EDF et ceux de la collectivité. Il n'est pas concevable de confondre ces deux niveaux entièrement, d'affirmer que ce qui est bon pour EDF est automatiquement bon pour le pays. Le doute fait son apparition même si, comme dit un des membres du groupe, « ce n'est pas facile de séparer les deux ! ». La critique des années soixante-dix portait, elle aussi, çà et là, sur la rationalité économique du programme électronucléaire et avait entraîné, dans l'Établissement, des interrogations ayant notamment abouti, à l'époque, au départ de Louis Puiseux. Mais dans l'ensemble, les dirigeants avaient fait bloc. Dix ans plus tard, il serait excessif de parler d'évolution ou de changement marqués. Mais une inflexion s'est opérée et un débat exigeant, en privé, aboutit à l'expression de quelques doutes.

Au départ, dans les années cinquante, avec essentiellement les oppositions locales à des projets de barrage, EDF pouvait incarner le progrès et la raison universelle face à des contestations sociales limitées, spécifiques, presque égoïstes. La contestation des années soixante-dix, même retombée, a modifié les termes de ce rapport. L'universel, à la suivre, n'était plus du côté d'EDF mais dans un mouvement qui reprochait à l'Établissement de promouvoir ses intérêts particuliers au détriment non seulement d'autres intérêts particuliers, mais aussi d'intérêts supérieurs, ceux de la population et, pour certains courants écologistes, ceux de l'espèce humaine. Au sein de l'Établissement, on a défendu les conceptions et les modes de raisonnement liés aux notions de progrès, de calcul économique et de rationalité : « On a été au feu, ça oui ! », même si les débats avec les opposants, « c'était de la plaisanterie. On perdait du temps, de l'énergie ». Mais une fois le choc passé, on a dû aussi commencer à admettre que d'autres conceptions, d'autres modes de raisonnement s'expriment et sont de surcroît susceptibles d'être eux aussi rationnels, voire scientifiques.

En ce sens, l'irruption du social, bien que la contestation se soit épuisée par la suite, a eu des effets à terme et désormais, comme dit un dirigeant, « sur le progrès, nous ne sommes pas de l'avis de tout le monde, cela est vrai, et même pour des gens de chez nous ».

Un environnement déréglé

L'émergence du doute n'est pas seulement consécutive à la poussée de logiques d'action autonomes. Elle doit aussi beaucoup à d'autres facteurs, extérieurs à EDF.

Peut-on fonctionner de manière rationnelle dans un univers de plus en plus irrationnel et où les retournements de conjoncture sont fréquents ? La doctrine économique d'EDF, et en particulier le principe de la tarification au coût marginal se justifient d'autant mieux que l'Établissement, dans son domaine de compétence, est en position de monopole. Mais que constatent les dirigeants ? Non seulement le monopole est battu en brèche par des énergies qui concurrencent l'électricité, mais, de surcroît, ce jeu de la concurrence est développé artificiellement par l'État. Il n'est pas possible de tenir droit le cap de la rationalité économique si l'État, en intervenant aussi bien dans les décisions d'EDF que sur le marché de l'énergie, fausse le jeu et conduit l'Établissement à s'écarter des critères liés à la théorie du coût marginal. En particulier, les dirigeants d'EDF regrettent le jeu des subventions qui, selon eux, aggrave leurs difficultés commerciales de façon malsaine pour l'économie nationale, introduisant irrationalité et perversion dans la politique économique.

Au-delà de l'État, c'est l'environnement économique dans son ensemble qui semble s'être déréglé, en même temps que s'opère « dans le pays une régression de la notion d'économie et d'économie politique ». Il n'est plus possible d'adopter « un raisonnement en termes strictement énergétiques, appuyé sur les principes de la thermodynamique car, au bout du compte, il y a le dollar, les importations, les exportations ». Comment prévoir, assurer des orientations stables, s'appuyer sur la théorie économique, lorsqu'on n'a aucune prise sur des taux de change et d'intérêt qui varient considérablement et lorsqu'il s'agit non plus seulement d'optimiser des processus internes à un système économique, mais de favoriser des exportations ou de réduire des importations ? EDF ne peut plus se permettre d'optimiser tranquillement ses prévisions et de tabler sur une croissance soutenue et régulière, et ses méthodes sont d'autant plus délicates à utiliser qu'elles ne disent rien sur le caractère réversible, ou non, des choix auxquels elles conduisent. Elle est, comme d'autres entreprises, partie prenante de batailles économiques, engagée dans une guerre, confrontée à des défis inédits qui appellent une forte capacité de mobilisation et une très grande souplesse. Le calcul économique n'est certes pas superflu ; mais il n'est plus possible de maintenir comme hier un corps de doctrines qui, s'il se figeait, se transformerait pour l'Établissement en source de lourdeur, voire de paralysie [4]. Déjà, la structure tarifaire semble bien complexe, inadaptée au commercial, incompréhensible même, et l'on signale, pour illustrer cette remarque, que « sur 1 600 agents à Cergy *[centre de distribution]*, il n'y en a que deux qui peuvent répondre à des questions de tarification ». C'est pourquoi, là aussi, ce qui a fait l'unité de la maison se lézarde.

Si l'intérêt collectif et celui de l'Établissement cessent de coïncider parfaitement, si la raison ne suffit plus à assurer le développement du pays et de l'entreprise, s'il n'est plus possible de parler simultanément au nom de la nation, de l'État, des usagers *et* du progrès, alors il devient difficile de se prévaloir en permanence du service public [5]. La crise qui affecte, même

---

4. On est donc bien loin des années soixante-dix quand, par exemple, Michel HUG et Guy DELITE proposaient « l'extension des procédés du calcul économique à l'ensemble des domaines d'activités ou de préoccupations de l'entreprise », in *Organiser le changement dans l'entreprise. Une expérience à Électricité de France*, Paris, Dunod, 1975.

5. Pour une réflexion très actuelle sur la notion de service public, cf. les Actes du séminaire, *Services publics et espaces collectifs : modèles de gestion et cultures d'entreprise*, Paris, Éd. de l'IRIS, 1987.

de façon limitée, le modèle classique de la rationalité économique est celle d'un certain universalisme qui autoriserait aussi bien la direction que le reste du personnel à se vivre comme une haute expression du service public. La notion désormais apparaît de moins en moins réaliste, de plus en plus idéologique et artificielle. On s'en sert, nous le savons, pour désigner, du côté de la direction, une action commerciale honnête et droite : « Service public, ça ne veut pas dire seulement assurer la meilleure production d'électricité possible, ça veut dire aussi offrir la meilleure solution possible au client, en ne lui cachant rien. Pas de fausse recette, non. Nous avons le devoir, en tant que service public, de lui offrir ce qui correspond le mieux à ses besoins. » Dégradée, la notion de service public l'est aussi quand elle accompagne, dans le discours syndical, des pratiques de défense professionnelle, voire un certain corporatisme. Le mortier symbolique par lequel tenait le modèle fondateur se délite, et avec lui l'unité culturelle de l'Établissement.

EDF, GDF

S'il est un test de l'intégration ou, à l'inverse, de la déstructuration du modèle fondateur, c'est bien dans la relation entre EDF et GDF qu'on le trouve. Avant le vote de la loi de 1946, Marcel Paul souhaitait associer les deux énergies, gaz et électricité, dans un établissement unique, qui aurait pesé encore plus lourd comme acteur du développement. On parlait autour de lui d'une « EGF » (Électricité-Gaz de France) qui, en fait, n'a jamais vu le jour. Dans la formule adoptée, on le sait, les deux entreprises maintiennent une réelle autonomie réciproque tout en étant « mixtées », en particulier pour la distribution. Cette relation est souvent présentée comme celle de deux sœurs, la grande, EDF, puissante, et peut-être un peu trop sûre d'elle-même, la petite, GDF, soucieuse de s'en démarquer même si cela ne correspond pas nécessairement à une exigence économique, et portée vers l'avant par un esprit commercial affirmé.

La « mixité » des deux établissements n'est qu'une réponse imparfaite au désir de Marcel Paul, et de bien d'autres, de rassembler les deux énergies. Elle tient d'autant mieux que les intérêts économiques des deux établissements ne s'opposent pas trop directement, et, surtout, qu'ils sont comme subordonnés aux intérêts supérieurs de la collectivité, ce à quoi renvoie la notion de service public. Qu'en est-il aujourd'hui ?

Deux énergies en concurrence

Dans les deux groupes de recherche, la direction de la distribution est représentée par quatre ou cinq participants, tous « mixtes » ; de plus, chaque groupe inclut un pur « gazier ». Et dans les deux groupes, de façon très similaire, le « gazier », par ses interventions, contribue nettement à poser la question des rapports entre EDF et GDF. Suivons par exemple le travail du premier groupe.

Le « gazier de service », comme il se désigne lui-même, y est parfaitement intégré, tous l'estiment et l'apprécient, et lors des premières rencontres avec des interlocuteurs, ses positions ne détonnent guère de celles d'autres membres du groupe. Pourtant, lors de la rencontre du groupe avec deux économistes critiques, nous l'avons déjà vu adopter, ravi, leur point de vue et se démarquer de ses amis d'EDF. Quelques jours plus tard, lors d'une séance sans interlocuteur, il clarifie ses positions : « Nos relations sont de concurrence », tout comme avec Charbonnages de France ou les marchands de fuel. Les autres membres du groupe acceptent ce diagnostic, et ceux qui relèvent de la direction de la distribution font part des difficultés accrues qu'ils rencontrent à « porter deux casquettes, gaz et électricité ». Il sera « de plus en plus difficile d'être mixtes : de gros nuages s'accumulent », surtout depuis « l'invasion de l'électricité sur le marché thermique et domestique ». La mixité était justifiée par la complémentarité, elle devient artificielle avec la concurrence. C'est pourquoi, explique-t-on très calmement, il ne faut pas exclure un certain démixtage, pouvant aller jusqu'à la séparation complète ou, tout au moins, scénario plus vraisemblable, vers une réduction à quelques services communs de ce qui est encore associé.

Cette image d'un divorce rendu inéluctable par le poids de logiques commerciales rencontre des résistances. La séparation serait coûteuse, et les inconvénients économiques peut-être supérieurs aux avantages. Mais plus le débat avance, et plus le groupe tout entier se résigne à cette idée. L'un ignorait, à la direction de la production et du transport, ce « malaise ». Un autre, « troublé » à l'idée d'une séparation, entend rechercher un « moindre mal » et maintenir le plus possible de services communs, tel l'accueil. D'autres sont plus sereins, se déclarant « sans états d'âme », niant être « viscéralement attachés à la cohabitation EDF-GDF » ou ne voyant « aucun intérêt à la mixité ». On évoque même un récent message du président et du directeur général d'EDF qui « a créé en quelque sorte la scission car il a dû être très difficile à avaler par les gaziers ». Quant au gazier du groupe, il précise que la situation actuelle lui convient encore, mais « si un jour ça dépasse les bornes, je pousserai à la séparation sans aucun scrupule ». Ainsi le groupe, dans sa totalité, accepte d'envisager sans trop de joie ni de tristesse la dissolution des deux établissements qu'appellent les exigences commerciales d'une action où il est difficile d'être à la fois concurrents et identifiés à une seule et unique organisation.

Mais s'agit-il uniquement de problèmes commerciaux ?

Deux modes d'action distincts

Les critiques du « gazier » à l'encontre d'EDF ne visent pas un concurrent parmi d'autres, et s'en prennent aussi à la manière dont EDF oriente la politique énergétique du pays. Lui aussi accepte mal l'emprise d'EDF sur le marché financier, qui se serait faite au détriment de la nation ; selon lui, les performances remarquables de l'outil nucléaire ne doivent pas dissimuler qu'il s'agit d'un outil trop coûteux, dont ou aurait pu se dispenser. Bien évidemment, les réponses fusent, évoquant l'indépendance énergétique de la nation ou la contribution d'EDF à la lutte contre l'inflation, et une phrase assassine conclut cet échange : le gaz est *importé*, alors qu'EDF exporte.

On comprend mieux, dès lors, ce qui pousse à la séparation des deux établissements. Il y a de toute évidence la concurrence de leurs produits. Mais il y a aussi deux autres éléments. Le premier est que GDF est étranger à la logique technocratique qui a animé les dirigeants d'EDF dans les années soixante-dix. Cette logique a assuré à EDF un pouvoir accru sur le marché de l'énergie, et l'a entraînée à développer son action commerciale. Les deux établissements relèvent d'un rapport inégal, la compétition est déséquilibrée et, en fin de compte, il est bien artificiel de dire qu'EDF et GDF fonctionnent sur le même modèle. A GDF, l'effort commercial n'est pas surdéterminé par une logique d'une autre nature et, symétriquement, les dirigeants d'EDF simplifient à l'excès l'image qu'ils ont de leur action lorsqu'ils la présentent comme fondamentalement commerciale. C'est pourquoi ces derniers, dans le groupe, sont agacés par l'évocation du programme nucléaire et de leur monopole d'expertise et de compétence économique, et demandent qu'on abandonne « cette discussion de café du commerce sur le surcoût du nucléaire ». Ils voudraient, à ce moment du débat, que leur logique commerciale puisse paraître comme centrale.

Enfin, un dernier facteur de dissociation des établissements apparaît comme une conséquence directe de ceux qui viennent d'être évoqués. Plus GDF et EDF sont portés par des logiques commerciales, plus, de surcroît, EDF est le lieu d'une action technocratique, et moins la notion de service public est adéquate. Il n'y a plus, dès lors, que deux entreprises auxquelles pourrait être appliqué sans problème majeur un autre régime : « Si on est privatisés un jour, ça viendra à travers le problème gaz-électricité », note un dirigeant, confirmant ainsi le lien entre la déstructuration du rapport EDF-GDF et la crise de la notion de service public.

Cette déstructuration est loin d'être totale, cette crise est toute relative. De plus, il est arrivé couramment, dans l'histoire commune d'EDF et GDF, que de fortes tensions opposent les deux établissements. Celles qui transparaissent dans les débats des groupes de recherche indiquent qu'il y a désormais un problème structurel, qui ne peut se régler que dans la redéfinition de leur rôle de service public, soit par la remise à flot du modèle fondateur, soit par l'invention d'un nouveau mode d'intégration des composantes de l'action.

La tentation néo-corporatiste

Les doutes et les tensions auxquels ce chapitre a été jusqu'ici consacré ne constituent pas une réalité massive dans EDF, et il serait plus qu'excessif de s'en représenter les dirigeants comme des acteurs torturés, paralysés ou engagés dans des stratégies irrationnelles ou de rupture. Mais ils n'en témoignent pas moins, eux aussi, d'une crise du modèle fondateur.

Jusqu'ici, nous avons suivi les étapes de cette crise, la poussée de logiques autonomes, la dissociation de l'État et de la nation, l'accroissement des blocages internes, la dégradation de la relation direction-CGT et, enfin, l'effritement de la culture et des valeurs classiques. Nous sommes maintenant au terme de cette spirale descendante et nous nous préparons à examiner les conditions dans lesquelles pourrait se renouveler ou se reconstituer le système d'action qui nous intéresse.

Mais les acteurs dirigeants ont-ils le souci de remplacer ou de modifier le modèle fondateur qui, après tout, fonctionne encore plus ou moins bien ? Si celui-ci n'est plus à son apogée, ne peut-on pas concevoir qu'une variante moins ambitieuse en assure la pérennité, rétractée, appauvrie, mais permettant à l'Établissement de conserver un rôle, même modeste, de développement national et d'assurer la défense des intérêts plus limités de sa direction et de son personnel ? Cette hypothèse n'est pas absurde, et ce n'est pas faire preuve de cynisme que de se demander si en l'absence de grande visée historique, lorsqu'il n'y a pas de projet de portée nationale, les passions, la référence à des valeurs ou à des intérêts supérieurs ne laissent pas la place à des perspectives moins exaltantes et à l'effort pour maintenir ce qui se défait.

C'est pourquoi il convient de poser sérieusement l'hypothèse néo-corporatiste.

Le risque néo-corporatiste

Les théories du néo-corporatisme, apparues au milieu des années soixante-dix, n'ont jamais connu en France le succès qu'elles ont obtenu à l'étranger, dans les pays anglo-saxons ou en Scandinavie, peut-être pour la raison élémentaire qu'elles semblent bien éloignées de rendre compte de notre expérience nationale [6].

Issues d'une réflexion amorcée par Juan Linz, et portant sur les modèles corporatistes des dictatures de Franco ou de Salazar, elles ont surtout été appliquées à quelques expériences

6. C'est ce que montre bien G. Lehmbruch lorsqu'il classe certains pays sur une échelle qui va du néo-corporatisme le plus fort (Autriche, Suède, Norvège, Pays-Bas) au plus faible (Japon et France) : G. LEHMBRUCH, « Concertation and the Structure of Corporatist Networks », in *Order and Conflict in Contemporary Capitalism* (J.H. Goldthorpe éd.), Oxford, Clarendon Press, 1984. Pour une approche du cas français, cf. par exemple Bruno JOBERT, Pierre MULLER, *L'État en action. Politiques publiques et corporatismes*, Paris, PUF, 1987. Cf. également Michèle RUFFAT, « A quoi sert le néo-corporatisme ? », in *Vingtième siècle*, janv.-mars 1987, p. 95-113.

historiques dominées par le déclin d'une formule social-démocrate, Suède, Norvège, Pays-Bas et, avant tout, Autriche. Dans ce cas, en effet, se mettent en place les éléments qui définissent un système néo-corporatiste, à savoir :

— confirmation de l'emprise d'une élite professionnelle, « localisée dans les grandes bureaucraties étatiques et industrielles [7] » ;
— concentration du pouvoir dans des grandes organisations industrielles ;
— hyperinstitutionnalisation des conflits du travail ;
— relative discipline des syndicats, qui échangent une réelle modération contre la participation à l'élaboration et à la mise en œuvre de politiques ;
— délégation par l'État d'importantes responsabilités aux dirigeants des grandes organisations, qui fonctionnent avec lui sur le mode tutélaire ;
— existence d'une scène globale de négociation où s'intègrent les intérêts de l'Etat, des directions des grandes organisations et des syndicats ;
— inexistence de conflits d'intérêts entre grandes organisations, qui disposent chacune d'un quasi-monople dans leur domaine de compétence ;
— inexistence ou faiblesse des conflits entre les grandes organisations et, à l'extérieur, d'éventuels mouvements sociaux ;
— etc.

Modèle théorique, le néo-corporatisme décrit un système de relations entre l'État, les grandes organisations, les syndicats, qui apparaît en particulier lorsqu'une social-démocratie ne peut plus assurer le « Welfare State » des périodes de croissance, que le mouvement ouvrier y est fortement institutionnalisé et capable d'intervenir dans les appareils administratif et politique même sans s'appuyer sur une mobilisation de masse. Il implique un fort consensus, une acceptation solide et incontestée d'un certain mode de représentation et de gestion des intérêts.

Les grandes caractéristiques de ce modèle [8] semblent à bien

7. A.W.M. TEULINGS, « Le corporatisme dans la balance. Le système néerlandais des relations professionnelles », in *Sociologie du travail*, n° 1, 85, p. 3.

8. Claus OFFE, « The Attribution of Public Status to Interest Groups : Observations on the West German Case », cité par Julian TRIADO, « Corporatism, Democracy and Modernity », in *Thesis Eleven*, n° 9, juillet 1984, p. 46.

des égards pouvoir rendre compte de l'expérience d'EDF. Cette organisation de taille considérable dispose dans son domaine propre d'un quasi-monopole qui lui est délégué par les pouvoirs publics. L'État, avec elle, se comporte en puissance tutélaire qui exerce son contrôle sur l'Établissement et sur ses orientations, mais n'interdit pas le développement de logiques autonomes par lesquelles les dirigeants se constituent réellement en acteurs.

Ces logiques ont pu, dans les années soixante-dix, déclencher de vives contestations extérieures ; mais depuis, l'entreprise n'a pas connu de heurt majeur, et nous verrons plus loin qu'elle a fait son apprentissage social et appris à éviter d'alimenter tout ce qui pourrait redonner vigueur à une opposition du type antinucléaire. Enfin, la contestation interne, telle que la représente la CGT, ne remet pas en cause les principales orientations de la direction, bien au contraire, et nous savons qu'avec la CGT les conflits du travail, la défense professionnelle ou salariale n'aboutissent pas à des pratiques extrêmes. Le syndicalisme, ici, tend à s'identifier à l'organisation dans laquelle il se meut, subordonnant ses luttes, à la limite, aux intérêts de l'Établissement, et les syndicats se comportent en garants de la sûreté et de la sécurité des installations. La mobilisation est moins forte que dans le passé, et pourtant massive lorsque les garanties ou les avantages des agents sont menacés. Dans ce cas, la direction n'est pas nécessairement l'adversaire résolu d'un mouvement revendicatif, et nous savons par exemple qu'elle est plus proche du personnel que de François de Closets quand celui-ci dénonce le tarif préférentiel (4 centimes le kilowattheure) dont bénéficient les agents.

Les dirigeants d'EDF se refusent à s'appuyer sur la critique des avantages, telle qu'elle est développée au-dehors, pour affaiblir l'action syndicale ; ils évitent d'en appeler à l'opinion publique : « on ne veut pas mettre le débat sur la place publique » et, symétriquement, nous le savons, les syndicats hésitent à couper le courant lors des grèves. Bref, « on est condamnés à vivre ensemble », « on est embarqués ensemble », et on note que « plus l'électricité sera indispensable et plus les conflits internes se feront entre gens responsables ».

Peut-être tout n'est-il pas nouveau dans ce qui vient d'être évoqué, et par exemple la connivence pour ne pas monter aux extrêmes qui a toujours caractérisé les rapports entre direction et CGT. Mais dans l'ensemble, l'image du néo-corporatisme qui ressort des remarques qui précèdent traduit un réel appauvrissement du modèle fondateur. Il n'y a plus, en effet, l'image « développementiste » des grands projets, la référence à une tâche exaltante, à une solidarité nationale, mais celle, moins noble, du consensus pour éviter les vagues, et du parapluie tutélaire permettant à l'immense paquebot qu'est EDF de poursuivre sa voie, ni glorieuse, ni infâme.

Encore faut-il immédiatement ajouter qu'à bien des égards la référence au néo-corporatisme est elle-même abusive.

L'impossible néo-corporatisme

Toutes les conditions, en effet, sont loin d'être réunies pour qu'on puisse parler d'un modèle néo-corporatiste relayant le modèle fondateur. D'une part, le syndicalisme, à EDF comme dans la société française, n'est pas unifié et ne prend assurément pas les chemins de l'unité. Mieux même, depuis 1946, le poids relatif de la CGT a dans l'ensemble décru. De plus, le néo-corporatisme suppose l'adhésion syndicale à des formules dans lesquelles la négociation et, à la limite, la cogestion constituent l'horizon de l'action. Or la CGT, les dirigeants d'EDF s'en plaignent d'abondance, se refuse à prendre une part de responsabilité dans la gestion de l'Établissement, n'est pas toujours disposée à signer l'accord qui conclut une lutte ou un épisode revendicatif, et est associée à une force politique, le PCF, dont les orientations générales excluent toute insertion stable dans une formule néo-corporatiste ; il en va de même avec la CFDT qui, par ses positions autogestionnaires et régionalistes, par sa critique des orientations les plus globales de l'Établissement, par sa sensibilité à des thèmes écologistes et antinucléaires, n'est assurément pas un partenaire pour une telle formule.

Par ailleurs, celle-ci implique qu'il y ait un certain nombre de grandes organisations, dotées chacune d'un monopole dans un domaine plus ou moins important (la santé, l'énergie, le transport, la communication, etc.). Or on voit mal en France quelles autres organisations pourraient justifier qu'on leur applique l'hypothèse néo-corporatiste. La plus proche d'EDF, de bien des façons, est la Direction générale des télécommunications (DGT, devenue France-Télécom en 1988), à l'intérieur de laquelle on constate que la quasi-totalité des cadres n'a qu'un désir : abandonner le statut d'administration pour se rapprocher de celui d'entreprise de droit privé [9].

La tentation néo-corporatiste existe certes à EDF. Mais, d'une part, elle ne peut s'épanouir puisque, de ce point de vue, l'Établissement ne peut être qu'un cas exceptionnel et non exemplaire, et que le modèle néo-corporatiste ne saurait au plus qu'être réalisé partiellement. Et surtout, d'autre part, elle ne se conçoit que dans l'acceptation d'une certaine déstructuration du modèle fondateur et l'effort pour le maintenir, asséché, sans l'amender ou le renouveler, dans une variante crispée et médiocre. Or si le modèle fondateur est effectivement en crise, les dirigeants d'EDF, entre autres acteurs, disposent de ressources pour envisager sinon d'en sortir, du moins d'en produire l'*aggiornamento*.

Il y a du *corporatisme d'entreprise* à EDF, dans ses syndicats comme à la direction. Mais celui-ci n'est pas une composante d'un néo-corporatisme.

---

9. Sur la DGT, cf. surtout Élie COHEN, *L'État et les Télécom. Du mercantilisme « High Tech » à l'institution du marché*, Paris, 1988. Cf. également Claude GIRAUD, *Bureaucratie et changement. Le cas de l'administration des Télécommunications*, Paris, L'Harmattan, 1987.

III

L'extérieur

Jusqu'ici, les transformations dans la vie d'EDF ont été analysées comme un processus de déstructuration du modèle fondateur. Aujourd'hui encore, la plupart des éléments qui se conjuguent pour affaiblir ce modèle sont faciles à repérer, à commencer par l'affirmation d'une volonté d'autonomie que les dirigeants de l'Établissement placent sous le signe de l'effort commercial et de la qualité totale. La CGT dispose d'une majorité absolue, certes, mais qui a cessé d'être écrasante, ce qui entretient chez ces mêmes dirigeants une certaine hésitation sur l'attitude à tenir face aux divers syndicats ; les changements politiques, avec une cohabitation qui apporta bien des soucis à la direction d'EDF, inquiète de voir mis en cause le caractère public de l'entreprise, puis avec le retour de la gauche opéré sous les auspices de l'ouverture, ont apporté un climat d'incertitude que symbolisaient, en 1987, les lenteurs de l'autorité de tutelle pour désigner le président Delaporte puis le directeur général Bergougnoux.

Les transformations structurelles plus lourdes, et en particulier celles qui ont trait à la décentralisation et à la poussée des pouvoirs locaux, n'ont pas fini de faire sentir leurs effets.

Il n'y a donc pas à s'écarter de l'hypothèse d'une décomposition du modèle fondateur. Mais le moment est venu d'introduire plus de complexité dans nos raisonnements et d'examiner divers éléments qui renvoient à l'image d'une mutation, du passage à une nouvelle ère dans l'histoire d'EDF.

Cette mutation apparaît vite si l'on considère le discours

spontané des dirigeants de l'Établissement. Tous, depuis que le tournant nucléaire a été opéré, pour relever aujourd'hui du passé, insistent en effet sur l'importance considérable que revêt désormais pour eux l'environnement. Les formulations varient ; parfois le vocabulaire est fortement commercial, parfois il s'agit d'être à l'écoute du reste de la société, parfois encore, plus modestement, de cesser de penser qu'EDF a toujours et nécessairement raison. Et partout domine aujourd'hui un leitmotiv : il faut apprendre à s'ouvrir vers l'extérieur, à en tenir compte, c'est la condition du succès et du développement.

Ce qui nous conduit à considérer deux familles de relations sociales. La première est faite des rapports qui se maintiennent ou se mettent en place, une fois retombée la contestation antinucléaire, entre EDF et un ensemble éclaté de contestations populaires et de courants d'opinion plus ou moins stables.

La seconde renvoie aux rapports bien plus élaborés que dans le passé qui se déploient avec divers interlocuteurs économiques au fil de l'action commerciale.

Dans l'un et l'autre cas, une ère nouvelle est manifestement commencée, qui pose aux dirigeants des problèmes inédits, et les oblige non seulement à considérer de plus en plus sérieusement l'épuisement du modèle fondateur, mais aussi à envisager l'invention d'un nouveau modèle, de nouveaux modes d'action.

6

Face au public

Les nouveaux mouvements sociaux des années soixante et soixante-dix ont fait leur temps, du moins sous les formes que nous leur avons connues, et l'image d'un appareil technocratique s'opposant au mouvement antinucléaire dans un rapport direct et frontal est périmée. De ce point de vue, l'espace de la contestation sociale d'EDF apparaît aujourd'hui comme éclaté, et largement réductible aux formes décomposées des luttes de l'époque antérieure. C'est pourquoi la notion d'opinion publique, au sens qu'elle a dans le discours spontané des acteurs, s'impose pour définir l'environnement social actuel de l'Établissement [1] ; et avec elle se pose, tout naturellement, la question de plus en plus sensible des médias et de la capacité d'EDF à s'inscrire dans le champ de la communication moderne.

L'éclatement des mouvements sociaux

Les mouvements sociaux connaissent des phases de montée des luttes, au cours desquelles ils se structurent et, éventuellement, s'intègrent, et des phases de régression, qui peuvent être conjoncturelles ou annoncer un déclin irréversible.

La lutte antinucléaire, à son apogée en 1977, portait plusieurs

1. Sur la notion d'opinion publique, cf. notamment Jean STOETZEL et André GIRARD, *Les Sondages d'opinion publique*, Paris, PUF, 2e éd., 1979; Jürgen HABERMAS, *L'Espace public*, Paris, Payot, 1978, et l'ouvrage classique de BERELSON et JANOWITZ, *Public Opinion and Communication*, New York, Glencoe, 1950.

significations de portée inégale, et était capable d'agréger des luttes antérieures à elle. La CFDT, sans s'engager pleinement dans un combat antinucléaire, fut partie prenante de l'action, les mouvements régionalistes, breton et occitan notamment, s'y reconnaissaient également, et surtout les tendances les plus modernisatrices et les plus progressistes du mouvement des consommateurs, animées par la Confédération syndicale du cadre de vie et l'Union fédérale des consommateurs, qui édite le mensuel *Que Choisir ?*[2]. En retombant, la lutte antinucléaire s'est également désagrégée. Certains des éclats résultant de sa chute se sont dissous purement et simplement ou sont sortis du champ qui nous intéresse et qui est celui où EDF demeure concernée. D'autres suivent une trajectoire où subsiste une relation, plus ou moins conflictuelle, avec l'Établissement.

La chute du mouvement antinucléaire

Étudiant en 1978 le mouvement antinucléaire[3], nous avions montré, sous la conduite d'Alain Touraine, comment il formait un ensemble composite où bien des significations se mêlaient : action antitechnocratique, de haut niveau de projet puisque mettant en cause d'importantes orientations de la vie sociale, critique de l'ordre et de l'État, plus ou moins gauchiste, parfois même anticapitaliste, critique démocratique, appelant à des procédures plus ouvertes en matière de politique énergétique, rejet des valeurs industrielles et référence à une culture post-industrielle, lourde d'une éthique de responsabilité et souvent proche d'utopies communautaires, conduites défensives pouvant aller du plus général (peur pour l'espèce humaine des conséquences du nucléaire) au plus spécifique (effort pour obtenir les meilleures indemnités possibles, en cas d'expropriation par exemple), etc.

Certaines de ces composantes se sont refermées sur elles-mêmes ou ont presque disparu. Le gauchisme est liquidé en dehors de sectes qui ont cessé de faire d'EDF une cible, les dimensions communautaires de la lutte se sont rétractées en même temps que le thème de l'individualisme occupait une place

2. C'est dans *Que Choisir ?* que fut organisé en 1978 le plus important débat, sous forme écrite, entre la contestation antinucléaire et EDF.
3. *La Prophétie antinucléaire, op. cit.*

plus importante, aussi bien dans la pratique que dans la pensée sociale. L'idée de démocratie, bien au-delà de la seule référence à EDF, s'est imposée, au détriment des idéologies révolutionnaires et des références au socialisme et au communisme, mais ce faisant, elle a cessé d'alimenter la critique du type : EDF-État-dans-l'État. Ce qui subsiste et pose problème aux dirigeants de l'Établissement est un ensemble déstructuré.

En premier lieu, relativement massive mais faite d'une poussière de revendications isolées les unes des autres, une *pression* locale qui apparaît chaque fois qu'EDF, sur le terrain, se prépare à créer, modifier ou supprimer un équipement. Parfois, la contestation porte en elle-même des éléments de contradiction, comme on le constate à l'occasion de certaines constructions de lignes : « Les paysans vous disent : vous me la mettez avec des pylônes les plus espacés et les plus hauts possible pour que je puisse travailler, les écologistes disent : "Ah non, surtout pas ça !" » Mais le plus souvent l'écologie se mêle à la défense d'intérêts particuliers et locaux pour créer un rapport de forces dans lequel il s'agit d'obtenir de l'Établissement des indemnités ou des aides les plus importantes possible. La multiplicité des situations locales où EDF se prépare à installer (ou à supprimer) une ligne et quelques pylônes, ou tout autre équipement, même modeste, a pour contrepartie la multiplicité des pressions, astreignantes et coûteuses, où ses responsables ont le sentiment d'être considérés comme une « vache à lait ». Ces pressions, qui étaient un élément de la lutte antinucléaire partout, en particulier, où une centrale nucléaire était projetée, étaient à l'époque intégrées dans une action de portée très générale, et ne pouvaient s'en dissocier sous peine d'apparaître comme égoïstes et, à la limite, d'appeler le reproche de traîtrise. Aujourd'hui, elles se donnent libre cours, innombrables, autorisant les dirigeants d'EDF à se présenter en champions de l'intérêt collectif et à dénoncer une sorte de particularisme culturel hostile au progrès et indifférent au développement de l'économie nationale : « Le Français refuse d'avoir sur son sol quelques pylônes qui vont nous permettre de gagner des millions de francs à l'exportation. »

Ce n'est même plus le programme nucléaire qui alimente ces attitudes, mais la moindre initiative de l'Établissement dès lors qu'elle peut être bloquée ou monnayée, et l'on note que le pouvoir local, très souvent, constitue un relais à la défense d'intérêts particuliers, lorsqu'il ne s'affirme pas lui-même comme tel.

Une deuxième trajectoire éclatée du mouvement antinucléaire est celle qui mène à son *hyper-institutionnalisation*. Celle-ci s'est opérée dans quelques municipalités, où d'anciens militants exercent des responsabilités politiques ou techniques ; surtout, elle doit beaucoup au succès de la gauche aux élections présidentielles et législatives de 1981, puis de 1988, et nous savons que la contestation antitechnocratique et écologiste s'est comme déplacée du bas vers le haut pour orienter l'action de l'AFME ou du ministère de l'Environnement.

Le paradoxe de cette institutionnalisation est qu'elle doit tout à une gauche socialiste qui, avant de parvenir au pouvoir, se déclarait dans l'ensemble hostile au nucléaire, pour ensuite considérablement modifier son point de vue [4]. Déconnectée de toute base sociale, la montée au niveau institutionnel des idées et des hommes qui animèrent le mouvement antinucléaire rend difficile une attitude proprement contestataire. EDF rencontre alors plutôt de l'animosité, la mise en doute d'une parole qui se dit rationnelle, des efforts politico-administratifs pour battre en brèche son monopole d'expertise et de compétence, et donner plus de chance à certaines énergies concurrentes, des pressions menées au nom de la démocratie pour qu'elle suive plus scrupuleusement que par le passé les procédures réglementaires, etc.

Un troisième éclat du mouvement des années soixante-dix apparaît avec ce qui reste de *l'argumentation scientifique et économique* de la lutte antinucléaire. Lorsqu'elle portait sur le risque nucléaire, cette argumentation mobilisait l'acteur contestataire contre une technologie bien plus que contre un adversaire social. Surtout, elle n'avait guère besoin d'être fortement développée, et pouvait même s'écarter de raisonnements

---

4. Sur le changement d'attitude de la gauche socialiste après 1981, cf. François Dorget, *Le Choix nucléaire français*, Paris, Économica, 1984. Le rapport de la commission mise en place par le parti socialiste, et dont les résultats étaient plutôt hostiles au programme nucléaire, a été publié mais jamais réellement diffusé : *Pour une autre politique nucléaire. Rapport du comité nucléaire, environnement et société au parti socialiste*, Paris, Flammarion, 1978. Cet ouvrage, qui comporte une préface de François Mitterrand, en appelle, dans ses conclusions les plus importantes, à l'arrêt des travaux du surrégénérateur, à la suspension des commandes de centrales nucléaires, à une consultation nationale sur la politique énergétique, etc. Il mentionne un désaccord, apparu chez trois des onze membres du comité.

proprement scientifiques. Ce qui reste de cette dimension de la contestation se répartit de manière inégale dans deux directions. D'une part, une critique qui demeure scientifique, mettant en cause aujourd'hui comme hier la capacité d'EDF à éliminer entièrement les déchets radioactifs, s'interrogeant sur la sûreté des installations ou sur la probabilité d'une catastrophe, ou encore développant une mise en cause de la pertinence économique des calculs et des démonstrations de l'Établissement. Cette critique a peu d'écho dans le pays aussi longtemps qu'elle reste technique ou scientifique ; elle prend l'allure d'un discours de contre-experts, parfois très compétents, comme les deux invités évoqués dans le chapitre précédent, mais le plus souvent de faible poids politique. Mais d'autre part, le thème du risque est demeuré très prégnant et il suffit d'un accident, même mineur, pour déclencher dans l'opinion publique une très vive hostilité à l'égard de l'Établissement. Le nucléaire tient ici évidemment la vedette, comme on le constate chaque fois qu'un accident est signalé, même sans gravité, dans une installation nucléaire.

Mais la sensibilité est grande bien au-delà de ce seul registre ; c'est ainsi, notamment, que deux affaires de transformateurs EDF au pyralène, l'un ayant explosé à Reims en 1985, l'autre ayant pris feu à Villeurbanne quelques mois plus tard, ont entraîné une émotion considérable.

L'important, et nous y reviendrons, est que l'on est passé d'une contestation relativement structurée, mettant en cause la manière dont EDF pilote la vie économique et sociale dans son domaine de compétence, à une opinion publique bien plus instable.

La déstructuration de l'action des consommateurs

Si les mouvements régionalistes se sont bien trop affaiblis pour qu'il soit utile ici d'examiner leur rapport actuel à EDF, et si l'action de la CFDT est envisagée par ailleurs, il est par contre intéressant de faire le point sur les relations actuelles entre la direction de l'Établissement et les mouvements de consommateurs [5]. Celles-ci sont d'une importance qu'il ne faudrait pas exagérer ; mais ce que montre notre recherche est suffisamment surprenant pour qu'il vaille la peine de s'y arrêter.

5. Sur les mouvements de consommateurs au milieu des années soixante-dix, cf. *L'État, le patronat et les consommateurs, op. cit.*

Chacun des deux groupes a rencontré, au cours d'une séance, des militants d'unions locales de l'Union fédérale des consommateurs, et un responsable national appartenant à la rédaction du mensuel *Que Choisir ?*.

Les résultats, là aussi, sont parallèles, et il nous suffira de suivre les débats du premier groupe pour mesurer les nouveaux enjeux des rapports à EDF avec les mouvements de consommateurs.

La séance est d'abord l'occasion de revenir sur les thèmes qui ont déjà animé la discussion du groupe avec les deux économistes contestataires. Le rédacteur en chef de *Que Choisir ?* mène le bal, reprenant leurs critiques et en ajoutant d'autres. C'est ainsi qu'il reproche à EDF sa toute-puissance, capable selon lui d'influer sur la justice, comme il a eu l'occasion d'en faire à ses frais l'expérience lors du procès pour publicité mensongère qu'a intenté son organisation à l'Établissement. Il souligne, lui aussi, qu'avec le recul du temps les calculs économiques proposés par la contestation se sont révélés plus pertinents que ceux d'EDF : « Dix ans après, s'écrie-t-il, on a raison ! » Il s'indigne de voir qu'EDF ait « voulu investir tant dans la production, dont elle n'a pas le monopole, et aussi peu dans la distribution » — reproche, signalons-le au passage, qui circule également au sein de l'Établissement. Surtout, il dénonce l'absence de dialogue, voulue par EDF qui « a tout bloqué dès le départ. Vous avez loupé quelque chose ! ».

Le groupe, le lecteur s'en doute, ne manque pas d'arguments à lui opposer. Certaines des décisions critiquées par le rédacteur en chef de *Que Choisir ?* ont été prises par l'État et non pas par EDF, et toutes ses remarques relatives aux dangers du nucléaire et aux problèmes que posent le retraitement des déchets ou, à terme, la fermeture de centrales déclassées, font l'objet de réponses précises et bien documentées. L'important, à ce stade de la rencontre, est que le débat se déplace et que le groupe et cet invité cessent de parler politique énergétique, calcul économique ou déchets radioactifs pour s'intéresser au thème très différent du rôle des médias. Aux accusations de mensonge, de dissimulation et de refus du dialogue, en effet, les dirigeants d'EDF objectent en évoquant la volonté de leur établissement de diffuser une information objective et en dénonçant les formidables distorsions qu'introduisent, selon eux, les journalistes, toujours soucieux de nouvelles à sensation. L'image de relations plus harmonieuses, où la communication serait plus dense et plus sérieuse, définit un terrain sur lequel on pourrait s'entendre. Ce moment de la rencontre illustre et met au jour un phénomène important ; au niveau le plus général, la contestation des mouvements de consommateurs, souvent si proches, il y a dix ans, du mouvement antinucléaire, a suivi une évolution comparable et prend désormais de plus en plus la forme d'un courant dans l'opinion publique. On ne reproche plus tant à EDF le contenu de son action que sa non-inscription dans un espace de communication.

La discussion entre dans sa deuxième phase avec une série d'interventions des militants consommateurs de base. Sur le terrain, ils notent qu'il n'y a pas non plus une réelle communication et que les rencontres qu'organise EDF avec des associations locales de consommateurs ne servent à rien.

Documents à l'appui, et non sans humour, un des invités montre le caractère bureaucratique et méprisant qui préside à ces réunions, dont le compte rendu est rédigé avant même qu'elles ne se tiennent : « Aucune des questions posées n'y figure, aucune réponse ! C'est une note de service ! On vous paie un gueuleton, on parle et... poubelle ! » Puis un flot de reproches se déverse sur le groupe : EDF procède à des coupures de courant sans avertissement, et souvent alors même que la facture a été réglée, c'est un monde « kafkaïen », « inhumain », et les invités accompagnent leurs remarques d'une abondante documentation écrite. Dans le groupe, on répond certes, mais ce qui domine est une autre attitude, où les dirigeants acceptent largement d'écouter les représentants des consommateurs. On voit dans leurs propos, en effet, non pas tant la marque du conflit que l'appel à une amélioration du service commercial. Or cette amélioration, côté EDF, on la désire ardemment : « Ne croyez pas que nous soyons méfiants à votre égard. Au contraire, nous sommes demandeurs », dit un dirigeant qui voit dans la pression des consommateurs « un levier extraordinaire », idée reprise aussitôt par un autre dirigeant, qui y trouve le moyen « de modifier les comportements de l'intérieur ».

Plus précisément, certains dans le groupe expriment l'idée qu'en donnant davantage la parole aux clients et aux représentants des consommateurs, on affaiblira le discours syndical traditionnel, qui a tendance à s'exprimer au nom de la clientèle de façon abusive. Des exemples sont donnés, notamment lorsqu'un dirigeant explique qu'il est, tout comme les consommateurs, favorable à ce qu'on puisse placer les compteurs d'électricité à l'extérieur des logements, ou même les relever à distance, et qu'il pourra d'autant mieux plaider cette cause, face à une CGT qui y est hostile, qu'il aura le soutien d'organisations d'usagers ou de consommateurs. L'image d'un front EDF-clients ou consommateurs s'esquisse, utile au déploiement de la logique commerciale, mais aussi susceptible d'entraîner des répercussions sur l'évolution des rapports internes à l'Établissement et, pour dire les choses plus directement, sur le rapport de forces avec une CGT qui prétend souvent être le meilleur garant de l'intérêt à long terme des usagers.

Ce deuxième temps de la rencontre est capital. Il montre d'abord qu'à la base, sur le terrain, un mouvement « consumériste », s'il parvenait à se faire entendre d'un monde encore bien bureaucratique et fermé sur lui-même, pourrait devenir un partenaire dans une action de modernisation, bien plus qu'un adversaire irréductible. De ce point de vue, la contestation des consommateurs semble fragile, et on a l'impression qu'il suffit de bien peu, côté EDF, pour qu'elle se transforme en simple pression, parfois revendicative, parfois aussi convergente avec certains intérêts de l'Établissement. Relativement éloignée, dans sa thématique, de critiques générales dont on a vu qu'elles-mêmes se transformaient en courant d'opinion, l'action consumériste de base oscille entre des demandes limitées et apparemment acceptables, et une intervention modernisatrice concernant la société dans son ensemble, mais aussi l'intérieur de l'Établissement [6].

Ce qui indique déjà, et nous y reviendrons, que les rapports entre la direction et des forces sociales ou des courants d'opinion extérieurs exercent une influence, qui pourrait être croissante, sur la vie interne d'EDF.

L'opinion publique

La décomposition des mouvements sociaux facilite à bien des égards la tâche des dirigeants d'EDF. Ceux-ci n'ont plus à

6. La convergence modernisatrice est illustrée, dans le deuxième groupe, par le geste éloquent d'un de ses membres qui, en fin de réunion avec les invités « consommateurs », sort de son portefeuille sa propre carte d'adhérent à l'Union fédérale des consommateurs.

participer à des débats houleux, à répondre à des accusations directes, plus ou moins fondées, à supporter le poids des manifestations qui furent parfois massives, à solliciter l'aide des pouvoirs publics, ne serait-ce qu'en matière de maintien de l'ordre. Mais en se déstructurant, les luttes des années soixante et soixante-dix ne font pas que se dissoudre ou apporter le soutien, même exigeant, voire difficile, d'une pression modernisatrice ; elles ouvrent ou élargissent l'espace public dans lequel désormais doivent agir les responsables de l'Établissement.

L'espace public classique

Dès sa création, EDF, nous le savons, a suscité nombre de critiques qui resurgissent périodiquement, et François de Closets, dans *Toujours plus*, a surtout redonné vigueur à des reproches anciens qui concernent les avantages spécifiques réservés au personnel d'EDF. Dans un monde en crise où apparaissent des poches de misère absolue, dans une société qui tend à se dualiser, EDF apparaît comme un continent fermé sur lui-même, sur la protection et la sécurité, sur le bien-être aussi, offert de manière égoïste et abusive à ses seuls habitants. Où est la solidarité, où sont les grandes valeurs d'égalité et de progrès collectif, où est le caractère universel d'un établissement vivant dans l'abondance et si jaloux de ses prérogatives et de ses avantages ?

En fait, ce type de critique présente deux caractéristiques essentielles. La première est que l'opinion publique, ici, ne s'intéresse guère à l'action spécifique d'EDF, ne met nullement en cause ses projets, ses programmes, son emprise sur la vie sociale, sa capacité à structurer la politique énergétique du pays, ses activités. C'est pourquoi ce thème des avantages réapparaît périodiquement, sans lien nécessaire avec la pratique d'EDF, si ce n'est dans les conjonctures de grèves et, plus encore, de grèves avec coupures de courant ; comment accepter, en effet, de se voir privés d'électricité par des grévistes qui, en réclamant toujours plus, portent atteinte aux intérêts économiques, au confort, à la sécurité ou, plus simplement, aux conditions d'existence de pans entiers de la population ? Il y a parfois un vague populisme dans la critique des avantages du personnel d'EDF, parfois aussi de l'antisyndicalisme et, puisque la CGT est ici concernée au premier chef, de l'anticommunisme.

La deuxième caractéristique importante de cette critique est qu'elle est, du point de vue des dirigeants d'EDF, bien plus ambivalente que directement inquiétante. Si elle n'est pas plus appréciée à leur niveau qu'à d'autres dans l'Établissement, s'il y a une réelle solidarité corporatiste, celle-ci, en effet, est loin d'être à toute épreuve, et, d'une certaine façon, ceux qui reprochent le « 1 % » de la CCAS ou la tarification dérisoire appliquée au personnel dans son ensemble apportent aux dirigeants une aide non négligeable. A chaud, lorsque ces derniers ont à gérer une grève, ils peuvent toujours demander aux syndicats d'éviter les excès dans la revendication et les mettre en garde face au risque d'entraîner de trop forts griefs dans le public. A froid, la pression que fait peser le même risque, toujours latent, constitue un facteur de modernisation interne, en particulier dans les rapports entre la direction et la CGT.

Telle est d'ailleurs une des principales leçons à tirer de la rencontre du premier groupe d'intervention avec François de Closets. La réunion s'annonçait chaude, certains participants ayant déclaré auparavant qu'ils n'avaient pas apprécié les quelques pages de *Toujours plus* consacrées à EDF, bien excessives selon eux, et ayant surtout entraîné une attention démesurée du public sur leur entreprise. Pourtant le débat, loin de prendre une tournure conflictuelle, se déroule sur le mode de la convergencc. Celle-ci apparaît le mieux et le plus longuement à propos du syndicalisme à EDF. Ni l'invité ni les membres du groupe ne réclament le déclin ou l'affaiblissement des syndicats, mais tous ont le sentiment que la situation est devenue difficile. Les propos relatifs à la CGT sont ce jour-là peu amènes, on l'accuse d'« être là uniquement pour vous empêcher de marcher... c'est épuisant ! », de mener « une lutte idéologique », d'être une « simple assurance professionnelle, un syndicat alimentaire », de syndiquer « les moins bons, parce que les autres se sentent suffisamment forts », et la discussion devient une réflexion collective sur les moyens de faire évoluer un système de relations internes politisé, idéologisé et bureaucratique.

Le sens des analyses de François de Closets, dès lors, apparaît nettement. Ce journaliste n'est assurément pas animé par une fibre populiste qu'exciterait le thème des petits contre les gros, du peuple contre les nantis. Ses critiques convergent avec les préoccupations des dirigeants d'EDF, pour qui les avantages du personnel ne sont qu'une question mineure, abusivement gonflée par la presse : le vrai problème est celui d'un modèle de relations professionnelles intenable, bloqué par le statut et la loi de 1946, et qu'il est peut-être possible de faire évoluer du dehors, par la pression de l'opinion publique et des médias. Ainsi un reproche, qui initialement entraîne chez eux des réactions de fermeture et d'hostilité, apporte-t-il aussi aux dirigeants d'EDF un espoir de modernisation.

Le poids de l'événement

L'ambivalence disparaît entièrement si l'on considère l'autre grande famille de problèmes que rencontre EDF face au public — celle qui a trait bien plus spécifiquement à la responsabilité technologique de l'Établissement. Nucléaires et éventuellement chimiques, les risques liés à la production et à la distribution d'électricité sont faibles statistiquement, mais les accidents sont susceptibles d'être majeurs s'ils surviennent, et l'opinion publique présente des caractéristiques qui sont un véritable cauchemar pour les dirigeants d'EDF. Relativement favorable à EDF, satisfaite, même, du nucléaire, qui autorise l'accès à une énergie peu coûteuse, consciente de la grande efficacité de l'entreprise, de sa disponibilité aussi, surtout en cas d'urgence, quand par exemple une tempête de neige rend nécessaire l'intervention rapide de services techniques, le public est susceptible de basculer dans un rapport de totale hostilité au moindre incident nucléaire ou à son fantasme.

La relation qu'EDF entretient avec l'opinion publique est là particulièrement délicate puisqu'un événement risque toujours de la déstabiliser, ruinant des efforts continus et de longue durée. A quoi sert d'informer, d'organiser des visites d'installations nucléaires, de multiplier les réunions avec des élus, des représentants de l'État, des industriels, avec le grand public aussi, d'engager une action en direction du corps enseignant et des enfants des écoles, de développer une action de promotion, s'il suffit d'une panne de réacteur pour retourner une image favorable ? A quoi servent les très nombreux sondages et autres études d'opinion que finance EDF [7] si les résultats peuvent

7. Signalons, entre autres, que la direction des études et recherches d'EDF, associée au CEA, mène depuis 1976 une enquête périodique sur l'opinion publique en France (enquête AESOP, Association pour l'étude des structures de l'opinion publique). Celle-ci porte sur un échantillon représentatif de la population française moyenne et comporte « quatre-vingts thèmes d'expression » (mœurs, justice, morale, écologie, religion, sciences et techniques, etc.).

être remis en cause à l'occasion d'une défaillance et, pire encore, d'une catastrophe se jouant, éventuellement, totalement en dehors de sa responsabilité, comme ce fut le cas notamment à Tchernobyl (avril 1986)[8] ?

L'événement surdétermine en permanence l'état de l'opinion publique. Or il est, par définition, imprévisible, il relève, pour la plupart des cas, de la part des choses qu'EDF ne maîtrise pas ou imparfaitement, et qu'elle ne peut réduire qu'à un coût sans cesse plus démesuré, même pour elle. A l'époque de la contestation antinucléaire, il y avait un débat, même s'il pouvait sembler médiocre ou animé par la mauvaise foi et l'idéologie, et le conflit structurait la relation, lui conférant une certaine prévisibilité, une certaine stabilité. Désormais, un incident sans la moindre gravité peut entraîner de vives réactions alors que, symétriquement, une défaillance relativement importante passera inaperçue. L'alchimie qui préside aux mouvements d'opinion demeure un mystère aux yeux des dirigeants de l'Établissement.

Une autre caractéristique de l'opinion publique face aux risques technologiques est dans sa très grande perméabilité aux rumeurs, à la peur. Lorsqu'il n'y a pas structuration de l'inquiétude dans le cadre d'un mouvement social, et que le discours scientifique ou rationnel n'est plus qu'un élément séparé, éclaté de l'action, la porte est ouverte par où s'engouffre l'irrationnel. En l'absence de débat social, le principe même d'une argumentation ne fait pas sens, et les raisonnements développés, l'information diffusée non seulement sont de peu de poids, mais souvent même se retournent contre ceux qui les proposent. Si EDF se tait, explique au deuxième groupe un militant d'une association de consommateurs, c'est qu'elle a des choses à cacher, et si elle parle, c'est encore plus inquiétant : « Vous trouvez normal qu'en une semaine on soit informé de trois incidents alors que vous vous taisez depuis dix ans ? » En ce sens, les dirigeants d'EDF ont peut-être tort de parler avec soulagement de l'épuisement du mouvement antinucléaire : le vide social que celui-ci laisse derrière lui est peuplé de fantasmes et de craintes, il supprime les canaux de discussion, une certaine média-

8. Cf., pour une analyse très critique de la façon dont l'information n'a pas été faite en France sur Tchernobyl, Louis PUISEUX, *Crépuscule des atomes*, Paris, Hachette, 1986.

tion, et donne bien plus de poids que par le passé à l'événement, à l'imprévu et à l'irrationalité. L'absence d'interlocuteur peut être pire qu'un adversaire résolu.

Face aux médias

Une conséquence immédiate du poids de l'événement et de la densité du rapport qu'entretient EDF avec l'opinion publique est son insertion dans un espace médiatique assurément unique en France : aucune entreprise, en effet, n'est à ce point l'objet de l'intérêt des médias.

L'attitude spontanée qui, du côté des dirigeants, apparaît dans notre recherche est celle d'une très grande réserve à l'égard de la presse. Cette réserve se prolonge souvent sous la forme d'une réelle hostilité, les journalistes étant chargés de bien des maux qui accablent l'Établissement. Elle témoigne d'une difficulté à véritablement maîtriser le jeu de la communication moderne.

La critique des médias

La presse, à suivre les dirigeants rassemblés dans les deux groupes, est bien éloignée d'un rôle objectif de production et de diffusion de l'information. A la recherche du sensationnel, disposés à tout pour un « scoop », les journalistes se satisfont d'une connaissance partielle et superficielle des dossiers qu'ils traitent, et ils n'en tirent que ce qui leur convient. Les exigences propres à la concurrence entre médias complètent ces tendances pour aboutir à des déformations de la réalité qui peuvent nuire considérablement à l'Établissement. Les journalistes de tel hebdomadaire à grand tirage, raconte le directeur d'une installation nucléaire ayant connu un incident, « sont arrivés en retard, après les autres. On leur a tout montré, et ils ont manifestement compris le problème. Seulement leur article est arrivé trop tard à la rédaction, qui a dû se rabattre sur deux articles écologiques entièrement apocalyptiques ».

La presse, indique-t-on dans les groupes, informe mal, mais, de plus, elle exerce de façon arbitraire un pouvoir de sélection des nouvelles. Tel incident est monté en épingle alors qu'il est mineur, parce que l'actualité du jour est pauvre, parce que la conjoncture est aux événements catastrophiques ou que le chef de l'État est dans la région. Une information importante transmise par EDF tombe à plat et n'intéresse personne, un petit problème technique donne naissance à un scandale.

Le rythme auquel fonctionnent les médias est incompatible avec un traitement sérieux, à fond, de l'information, comme l'exprime le directeur général adjoint d'EDF, M. Ailleret, dans un texte publié dans l'important ouvrage de Patrick Lagadec sur les « états d'urgence » : « D'un côté, le public et ceux qui sont chargés de le renseigner — les journalistes — souhaitent avoir des informations très vite et en continu ; de l'autre, le technicien a beaucoup plus tendance à vouloir donner des informations construites, synthétisées, vérifiées et fiables. Dès lors, des écarts se creusent [9]... »

La presse, expliquent également les participants à notre recherche, a tendance à transformer ceux qu'elle interviewe en héros, bons ou mauvais, ce qui entraîne des excès, tant à EDF qu'au-dehors, de la part de personnes qui deviennent des vedettes du « star system ». De plus, contrairement à une idée reçue, elle est souvent bien plus conformiste qu'on pourrait s'y attendre. C'est d'ailleurs ce qu'explique François de Closets au premier groupe, qui s'interroge sur l'aide que pourraient apporter des journalistes à la direction d'EDF lors de grèves : les médias ne pourraient-ils pas non seulement rapporter les faits, mais aussi contribuer à la réflexion collective sur la légitimité de la grève ? « La presse, dit nettement l'interlocuteur, est écrasée par l'idée que la grève est sacrée et légitime [...] Ce n'est que du conformisme... une connivence [...] inconsciente entre salariés pour ne pas aller fouiller dans la grève du voisin. »

Les interrogations des dirigeants des deux groupes, lorsqu'ils s'en prennent à la presse, n'ont rien de très original, et les « solutions » envisagées, de manière relativement banale, oscillent entre deux points extrêmes.

Les uns, en effet, se demandent s'il ne faudrait pas contrôler les médias, museler les journalistes — mais il s'agit d'un désir irréaliste et, on le sait bien, antidémocratique. D'autres envisagent l'extrême opposé, la totale liberté d'information, voulue et encouragée par un Etablissement devenu totalement

9. Patrick LAGADEC, *États d'urgence. Défaillances technologiques et déstabilisation sociale*, Paris, Seuil, 1988, p. 288.

transparent. Ce qui ne règle pas les problèmes dans la mesure où les défauts et les limites du système des médias ne sont alors en aucune façon maîtrisés.

En réalité, c'est bien mal poser la question que de décrire les inconvénients des relations actuelles avec la presse et de rêver de la transformer ou de la mettre au pas. L'enjeu décisif est ailleurs, dans la capacité de l'Établissement à s'inscrire dans un espace de communication. Ce qui nous éloigne du discours spontané des dirigeants.

Crises technologiques et crises médiatiques

Cet enjeu n'apparaît jamais aussi bien que dans les conjonctures de crise, lorsqu'une défaillance, majeure ou mineure, attire l'attention de la presse. On constate alors que la relation à l'opinion publique et aux médias n'est que très partiellement déterminée par l'importance de l'événement proprement technique, et prend rapidement son autonomie. La crise médiatique se développe si diverses conditions sont remplies, dont certaines dépendent, entièrement ou très largement, d'EDF.

Le thème de la gestion médiatique d'une situation de crise ou d'urgence est au cœur de l'ouvrage déjà cité de Patrick Lagadec, qui consacre de nombreuses pages à l'expérience d'EDF, et l'on voit bien comment les dirigeants de l'Établissement ont fait, ces dernières années, leur apprentissage. Tirant les leçons des principaux incidents des années 1985-1987, M. Favez, directeur général adjoint d'EDF, M. Ailleret ou le journaliste Philippe Dessaint y montrent bien, en effet, les faux pas qu'il convient de ne pas répéter, les attitudes à adopter dans ce type de situation. Le silence favorise les rumeurs, et il vaut mieux parler, lors de points de presse annoncés à l'avance par exemple ; le démenti, à condition d'être formulé très rapidement, vaut mieux que l'auto-enfermement dans l'erreur devenue mensonge ; la dissimulation n'est jamais payante à terme ; la suffisance, le discours de la toute-puissance, lorsqu'ils sont mis à mal, sont bien plus coûteux qu'une attitude plus modeste.

A EDF, on commence à savoir gérer une crise technique dans ses dimensions ou ses prolongements médiatiques, à savoir éviter, en tout cas, les pires erreurs, celles qui, comme dit Dessaint, entraînent la « métastase ». C'est ainsi, notamment, qu'a été expérimenté le principe des « équipes d'appui » mises depuis

Paris à la disposition de directions régionales confrontées à une situation délicate, telle celle venue contribuer en 1986, à Villeurbanne, au dénouement relativement rapide d'une affaire qui tournait à la crise [10].

De la critique de la presse, le problème, dès lors qu'un événement met en cause EDF, se transforme en relation avec la presse. Il s'agit d'inspirer confiance, de faire preuve de cohérence et d'esprit de suite, d'être soi-même une source d'information digne de foi. Ce terrain n'est pas celui sur lequel EDF a l'habitude d'intervenir, et ses compétences technologiques ou économiques ne sont pas nécessairement un atout, puisqu'un discours trop complexe et trop élaboré, aussi nécessaire qu'il soit pour une information crédible, n'est pas compatible avec les exigences de brièveté de la communication médiatique. Ce qui a fait la force de l'Établissement — sa formidable capacité à concentrer les moyens de connaissance et d'expertise — cesse de le mettre en position dominante. Face à l'opinion publique et à la presse, EDF doit se comporter autrement que face à la puissance publique et aux mouvements organisés, faute de quoi elle se trouve en butte à des difficultés médiatiques souvent disproportionnées si on les met en rapport avec leurs causes technologiques ou humaines initiales.

L'espace de la communication pour EDF

Élargissons les remarques qui précèdent, au-delà des seules situations de crise, à l'analyse du système de communication où EDF est et sera de plus en plus partie prenante. Ce système se compose, outre EDF, de trois grands acteurs directement concernés, ayant chacun à gérer ses exigences propres, entretenant chacun un rapport spécifique à l'information.

La *presse* est un premier acteur, hautement concurrentiel, collant à l'événement et se désintéressant, dans l'ensemble, de ce qui ne crée aucune rupture dans la quotidienneté : une centrale nucléaire qui fonctionne bien n'est guère plus intéressante qu'un train qui arrive à l'heure. Les médias ont longtemps été tributaires d'EDF, reprenant les informations en provenance de celle-ci et hésitant à s'y heurter de front. Les journalistes, même si nous savons qu'ils sont très critiqués au sein d'EDF, ont

10. *Id., ibid.*, p. 238.

plutôt dans l'ensemble, ces dernières années, évité de l'attaquer. Pour avoir une idée de la confiance témoignée par la presse à l'Établissement, il suffit d'écouter Karine Robak, présidente de l'association des victimes de l'explosion d'un transformateur au pyralène, expliquant : « Contacter les médias ? [...] Seuls les représentants d'EDF sont interviewés, seuls ils sont invités en studio [...] Du côté de la presse écrite, seule la voix d'EDF est passée la première..., et ensuite il n'est plus question de pouvoir revenir sur le problème [11]. » De même, Philippe Dessaint reconnaît que « les premières interventions à la télévision sont en fait des tribunes pour les responsables d'EDF [12] ». Les journalistes s'écartant d'une telle attitude existent, certes, mais peu nombreux [13] : une hostilité trop marquée les coupe de la merveilleuse source d'information que constitue EDF, toujours très documentée et dont l'image de sérieux et de scientificité demeure très prégnante. Symétriquement, la même hostilité les rapproche trop d'une opinion publique versatile et qui n'apportera jamais à l'Établissement le soutien d'une base stable et organisée.

Les *pouvoirs publics*, dans leurs dimensions politiques et administratives, forment un deuxième acteur. Leur souci est souvent d'éviter la crise médiatique, en « couvrant » EDF s'il le faut, ou en lui laissant, au contraire, le soin d'aller au-devant de la presse. Ils n'ont généralement pas les compétences techniques qui leur permettraient de diffuser une information conséquente, mais la tutelle qu'ils exercent sur l'Établissement signifie aussi une certaine responsabilité. Leur politique d'information n'est pas nécessairement convergente avec celle d'EDF, ils peuvent par exemple craindre plus qu'elle les effets de certaines informations. Ainsi celles relatives au nuage radioactif de Tchernobyl, qui à suivre le discours officiel, se serait arrêté comme par enchantement au-dessus de la frontière entre la France et la République fédérale d'Allemagne.

Enfin la *population concernée* — victimes actuelles ou potentielles, associations de défense et, tout simplement, grand public — pèse elle aussi dans l'espace de communication d'EDF, attendant des informations, s'émouvant ou réclamant des initiatives.

---

11. Dans Patrick LAGADEC, *op. cit.*, p. 229.
12. *Id., ibid.*, p. 239.
13. Pour les années récentes, le nom qui revient le plus souvent dans les propos des dirigeants d'EDF est celui de Jacqueline Denis-Lempereur, de *Sciences et Vie*.

Dans cet espace, chaque acteur a son autonomie relative, et tout rapprochement de deux d'entre eux ne peut être que conjoncturel. La presse peut suivre le point de vue d'EDF durant une longue période, d'autant qu'EDF n'est pas avare de rencontres ou d'explications : « Au moindre incident de tuyauterie, raconte le directeur d'une importante installation nucléaire, pour un coup de bélier, mon adjoint se retrouve à la télévision. » Mais la même presse se dissociera d'EDF sans état d'âme si elle le trouve nécessaire. Inversement, elle prendra fait et cause contre l'Établissement, soutenant les victimes d'une défaillance ou donnant le plus large écho aux revendications de petits commerçants en colère contre une grève avec coupure de courant, mais très vite oubliera ces problèmes pour suivre le fil changeant de l'actualité.

Dans ce système d'action, EDF dispose de certains degrés de liberté et peut élaborer des stratégies. C'est ainsi qu'elle semble avoir adopté, depuis peu, une attitude qui consiste à informer la presse du moindre incident, surtout dans les installations nucléaires — « la surabondance d'informations conduisant d'ailleurs à un certain désintérêt des interlocuteurs, alors que le silence appelle une curiosité très vive [14] ». Elle rencontre des problèmes de coordination, l'information destinée au public pouvant provenir simultanément de diverses sources, locale et nationale par exemple. Surtout, elle est constamment en position défensive : s'il lui faut communiquer, ce n'est assurément pas pour accentuer son emprise sur la vie économique et sociale ou pour donner plus d'assise à son rôle d'acteur du développement, mais pour expliquer, se justifier, calmer des inquiétudes plus ou moins rationnelles et, en fin de compte, répondre à des attentes et des exigences sans pouvoir réellement s'appuyer sur son savoir économique ou scientifique. Son principal atout est peut-être dans le caractère éphémère des événements et même des crises, qui viennent troubler ou faire éclater le tissu de relations qui sont, dans l'ensemble, plutôt harmonieuses ; mais cet atout est contrebalancé par le caractère répétitif de ses difficultés, et par le fait que chacune d'entre elles, sans qu'il soit possible de se livrer à la moindre prédiction, est lourde d'un fantastique potentiel de déstabilisation.

---

14. Philippe Dessaint, in Patrick LAGADEC, *op. cit.*, p. 246.

7

Les paradoxes de l'emprise

Si les grands moments de l'ère nucléaire relèvent pour EDF du passé plus que de l'avenir, il ne lui faut pas moins en gérer les prolongements. Ceux-ci appellent des démarches élaborées où se résolvent plus ou moins bien des exigences contradictoires.

L'Établissement exerce un rôle considérable dans le développement économique du pays, directement ou indirectement, et ressent d'autant plus fortement la nécessité de jouer ce rôle qu'il lui faut écouler la production d'électricité nucléaire, dont on sait qu'elle risque d'être surabondante. Mais en même temps, ses dirigeants ne souhaitent absolument pas se heurter à nouveau à une contestation frontale, organisée, du type du mouvement antinucléaire, et veulent éviter de donner prise aux critiques déstabilisatrices qui présentent EDF comme un État dans l'État ou comme un lieu de toute-puissance technocratique. Comment assurer son propre développement, ou du moins utiliser à plein un potentiel de production qui s'est fortement accru ces dernières années, tout en apparaissant comme une organisation ouverte, plus modeste que par le passé, soucieuse de ne pas écraser ses interlocuteurs économiques et sociaux ?

Face à l'industrie

Dans un document daté du 23 août 1983 (« Justifications, objectifs et moyens d'un développement accéléré de l'utilisation de l'électricité »), la direction d'EDF définissait d'ambitieux objectifs de placement d'électricité à l'horizon 1990 : « L'objectif fixé est d'atteindre un supplément de consommation en 1990 (hors exportation) de 50 terawattheures, grâce à la mise en œuvre de moyens commerciaux, financiers, tarifaires ou paratarifaires dépassant le cadre habituel de l'action commerciale. » Sur ces nouveaux 50 TWh à placer, les deux tiers devaient être absorbés par l'industrie, contre un tiers par les secteurs tertiaire et domestique (interview du président Marcel Boiteux, dans *Les Échos*, 29 juillet 1983 [1]). EDF s'est donc engagée dans la « bataille des 30 TWh industriels », ce qui traduit non pas un bouleversement dans ses efforts commerciaux, mais un renforcement sensible de l'action en direction d'un secteur perçu comme prometteur : l'industrie.

La mobilisation

A lui seul, le vocabulaire utilisé pour évoquer cette action indique bien qu'il s'agit de mobiliser l'Établissement. Il n'est question, à l'époque, que de « positions à conquérir », de « plan d'attaque », de « blindage des troupes », de « stratégie d'attaque », de « positions arrière », et d'autres « avancées », etc. [2].

Il y avait 250 ingénieurs, en 1978, chargés de promouvoir l'électricité dans l'industrie, ils sont 1 000 en 1984, et seraient plus nombreux si les pouvoirs publics autorisaient l'embauche de « renforts ». La direction de la distribution a chargé ses quelque mille chefs de district de contacter directement les artisans et les chefs de PME-PMI de leur région afin de recenser les marchés potentiels. Elle a également demandé aux chefs de subdivision de consacrer 10 % de leur temps, contre 3 à 4 % dans le passé, aux contacts avec les industriels. Dans les régions, on reproduit, d'une manière ou d'une autre, l'expérience d'une

1. Marcel Boiteux, dans cette interview, déclare également : « Nous sommes prêts à apporter une aide financière aux premiers industriels qui se lanceront à la conquête de cette nouvelle électricité, commode, propre et économe en devises, prêts aussi à soutenir les entreprises qui fabriquent des appareils d'utilisation nécessaires. Nous n'excluons pas, le cas échéant, de prendre des participations dans des sociétés qui concourent à ces développements. »

2. Pour une approche en termes similaires, et appliquée à une organisation à bien des égards comparables à EDF (la DGT), cf. Jean AMADO, *L'Appel aux armes*, Les éd. d'Ambroise, 1981, cf. aussi, du même auteur, *L'État et les sociétés nationales*, Paris, Éditions Albatros, 1987.

« opération coup de poing » qui s'est déroulée en 1984-1985 en Normandie, où toute la clientèle a été visitée en dix-huit mois de façon à « classer par ordre hiérarchique les industriels pour organiser un peu l'ordre d'attaque ».

L'effort ne se réduit évidemment pas à un discours martial et à une stratégie quasi militaire, il prend aussi l'allure d'un marketing, relativement classique, qui repose principalement sur deux techniques éventuellement associées. La première s'appuie sur une *politique de références industrielles*, qu'un dirigeant appelle devant nous « l'effet vitrine » ; la seconde passe par des facilités financières qu'EDF accorde aux industriels disposés à s'engager dans le sens souhaité. « Quand vous allez voir un industriel et que vous lui dites : "Vous avez une vieille bécane, là, au fuel, vous devriez passer à l'électricité ; d'ailleurs les meilleurs spécialistes de chez nous, aux Études et Recherches, ont fait des calculs et vous allez gagner de l'argent avec ça", eh bien le gars, il a quand même l'impression de prendre un risque. Alors dans certains cas on lui dit : "Si vous voulez, on paie une partie de l'investissement, ou on vous apporte une garantie. Par exemple, si le rendement n'est pas égal à celui annoncé, on vous paie la différence." Moyennant quoi on arrive ainsi à faire des références. Nous avons actuellement environ cinq cents fiches-références. » Il s'agit donc d'apporter une aide convaincante aux premiers industriels qui, dans leur domaine, acceptent de sauter le pas. Les autres, à qui l'on fait éventuellement visiter l'entreprise pionnière, suivent plus facilement.

Ce type d'action implique le soutien d'une information précise, et c'est ainsi que plusieurs bulletins destinés aux ingénieurs et chefs d'entreprise paraissent désormais régulièrement [3]. Les nouvelles applications de l'électricité y sont décrites ; des chefs d'entreprise (mais aussi parfois des syndicalistes) venant d'adopter des process électriques y sont interviewés, des universitaires consultés, etc. La ligne générale de ces publications consiste à démontrer que les nouveaux process électriques sont autant d'étapes sur le chemin de la modernisation industrielle, que l'efficacité électrique conduira à une meilleure productivité et à une rentabilité accrue. La démarche évite toute brutalité, elle

3. Il existe, lié à EDF, un Centre d'information sur les utilisations de l'électricité dans l'industrie et l'agriculture (CINELI), dont la vocation est de faire connaître la documentation disponible dans les milieux industriels et agricoles.

est nuancée et pédagogique, de manière à convaincre les plus indécis, et l'argumentation n'exclut pas des solutions « bi-énergie » (électricité + fuel, par exemple), pour lesquelles l'investissement et les risques sont moindres. « C'est beaucoup moins révolutionnaire mais l'industriel apprend ainsi sans trop d'à-coups. »

Parmi les mesures destinées à encourager le passage à l'électricité, celles qui concernent les facilités financières sont souvent décisives. Elles peuvent passer par des sociétés régionales — Industelec — qui regroupent des industriels constructeurs, des entrepreneurs, des bureaux d'études et des banquiers, et dont l'objet est d'apporter aux clients industriels des études de faisabilité technique et des propositions en matière financière, « puisque les banquiers sont là. Parce qu'au niveau du financement industriel, c'est le maquis... ». Et dans ce maquis, le contact direct avec les banquiers, appuyé par EDF qui se porte garante de la rentabilité du projet présenté, peut constituer un argument capital [4]. Les propositions financières sont aussi, très souvent, beaucoup plus directes. « Vis-à-vis d'un certain nombre de clients suffisamment importants, nous disons : "Pour le temps de retour de votre investissement pour passer à l'électricité, on vous garantit le prix de l'électricité [...]. Si, par hasard, il y avait une hausse tarifaire, on vous dit tout de suite qu'on ne vous l'appliquera pas. On évoluera comme les prix." Ce qui a un effet important. » Les propositions sont élaborées cas par cas, dans la mesure où il s'agit d'affaires importantes, et en cherchant alors à faire preuve de souplesse et d'imagination, ce qui implique, pour ceux qui négocient, de disposer de degrés de liberté que l'intervention de l'État et la politique générale de l'Établissement tendent, on le sait, à limiter. Notons-le bien : une telle attitude ne vaut que pour un nombre réduit de clients.

Au nom de la modernisation

L'effort d'EDF en direction des entreprises est indissociable d'un discours insistant sur le rôle modernisateur de l'Établis-

4. Sur la collaboration technique et financière d'EDF avec les banques, cf., par exemple, les communications de Jean-Pierre Anselmini, secrétaire général des Agences de France du Crédit lyonnais, de Michel Triouflet, conseiller financier, et d'Albert Robin, directeur général adjoint d'EDF, à la journée d'études : « Financement et technologies. Vers un nouveau partenariat », palais des Congrès de Paris, 20 février 1986.

sement. Telle est même la principale justification de cet effort, supposé contribuer au développement harmonieux de l'économie nationale.

Les procédés liés à l'électricité sont innombrables : « On sait pratiquement tout faire avec l'électricité. » Certaines applications sont récentes (par exemple l'électrochimie organique), la plupart sont connues depuis fort longtemps. « Tous les procédés, du plus simple, la résistance, jusqu'aux rayons ultraviolets, ont en effet déjà été survolés. Tout a été regardé, mais toujours dans une optique soit ancienne, soit sans application industrielle. Il nous faut moderniser et industrialiser les procédés. » Ce n'est donc pas tant l'étendue et la richesse des connaissances scientifiques qui importent que la capacité d'EDF à assurer leur utilisation industrielle, ainsi que les effets socio-économiques qui en découlent.

Dans les entreprises, l'adoption de nouveaux procédés de fabrication, ici à base d'électricité, est indissociable de profondes modifications dans l'organisation du travail. Il n'est pas surprenant que, du côté d'EDF, on se plaise à décrire, avec force exemples, les plus bénéfiques d'entre elles : la disparition de métiers salissants et bruyants ; ou bien, grâce aux automatismes que permet la fiabilité de l'électricité, la suppression de tâches pénibles ou répétitives ; ou encore, avec les procédés de réfrigération ou de chauffage exclusivement électriques, l'étalement, dans l'industrie agro-alimentaire, de travaux jusqu'alors saisonniers, et donc la création de postes à l'année, etc.

Il suffit, au demeurant, de consulter l'abondante documentation publiée par EDF pour se rendre compte de l'étendue des avantages directement induits par l'introduction de nouveaux process électriques.

Mais à ces images positives, comment ne pas adjoindre, voire opposer, celles, plus négatives, qu'une formule de la CFDT, déjà ancienne, résumait en parlant de « dégâts du progrès [5] » ? Et d'abord, comment ne pas évoquer la suppression de postes de travail et les conséquences sur l'emploi ? Dans de très nombreux cas, le passage à des process électriques, que ce soit à cause de l'introduction d'automatismes, de la disparition des tâches de maintenance liées à l'ancienne énergie, ou d'une meilleure dynamique de chaîne obtenue grâce à la grande disponi-

5. CFDT, *Les Dégâts du progrès*, Paris, Seuil, 1977.

bilité et à la régularité de l'électricité, se solde par des possibilités de compressions du personnel — ce qui n'est pas nécessairement un obstacle du point de vue d'EDF, ni même de l'industriel concerné : si « on ne peut pas mettre dans un dossier : "Vous allez pouvoir flanquer cent bonshommes à la porte, je suis le meilleur", tout le monde le sait bien, c'est implicite ».

Le tarif « EJP » (effacement des jours de pointe), qui propose une électricité à moindre prix en dehors des moments ou des périodes de forte consommation, apporte des gratifications importantes à l'industriel. Il a aussi des répercussions sur l'organisation et la marche de l'entreprise qui, sans aller nécessairement jusqu'à des suppressions d'emplois, développera le travail de nuit et modifiera les horaires ou les dates de congés en des termes souvent défavorables aux salariés.

L'évolution qu'induit le passage à un usage accru et renouvelé de l'électricité ne peut être décrite comme une marche régulière vers le progrès — ce qui ne signifie nullement qu'on doit, inversement, l'identifier à des formes renouvelées de domination dans l'entreprise. L'essentiel, ici, est de voir qu'EDF, par son action, introduit, souvent de manière irréversible, de nouvelles donnes qui alimenteront des débats, des conflits et des négociations où en fait elle ne sera pas partie prenante.

Les effets modernisateurs de l'action sont mis en valeur par l'Établissement, ses dégâts, ce qui est normal, passés sous silence ou minimisés, sauf lorsqu'ils peuvent être retournés sous la forme d'un argument commercial qu'il faut simplement éviter de trop souligner ouvertement. Mais dans l'ensemble, EDF ne tient pas à engager de débats de politique économique générale autour des effets de son action en direction de l'industrie, et se cantonne plutôt dans une attitude d'entreprise : « Notre mission, c'est de faire de bonnes propositions, et c'est le client qui choisit. » « Que le kilowattheure de nuit coûte moins cher que le kilowattheure d'hiver et de pointe, c'est un fait. Maintenant, que l'utilisation de cette réalité introduise des faits sociaux importants, c'est sûr, mais cela ne dépend pas de nous. Si un industriel me dit : "Ah oui ! mais vous allez modifier les horaires de travail...", je réponds : "Mais monsieur, faites ce que vous voulez ! Si vous avez des problèmes sociaux graves, vous pouvez essayer de les résoudre de telle ou telle manière. Mais si vous estimez ne pas pouvoir les résoudre, moi, je n'y peux rien. Je ne peux que vous dire : voilà mon kilowattheure." »

Cette attitude s'explique d'autant mieux que ces dimensions de l'action d'EDF n'ont guère fait l'objet de critiques et de conflits, contrairement à son rôle dans la définition de la politique énergétique ou au thème des avantages de son personnel. Les difficultés auxquelles se heurte l'Établissement dans son essor en direction des entreprises industrielles ne prennent pas la forme de tensions et de débats sociaux. La relation est strictement économique, de clients à fournisseur, il n'y a pas de contestation structurée.

Limites et résistances

De nombreux facteurs expliquent les difficultés d'EDF dans ses efforts pour conquérir l'industrie. Certains sont d'ordre économique. Le passage à l'électricité implique fréquemment de lourds investissements, et les industriels hésitent toujours dès que le temps de retour d'amortissement dépasse deux ou trois ans. La réussite du pari commercial d'EDF reposant, en l'occurrence, sur l'investissement des autres, on conçoit bien que s'expriment çà et là, parmi ses dirigeants, un certain agacement, le sentiment, plus précisément, de se heurter à des attitudes irrationnelles. Il y a un décalage entre la stratégie d'un développement inscrit dans la longue durée — vingt ou trente ans — et les critères d'un temps de retour de deux ou trois ans, et à EDF, on est surpris de voir ces critères l'emporter trop souvent sur les préoccupations à long terme, « ce qui est particulièrement choquant du point de vue économique. [...] Nous sommes en présence de gens qui ont des comportements assez différents des nôtres ». Mais ici, contrairement à ce qui était possible face à la contestation antinucléaire, il n'est pas question de rejeter trop vite l'autre, en l'occurrence l'industriel, dans l'irrationnel et le non-sens : on a affaire à un autre rapport au temps, à d'autres contraintes, et à d'autres priorités dans des choix qui n'en relèvent pas moins d'une réelle rationalité.

Les attitudes réticentes peuvent être exacerbées par le jeu des subventions étatiques, qui faussent la concurrence, encore qu'on reconnaisse volontiers, à EDF, que « nous ne sommes pas plus purs que les autres. Nous avons nos subventions pour le chauffage électrique, pour la pompe à chaleur, pour les industriels, etc. ». Mais tout n'est pas technique ou économique dans les résistances des industriels vis-à-vis de l'électricité. Entrent en compte également des craintes liées à la puissance de l'Établissement et à celle de son principal syndicat, la CGT. Le monopole d'EDF, en effet, crée une situation de dépendance dont on s'inquiète : « La puissance d'EDF, note un de ses dirigeants, fait peur au chef d'entreprise. Il se dit : "Au niveau des tarifs, un jour, ils vont faire ce qu'ils voudront avec moi et je vais y laisser la vie de mon entreprise. Je n'y pourrai rien : ce sera le pot de terre contre le pot de fer." » Et surtout, le thème de la grève et de la rupture d'approvisionnement constitue un des principaux sujets d'inquiétude. De nombreux process, en effet, exigent une fourniture d'énergie continue, toute coupure entraînant l'arrêt total de la production et souvent même la détérioration de l'outil de travail et de la production en cours. L'électricité, ici, crée des risques supérieurs à ceux que peuvent faire craindre d'autres énergies, car il n'y a qu'un seul fournisseur et celui-ci, de surcroît, semble dominé par un syndicat capable, au nom des intérêts du personnel, de mener à la ruine des pans entiers de l'économie nationale. « La vision du responsable d'une PME, constate un dirigeant d'EDF, c'est qu'EDF est aux mains de la CGT, que la CGT tient les manettes et que s'il opte pour l'énergie électrique, il va en devenir prisonnier. »

Ainsi, l'essor commercial se heurte à l'obstacle que constitue, de façon peut-être plus mythique que réelle, une CGT perçue du dehors comme un danger économique.

Encore faut-il s'interroger : pouvons-nous maintenir l'idée d'une entreprise moderne, rationnelle, efficace, se heurtant sur le terrain aux vues jugées un peu courtes des chefs d'autres entreprises, et payant, en plus, le prix d'un syndicalisme trop puissant ? Nous savons bien que non, et la rencontre du premier groupe de recherche avec le vice-président de la Confédération générale des petites et moyennes entreprises (cf. chapitre 4) a montré qu'EDF, malgré des atouts considérables, est bien maladroite dans son action commerciale.

Des fournisseurs vulnérables

Le rapport qu'entretient EDF avec certains de ses fournisseurs sort lui aussi du commun. La puissance de l'Établissement, le fait qu'il est seul sur le marché à avoir besoin de certains équipements créent en effet une situation de dépendance pour beaucoup de ceux qui traitent avec lui.

La question est apparue, très classiquement, à l'occasion des grands chantiers qu'ont exigés les programmes hydraulique des années cinquante, puis nucléaire de la fin des années soixante-dix. Chaque chantier, en effet, rassemble pendant deux ou trois ans, et parfois plus, jusqu'à plusieurs milliers de personnes, extérieures à EDF, et appartenant, entre autres, à des entreprises de bâtiment et de travaux publics qui n'ont pas toujours ensuite de quoi les employer. L'importance des travaux en question, le fait aussi qu'EDF n'est pas une entreprise comme les autres font qu'elle est toujours sollicitée de se préoccuper aussi de l'après-chantier, ce qui prend la forme, par exemple, d'engagements de sa part auprès d'autorités régionales ou locales en matière de formation ou d'aides à la création d'emplois [6].

Avec le programme nucléaire, la question a pris une dimension supplémentaire puisque EDF était de surcroît la cheville ouvrière et le promoteur d'une nouvelle industrie, l'industrie nucléaire française.

Or, après la période d'expansion des équipements liés aux centrales nucléaires, les investissements d'EDF, du moins dans ce domaine, se sont considérablement ralentis et une « certaine émotion » est apparue chez de nombreux fournisseurs. Ce ne sont pas seulement les plus importants d'entre eux (Alsthom, Framatome, etc.) qui sont directement touchés par ce fléchissement, mais aussi une multitude de petits industriels spécialisés [7].

---

6. Un exemple est finement analysé par A. BURLAUD, M. RAIMBAULT, J.-M. SAUSSOIS, dans « L'opération Racine. L'espace délégué », in *Approche systémique des relations État-industrie. La relation d'aide*, Paris, Groupe ESCP, juin 1984, p. 155-180. Il s'agit du projet « Racine », élaboré par EDF à l'occasion de la construction, en 1976, de deux tranches nouvelles pour la centrale nucléaire de Chinon. Le projet consistait à utiliser la main-d'œuvre locale et à préparer l'après-chantier (formation, reconversion de la main-d'œuvre) en liaison avec divers acteurs (préfet, directeur départemental de l'ANPE, conseil général, etc.), avec l'idée « que la construction d'une centrale déséquilibre profondément le milieu local et qu'il est donc de la responsabilité d'EDF de lutter contre ce déséquilibre » (p. 163). En fait, l'École des métiers des industries nouvelles, créée dans ce contexte, n'a fonctionné qu'un an, et après avoir conclu un protocole d'accord en 1980, EDF a dû rapidement s'effacer du devant de la scène au profit d'autres intervenants, à commencer par la DATAR.

7. Sur la relation privilégiée d'EDF et de l'industrie électronucléaire, dominée très largement par la CGE et Framatome, cf. Pierre-André MANGOLTE, *La Vie privée des entreprises publiques*, Paris, Éd. ouvrières, 1986, p. 53-55, qui souligne l'interdépendance d'EDF et de ces deux fournisseurs, selon lui « base rationnelle d'une sorte de collusion permanente entre les représentants du service public et les intérêts privés face par exemple aux décisions de l'administration ou du gouvernement » (p. 54). D'où, pour P.-A. Mangolte, la « colère du lobby nucléaire »

« Nous faisons tout pour essayer d'amortir le choc, c'est ce qu'on appelle le "lissage du programme nucléaire". En tenant compte de la baisse des autorisations d'engagement, nous essayons de décaler les mises en service, de manière à ce que dans les usines, un petit peu partout, il n'y ait pas de choc violent. Il y a sur ce point une concertation très étroite entre la direction d'EDF, les régions de la direction de l'Équipement concernées, et les principaux fournisseurs. » Dans cet effort d'aménagement d'un présent incertain, EDF essaie de penser l'avenir des entreprises concernées en les aidant dans la recherche de matériels compétitifs au niveau mondial, et en tentant de leur ouvrir des marchés étrangers, en particulier à travers EDF International. « C'est là une attitude nouvelle que ces fournisseurs n'ont jamais connue de la part d'EDF », note un des promoteurs de cette attitude qui précise : « Il a été clairement dit par notre direction générale qu'à l'exportation notre mission était de faire travailler nos constructeurs [...] ce qui suppose des actions commerciales avec l'étranger, que nous n'avons jamais faites, et qui restent donc à faire. » La création de la société d'ingénierie SOFINEL, dirigée par un responsable d'EDF assisté d'un adjoint venu de Framatome, et qui regroupe plusieurs constructeurs afin de pénétrer les marchés internationaux, peut être interprétée comme une expression de cette volonté. Elle indique nettement qu'au-delà de relations traditionnelles de clients à fournisseurs, EDF considère qu'il est non seulement de son intérêt, mais aussi de sa responsabilité de prendre en charge l'expansion, ou tout au moins d'éviter la récession d'entreprises industrielles auxquelles elle est liée.

Cette attitude n'est pourtant pas dépourvue d'ambiguïté. Elle postule une crise ou une récession qui atteint peut-être certains fournisseurs, mais qui n'est pas généralisée. Ceux-ci n'ont-ils pas eu le temps de suivre l'évolution du programme nucléaire français et de prévoir, après la période de lancement et de développement, celle de son ralentissement ? Ils ont d'autres spécialités que le nucléaire, ou du moins ne doivent s'en prendre qu'à eux-mêmes s'ils ne savent pas faire face à la situation récente. Et surtout, le discours des dirigeants d'EDF, lorsqu'ils parlent

---

lorsqu'en 1983 fut rendu public le « rapport Josèphe », du nom du président d'une commission du IXe Plan, pour laquelle aucun engagement de nouvelles tranches nucléaires n'était nécessaire dans le court et le moyen terme.

de soutenir l'industrie nucléaire, recouvre aussi un problème interne et une tentation. Le problème est celui du maintien, dans l'Établissement même et tout d'abord à la direction de l'Équipement, d'équipes dont les compétences en matière nucléaire sont sous-utilisées ; la tentation est d'aller bien au-delà des missions classiques d'EDF en se lançant dans des activités d'ingénierie ou assimilables. Nous y reviendrons.

Faire faire

Une préoccupation des dirigeants de l'Établissement, nous le savons, est de fixer des limites à l'emprise directe d'EDF sur la vie économique, tout en assurant son développement propre. Il faut veiller à « ne pas donner l'image d'un accroissement sur le corps social. Et on peut aussi nous reprocher, si on n'intervient pas assez dans ce domaine, de ne pas se soucier du corps social et de balancer des kilowattheures comme ça ». Une réponse à ce problème consiste à *faire faire* tout en conservant la maîtrise de l'évolution : « Ne pas faire soi-même, mais faire faire par les autres, avoir un relais où l'on soit conseil », encourager « l'intervention des industriels, des commerçants, des artisans, dans le prolongement de l'action commerciale ». C'est ainsi que la position d'EDF sera « moralement défendable ».

Cette pratique où un certain nombre de professions, artisanales, industrielles, de bureaux d'études, apparaissent comme un relais pour EDF n'est pas nouvelle. Mais elle est désormais de plus en plus conçue comme un élément important de la politique de l'Établissement.

Le partenariat

La conquête du marché des usagers domestiques, tout comme la réussite de la « mutation électrique » des entreprises françaises, dépend en effet en grande partie de toute une série d'intermédiaires qui ont souvent le pouvoir de faire basculer la décision en faveur d'une énergie ou d'une autre.

Ainsi, les installateurs jouent un rôle important dans le système de relations entre EDF et sa clientèle, et on comprend qu'ils soient particulièrement entourés de prévenances par EDF. Des stages de formation sont organisés à leur intention, des journées d'études rassemblent régulièrement pour eux les meilleurs spécialistes d'un problème, des documents sont distribués. Les gros installateurs, tel le CERS (spécialisé dans les grands équipements collectifs), bénéficient souvent directement des innovations mises au point par les ingénieurs d'EDF. Et l'Établissement pourrait certainement obtenir des résultats bien plus spectaculaires en s'associant davantage avec les industriels qui fabriquent du matériel électrique. C'est ce qui apparaît comme la principale conclusion d'une rencontre du premier groupe de recherche avec la représentante d'un groupement professionnel rassemblant certains de ces industriels, et non des moindres. Si son groupement, comme elle dit, a peine à « suivre toutes les promotions » qu'engage EDF, si « on a parfois de la difficulté à accrocher notre petit wagon au gros wagon EDF », il est aussi demandeur de partenariat. Les aides qu'apporte EDF, directes ou indirectes (études, expérimentation, formation, aides financières, etc.), sans mettre en avant l'Établissement, assurent une pénétration élargie de l'électricité au profit de tous, et un des membres du groupe, tirant les leçons de cette référence au partenariat, s'adresse à l'invitée en termes sans équivoque : « Face aux installateurs, on pourrait avancer beaucoup si vous et nous les prenions en fourchette. Il faut les prendre en tenailles ! C'est pour la bonne cause ! »

L'adoption rapide de procédés électriques ou, simplement, leur adaptation aux besoins spécifiques des industriels, impliquent un énorme potentiel de recherche et d'études. Bien qu'étant tout à fait outillée pour intervenir directement, EDF, là aussi, du moins dans cette perspective, préfère s'effacer devant ceux qu'elle tend à considérer comme des partenaires, bureaux d'études, ingénieurs conseils, sociétés d'ingénierie, etc., dont elle encourage le développement.

Un premier argument mis en avant pour justifier cette tendance est qu'EDF ne doit pas outrepasser les limites du rôle de service public qui lui est assigné. On ajoute parfois qu'« EDF a par ailleurs bien assez à faire comme ça ». Mais de telles justifications recouvrent en fait une prudente démarche à long terme qui consiste, comme le dit un dirigeant, à « créer toute une épaisseur » entre les industriels et EDF. Dans le sens même de sa politique générale, il n'est pas bon qu'EDF apparaisse en même temps comme celui qui vend de l'électricité et celui qui pousse à l'équipement électrique. On pourrait en effet lui rétorquer qu'elle agit non pas dans l'intérêt des industriels, ou même celui de la nation, mais en fonction du sien propre et, par exemple, de la nécessité vitale pour elle d'utiliser son parc nucléaire.

Grâce à « l'épaisseur » du tissu d'intermédiaires qu'elle contribue à renforcer, EDF n'apparaît pas directement comme un acteur dirigeant, générant de nouveaux besoins et créant de nouvelles dépendances en fonction de ses seuls intérêts. Elle maintient son action dans le cadre apparent des limites traditionnelles que définit son rôle de service public en fournissant de l'électricité (le meilleur marché possible) à ceux qui lui en auront formulé la demande. Car, contrairement aux agents EDF, les ingénieurs des bureaux d'études indépendants maintiennent un statut « neutre » de pure compétence auprès des clients. « Si je prends ces ingénieurs conseils que l'on a formés, ils peuvent proposer ce qu'ils veulent : électricité, charbon ou fuel... Les industriels n'ont donc pas de raison de se méfier. » Le choix électrique se débarrasse ici de toute suspicion liée à une vision partisane ou idéologique d'EDF pour se charger de tout le poids d'une rationalité scientifique, technique et économique.

Les mesures d'aide à ces partenaires sont multiples et à la hauteur de l'enjeu. L'une des plus spectaculaires est peut-être l'opération « Ampère 82 » : EDF a créé une association où les bureaux d'études concernés par les process électriques étaient assurés, pendant plusieurs années, d'avoir le concours gratuit d'ingénieurs EDF pour faire élaborer des projets. Parallèlement, des groupes d'intérêt économique ont pour mission de répercuter les nouvelles connaissances en direction des bureaux d'études propres aux entreprises ; les contacts sont également étroits avec la Chambre des ingénieurs conseils de France. « Il faut bien leur expliquer ce que nous voulons, et d'autre part, leur faire comprendre que c'est autant leur avantage que le nôtre : nos intérêts deviennent communs. »

Il faut souligner nettement la façon dont EDF conçoit son rôle d'acteur dirigeant : « Laisser à des acteurs décentralisés le soin de veiller à leur propre existence, à leur propre volonté, à la diversification et à leur adaptation. » Il ne s'agit pas pour elle d'occuper massivement tout l'espace que ses compétences et ses moyens lui permettent de maîtriser mais, bien davantage, de marquer les limites de ses activités propres et d'encourager le développement plus ou moins autonome d'acteurs économiques sur lesquels, indirectement, elle peut exercer une certaine pression et bénéficie d'une réelle autorité.

Mais s'agit-il bien toujours de se comporter en puissance tutélaire vis-à-vis d'autres acteurs économiques qui, en retour, apportent à l'Établissement les conditions de son propre développement ? Pouvons-nous nous en tenir à l'image somme toute harmonieuse de relations où tout le monde trouve son compte, EDF comme ses divers partenaires ?

Tensions

S'il est exact qu'il existe un réseau dense et complexe de relations, directes et indirectes, dans lesquelles EDF intervient sans occuper nécessairement ou visiblement un rôle de leadership, s'il faut effectivement parler d'un « système formé avec les constructeurs, les installateurs, les revendeurs, les bureaux d'études, etc. » et non pas de la seule EDF, il convient aussi d'ajouter que la notion de partenariat atteint vite ses limites. Celles-ci sont de deux ordres puisqu'elles sont dessinées d'une part par les « partenaires » de l'Établissement, et d'autre part par des exigences internes et la définition de sa mission.

La rencontre du deuxième groupe de notre recherche avec le président, en fin de mandat, le futur président et un ingénieur d'une importante chambre syndicale d'entreprises d'équipement électrique est l'occasion, précisément, de faire apparaître les tensions qui rendent contestable l'image d'une relation harmonieuse entre EDF et ses « partenaires ».

Les responsables de cette chambre syndicale ont des problèmes précis et expriment, sur un ton ferme et mesuré, un certain nombre de griefs à l'encontre d'EDF : ce « colosse qui écrase », en effet, n'hésite pas, si tel est son intérêt, à se comporter de façon brutale et arbitraire ; quand il lui faut s'appuyer sur les entreprises d'électricité pour développer par exemple tel ou tel type d'installation nouvelle, EDF sait s'adresser à elles ; mais quand la conjoncture change et qu'il devient plus rentable pour EDF de court-circuiter les mêmes entreprises, elle ne s'embarrasse pas de scrupules.

Les reproches portent aussi sur le manque de respect d'EDF qui, du fait de sa puissance et de son monopole, omet fréquemment d'informer en temps voulu ses partenaires électriciens et ne pratique qu'épisodiquement la concertation promise.

Les dirigeants d'EDF ont de nombreux arguments à faire valoir en réponse : les entreprises d'électricité, souvent petites, manquent de dynamisme et « laissent en friche une grande part du marché », seule l'intervention d'EDF permet d'aller de l'avant ; elles sont peu capables d'innovation, et toutes ne sont pas d'une moralité exemplaire. EDF leur apporte un formidable potentiel de moyens, ne serait-ce qu'en termes d'études, et souhaiterait qu'elles soient davantage « à la hauteur ». Enfin et surtout, l'intérêt d'EDF, est-il expliqué, est de renforcer les installateurs et autres intermédiaires.

Ce débat exprime d'abord une situation de relative dépendance, et indique que, derrière le partenariat, il y a une relation de pouvoir. Cette dernière est peu conflictuelle et, en général, un équilibre existe, dont les « partenaires » se satisfont. Mais plus la conjoncture économique est difficile pour EDF et plus elle est tentée d'empiéter sur les domaines qui sont classiquement ceux de ses partenaires.

Cette attitude est d'autant plus nette que la culture générale de l'Établissement l'encourage. Pourquoi laisser agir d'autres entreprises alors qu'on a le savoir-faire, les hommes, les moyens, et qu'il convient de pallier un ralentissement général d'activité ? « Il y a des réticences dans cette maison parce qu'elle a beaucoup plus confiance en elle-même que dans les autres. [...] Beaucoup de gens de chez nous disent que ce serait tellement mieux si on le faisait nous-mêmes. » Ces « réticences » facilitent les tendances à penser, et parfois à pratiquer, une certaine diversification, c'est-à-dire l'engagement dans des activités nouvelles de conseil, de bureaux d'études, de commercialisation du savoir-faire et pas seulement du produit de l'entreprise, l'électricité.

Ainsi le thème du partenariat entre-t-il en conflit plus qu'en complémentarité avec celui de la diversification. Le premier implique qu'EDF favorise la constitution d'un épais tissu d'intermédiaires, le second, à l'inverse, qu'elle conçoive sa mission en des termes élargis, se substituant à divers autres acteurs, au moins partiellement, ou entrant en concurrence avec eux.

Le partenariat constitue un prolongement direct de l'action commerciale, qui permet à EDF de promouvoir l'électricité sans apparaître en première ligne ni susciter les reproches classiques de la toute-puissance. La diversification est une expression déstructurée et renversée de la logique technocratique qui, n'ayant plus à s'employer faute de grands programmes à mettre en œuvre, se réinvestit là où la compétence de l'Établissement peut être utilisée, même si c'est pour sortir des attributions habituelles d'un producteur et distributeur d'électricité. L'intérêt d'EDF la pousse plutôt vers le partenariat, qui peut lui-même constituer un facteur général de modernisation dans divers secteurs (constructeurs d'appareils électriques, revendeurs, installateurs, électriciens, bureaux d'études, etc.). La nécessité la déporte parfois vers la diversification.

Profil bas

« Quand nous distribuons 50, 60, 70 % avec le gaz, de l'énergie en France, nous devenons un corps bien trop gros pour que le pays tolère que nous ayons une logique d'acteur. Nous risquons d'imploser ou d'exploser. Il n'y a qu'une façon de s'en sortir : être tellement souple et tellement adaptable qu'il n'y ait pas à notre encontre des critiques du type : vous êtes un acteur autonome pesant trop sur la société. » Qu'il s'agisse de leur relation aux pouvoirs publics ou du développement d'une logique d'action tournée de plus en plus vers l'extérieur, la nécessité d'adopter un *profil bas* apparaît comme une exigence croissante dans le discours des dirigeants d'EDF.

Ceux-ci, en effet, ont la plus vive conscience d'un décalage qui s'est instauré entre l'image qu'ils ont d'eux-mêmes et de leur action — rationnelle, modernisatrice, efficace, tournée vers l'intérêt collectif — et l'image extérieure de l'Établissement. « Tant que nous avons distribué du kilowattheure à des gens qui le demandaient, il n'y avait aucun problème. Ensuite, nous sommes rentrés au ban des fournisseurs. On a voulu parler un langage de grandeur à des gens qui, au fond, n'étaient rien que des consommateurs. » Longtemps, le monde fermé d'EDF pouvait parler sa propre langue technique ; celle-ci ne « passe pas [...], cette manière langagière nous a rendus très impopulaires. Même si nous avons raison au plan scientifique, il y a la manière de présenter les choses ».

Si les critiques auxquelles les dirigeants d'EDF sont désormais habitués — constituer un État dans l'État, ou imposer leurs propres conceptions en matière de politique énergétique — leur semblent injustes, ils ont au contraire la conviction d'avoir toujours été « très déférents, très obéissants » vis-à-vis de l'État. Mais puisque constamment on les soupçonne, on les jalouse, on s'en méfie, quand on ne manifeste pas directement une hostilité qui s'exprime jusqu'aux sommets de l'État, il vaut mieux non seulement être discipliné, mais aussi s'appliquer à moins d'arrogance et plus de souplesse et de modestie. « Je me suis surpris l'autre jour, raconte un dirigeant, à ne pas accepter, dans une réunion, qu'on mette en doute ce qu'on avance. On a souvent raison mais on n'a pas toujours raison. Et même si on a raison, ce n'est pas une raison pour le dire. »

On le sent bien, cette attitude nouvelle que certains cherchent à promouvoir est fondamentalement instrumentale, elle répond au projet de développer une relation qui apparaisse le moins possible comme inégalitaire et permette d'assurer dans les meilleures conditions l'expansion de la consommation d'électricité. « Nous sommes conduits à aller vers le client avec cette dose d'humilité qui n'est plus celle de la puissance publique toute-puissante... mais celle d'une autre attitude... » Il s'agit désormais de convaincre, de démontrer et de ne jamais imposer ou donner l'impression d'imposer — « Notre rôle est de dire : vous feriez bien de réfléchir à l'électricité »... « Il faut se débarrasser d'attitudes traditionnelles ; pour le moment, on en fait encore un peu trop du style : ça y est, EDF vous l'apporte, EDF le sauveur ! »... « Le client, désormais, doit être mis en position de choisir, il faut l'éclairer, l'informer, l'orienter, l'aider sans attitude impérialiste. »

Il faut également, aujourd'hui, savoir qu'une certaine brutalité n'est plus de mise. Ainsi, à propos d'un regroupement de chefs d'entreprise qui exige de payer les factures d'électricité à soixante jours et envisage de passer à l'acte unilatéralement, on explique que, dans cette hypothèse, « il y a dix ans, sans hésiter, on aurait coupé le courant. Aujourd'hui, on prend ça avec plus de diplomatie et de souplesse [...]. Si on est trop dur avec eux, ils vont se dédomicilier et considérer qu'EDF est toujours l'État dans l'État ». EDF doit résister d'elle-même à sa tendance à tout prendre en charge. Il lui faut apprendre à faire confiance à d'autres, à ne pas empiéter sur des domaines où elle a pourtant la conviction d'être mieux armée, plus compétente.

Bref, il s'agit de cultiver une image positive auprès du grand public. « Il y a un gros risque, celui d'apparaître comme une grosse puissance. Et les grosses puissances, ce n'est jamais bien sympathique. C'est pourquoi nous disons à nos gens qu'il faut soigner plus que jamais notre contact avec le public. Et ne jamais donner une impression de puissance, toujours mettre en avant qu'on est à la disposition du public. » Dès qu'EDF intervient, elle inquiète — « les gens se sentent en situation de dépendance automatiquement » — et, à l'image d'une forte domination, d'une emprise inquiétante — « la pénétration de l'électricité est telle que sa coupure devient tout à fait intolérable » —, les dirigeants d'EDF entendent substituer, comme dit une campagne de notoriété déjà évoquée, celle d'hommes au service des hommes. Il faut rassurer, montrer qu'EDF n'est pas un État dans l'État, et en même temps présenter des garanties d'efficacité seules à même d'enrayer des contestations orchestrées sur la peur — peur de l'accident, peur, aussi, de la panne, comme celle du 19 décembre 1978 où nous savons que le réseau, tel un château de cartes, s'est effondré en quelques instants.

La convergence de tous ces efforts — vis-à-vis des pouvoirs publics, des clients industriels, des consommateurs particuliers, et de l'opinion publique — aboutit à un profil bas qui vise à aplanir les conflits ou les tensions et à les installer en deçà d'un seuil où ils mettraient en cause le développement de l'Établissement. D'où aussi l'effort pour trouver un « langage du style grand public », qui rompe avec les pratiques habituelles de ce monde d'ingénieurs.

Mais n'est-il pas frustrant de chercher ainsi « à se faire petit au fur et à mesure que l'électricité grandit dans la maison France » ? Dans cette entreprise si fière d'elle-même et de ses réalisations et où il n'est question, désormais, que de mobiliser le personnel, en commençant par l'encadrement, il est contradictoire d'attendre un « profil bas », qui interdit de se présenter comme une figure active du progrès. C'est lancer une injonction paradoxale que de demander aux agents tout à la fois d'être « motivés », de « foncer », tout en évitant les « remous » ou une trop grande visibilité : « Si on ne veut pas qu'EDF devienne IDF — Industrie de France —, il faut faire attention. Faire avec les autres, susciter, sans apparaître. Et là, la mentalité EDF risque d'être un frein à cette démarche pourtant indispensable. »

Il y a donc tension entre l'exigence du « profil bas » et la conscience fière du personnel, et surtout de la direction de l'Établissement. Cette tension est faible lorsque la situation économique est favorable ; elle s'exacerbe lorsqu'une logique technocratique l'emporte, dans laquelle l'acteur s'identifie avant tout à la raison, à l'expertise et à des compétences dont il a le monopole. Elle s'exacerbe aussi lorsqu'il s'agit de mobiliser l'ensemble du personnel et d'en appeler à sa capacité de répondre à de grands défis.

8

Au-delà de la logique technocratique

Tout au long des chapitres précédents, nous avons rencontré de nombreuses indications qui toutes convergent pour suggérer l'épuisement ou, tout au moins, la crise de la logique technocratique.

La déstructuration de la contestation antinucléaire, déjà, appelle qu'on applique une hypothèse symétrique à ce à quoi elle s'opposait. La logique à partir de laquelle EDF s'est montrée capable d'imposer ses conceptions et de peser lourdement sur l'élaboration de la politique énergétique nationale n'est-elle pas aussi aujourd'hui en cours de décomposition ? La pratique renforcée du partenariat, les tendances à sortir du champ spécifique de l'Établissement, le souci d'adopter le plus possible un profil bas ne nous ont-ils pas déjà indiqué l'existence de tendances à l'affaiblissement de la logique qui domina les années soixante-dix ?

Le refus

Les dirigeants d'EDF, au milieu des années quatre-vingt, sont-ils toujours animés par une logique autonome de type technocratique ?

Avec cette question, nous parvenons au cœur de notre recherche. Les deux groupes de dirigeants avec lesquels nous avons travaillé, en effet, n'ont pas seulement été invités à se comporter en acteurs rencontrant d'autres acteurs et débattant avec eux de ce qui les oppose ou de ce qui les rapproche. Ils ont aussi, à l'issue d'une série de rencontres avec des interlocuteurs, opéré un mouvement les menant vers l'analyse, ils se sont engagés dans un processus de réflexion sur leur action.

Très concrètement, ce processus est passé par une intervention bien plus forte qu'auparavant de la part des chercheurs, qui ont présenté, dans chaque groupe, des hypothèses, des raisonnements sur l'action des dirigeants d'EDF. Lorsqu'un groupe accepte les idées des chercheurs, quitte à les amender ou à les reformuler, et, surtout, qu'il les fait siennes jusqu'à s'en servir pour lire la réalité de ses pratiques ou l'histoire de l'Établissement, on peut considérer que les propositions des chercheurs sont pertinentes. A l'inverse, lorsque l'analyse est rejetée par le groupe, qui s'en désintéresse ou la conteste de manière argumentée, lorsque les chercheurs échouent à la faire partager par le groupe, on peut penser qu'elle ne rend pas compte des problèmes dont elle traite [1].

Dans chaque groupe, bien des idées, intégrées dans un raisonnement général, ont ainsi été débattues. La plus importante est celle qui renvoie à l'hypothèse d'une logique technocratique ou, pour reprendre une expression souvent utilisée dans la recherche, structurante. Les résultats étant semblables pour les deux groupes, nous présenterons simplement, en détail, la façon dont ils ont été acquis par le premier d'entre eux.

Au-delà d'une logique industrielle, au-delà même d'une logique commerciale, n'est-ce pas une logique technocratique qui anime les dirigeants d'EDF ? Telle est la proposition que développent les chercheurs, qui demandent au groupe de s'y reconnaître. Admettre qu'on est porteur d'une telle logique, c'est reconnaître qu'au nom de compétences technologiques et économiques on structure à bien des égards la vie du pays, les modes de production, les besoins, la consommation. C'est aussi reconnaître que la logique commerciale n'est désormais qu'un prolongement ou une conséquence nécessaire de la logique technocratique.

Les chercheurs présentent avec force détails et illustrations l'image de cette logique. Ils reprennent, pour ce faire, nombre d'éléments des réunions antérieures : EDF pèse lourdement sur

1. Sur ces questions de méthode, rappelons qu'une annexe est incluse à la fin du livre.

le marché financier, modèle la vie industrielle directement ou indirectement, invente ou suggère de nouveaux besoins, comme le chauffage électrique, influe sur la vie locale, sur l'emploi, sur l'éducation, détermine d'importantes décisions gouvernementales...

D'emblée, dans le groupe, on réagit à cette présentation : « Mais c'est une conséquence et non pas un but recherché. » Tel participant, qui trouve juste cette image, considère qu'elle n'a rien de spécifique : « Si vous prenez Renault ou Citroën, ils influent sur les comportements, sur la vie locale [...], les grandes surfaces, vous ne croyez pas que c'est structurant, ça aussi ? » « Et la carte bleue, le crédit ? », ajoute un autre. Deux types de réponses s'opposent ainsi, très nettement, aux propositions des chercheurs. La première consiste à voir dans l'impact d'EDF sur la vie sociale une conséquence d'une logique qui n'est pas délibérée, la seconde à rejeter l'idée d'une spécificité de l'Établissement, qui se comporterait comme n'importe quelle grande entreprise. Ni dans un cas ni dans l'autre, on n'accepte donc de s'identifier à la thèse d'une logique technocratique.

Les chercheurs résistent à ce rejet de leurs propositions. Ils demandent au groupe de reconnaître que c'est au nom d'une certaine conception du progrès et de la rationalité qu'EDF peut prétendre avoir un rôle décisif dans le développement du pays. Ils s'indignent : « Vous n'êtes pas que des marchands d'électricité, comme d'autres sont marchands de chaussures, vous avez plus d'ambition ! » Pourtant, la résistance ne fait que s'accroître. Certes, le « gazier de service » reconnaît, à propos de GDF, qu'« on cherche une justification qui fasse de nous plus qu'un marchand de gaz », et on note que, souvent, « on cherche à apporter un plus ». Mais tout en acceptant l'image d'une forte emprise d'EDF sur la société, on maintient qu'elle s'explique par la taille de l'entreprise et qu'il ne s'agit nullement « d'orienter la vie de la collectivité sur une route que nous aurions préalablement tracée ». Les chercheurs continuent à défendre leur point de vue, et quelques remarques des uns ou des autres semblent aller un moment dans leur sens. Un participant reconnaît qu'il arrive « qu'on déborde largement de notre cadre. Par exemple, on tient compte de l'après-chantier des centrales », et il explique qu'EDF a des comportements différents de ceux des « pétroliers ». Un autre indique qu'EDF exerce souvent un rôle pilote et constitue alors « un peu le moteur dans ce qui devient ensuite une réglementation », un troisième fait part du souci constant d'EDF de « tenir compte des tissus locaux ».

Mais s'agit-il vraiment d'une logique d'acteur identifiée à une volonté technocratique, au sens où l'ont présentée les chercheurs ? En fait, le groupe y voit plutôt le souci d'éviter les vagues, « d'intégrer nos gens à la vie communale », d'aider des régions ou des communes démunies ou menacées par les effets des décisions d'EDF et, en définitive, d'être « ce que le public voudra », en en suivant les demandes. D'ailleurs, les chercheurs ne disent « rien de plus que les textes de la nationalisation : service public, logique structurante à caractère industriel et commercial ». Et celui des participants qui a le mieux compris l'idée qui anime les chercheurs est peut-être aussi celui qui en exprime le mieux le rejet : la logique technocratique est tout le contraire d'une ambition acceptable, elle est assortie du risque « de se constituer en technostructure, de se substituer à l'élite politique dans les choix, de les influencer grandement en se mettant en situation de lobbying ». Il refuse, reprenant un mot du président Boiteux, « l'électro-fascisme » qui mène à « aller au-delà de notre mission propre ».

Le groupe a donc résisté, dans l'ensemble, à l'hypothèse des chercheurs et la séance se conclut sur l'image d'EDF développant une « volonté industrielle de faire au plus bas coût » et d'une « volonté commerciale d'apporter un produit nouveau ».

Les chercheurs acceptent difficilement cet échec, et avant d'en tirer les leçons, ils se lancent dans une seconde tentative.

Ils expliquent ce qu'est pour eux un acteur technocratique, dans le monde moderne : il dirige, dans son domaine, l'accumulation et l'investissement, s'appuyant sur la recherche, la science, la technologie ; il élabore l'image du progrès et de la modernité ; il propose ses propres critères de rationalité et de réflexion. N'y a-t-il pas là, précisément, un ensemble d'éléments dans lesquels le groupe pourrait se reconnaître ? Une fois de plus, on refuse d'y voir une spécificité d'EDF : ce que disent les chercheurs vaut pour « n'importe quelle entreprise ». Il y a peut-être simplement un « pouvoir d'influence par le poids », qui oblige à se sentir responsable ; un participant se dit « d'accord avec les résultats de l'analyse », mais se démarque considérablement des chercheurs : « Pour vous, c'est un but en soi, pour nous, c'est le corollaire de tout le reste », et un autre, lui aussi, reconnaît que l'action d'EDF « a un effet structurant sur la société. Mais si vous dites : vous devez donc devenir un des moteurs du pays, je dis que je ne suis pas d'accord ».

Bref, les chercheurs vont « trop loin », et s'il arrive qu'EDF « se substitue au politique pour dire ce qu'est l'intérêt général », c'est tout simplement « qu'on est plus compétent dans notre domaine ». D'ailleurs, il ne faudrait pas exagérer le poids politique d'EDF : « L'État est quand même là pour confirmer ou orienter certaines choses, par exemple le nucléaire et la politique commerciale. » On met en cause l'image d'un monopole d'EDF en matière d'expertise, on rappelle qu'un interlocuteur de la direction du Trésor, reçu quelques semaines auparavant, « sait parfaitement utiliser les outils de calcul ». On reproche aux chercheurs de n'être pas assez « sensibles à notre discours qui s'adresse à la clientèle », d'avoir « une vision un peu passéiste de notre entreprise », de ne pas voir que la notion de client prend le dessus sur celle de service public, et la séance se conclut autour d'une image : celle de l'action commerciale déterminant de plus en plus l'action des dirigeants de l'Établissement.

Ainsi, à deux reprises, et malgré des interventions nombreuses et déterminées de la part des chercheurs, les dirigeants qui constituent le groupe de recherche, tout en acceptant l'image d'effets multiples d'EDF sur la vie sociale, refusent de voir dans une logique technocratique le moteur de son action. Ce rejet est suffisamment net pour qu'on puisse en tirer une conclusion importante.

Le groupe ne souhaite pas être identifié à la politique énergétique, il se vit comme porteur d'une logique d'entreprise et résiste à l'idée de diriger, volontairement, le développement économique du pays dans son domaine de compétence, l'énergie. Pour lui, être un acteur autonome ne consiste donc pas à se hisser d'une logique particulière d'entreprise à une logique plus large, politique, ou, comme il est dit, de technostructure. Mais en même temps, il reconnaît, sans hésiter, que son action, en dehors de tout projet ou de toute volonté, structure la société. Son action autonome est délibérée aussi longtemps qu'elle relève d'une logique commerciale, elle cesse ensuite de correspondre à un projet ou une visée générale.

Retour à l'idée de logique structurante

Trois mois plus tard, une journée de travail qui devait en principe conclure cette phase de la recherche était consacrée à l'examen, par le même groupe, d'une version provisoire de ce texte. D'ordinaire, ce type de rencontre finale est l'occasion d'assurer, dans l'« illusion groupale [2] » et la fusion festive, la liquidation harmonieuse d'une expérience commune bien plus que la poursuite de l'analyse et de la recherche. Pourtant ici, après quelques remarques relativement superficielles, le groupe reprend le fil de sa réflexion et produit un nouvel effort d'analyse.

Le travail du temps

Dans un premier temps, le groupe revient sur les acquis de la recherche, et surtout sur le thème de la logique technocratique. Les chercheurs ont-ils vraiment échoué ? Faut-il bien écarter définitivement l'idée qu'au cœur de leur action les dirigeants de l'Établissement puissent placer un projet ou une volonté de structurer et diriger la culture et la vie sociale ? Le premier à revenir nettement sur ce thème le fait sur un mode interrogatif : « On n'est pas d'accord avec vous sur cette logique. Mais c'est peut-être vous qui avez raison. » Les chercheurs encouragent le groupe à approfondir la question et défendent à nouveau cette idée qui avait été repoussée à deux reprises. A son tour, un autre participant intervient : « On a repoussé la logique structurante en se disant : ce n'est pas notre rôle, et on s'est raccroché à la logique commerciale qui nous semblait effectivement être du ressort de nos établissements. On a repoussé votre hypothèse peut-être parce qu'inconsciemment on sentait que ce n'était pas bien de le faire. » Un troisième membre du groupe fait part de ce qui fut pour lui une découverte liée à la recherche : « Je me demande si on n'a pas en même temps pris conscience qu'on structurait peut-être plus que ce qu'on imaginait », et les chercheurs s'efforcent alors d'obtenir du groupe, jusque-là opposé à cette image, qu'il la réexamine. Mais

2. Cf. Didier ANZIEU et *al.*, *Le Travail psychanalytique des groupes*, Paris, Dunod, 1976, et, du même auteur, « L'illusion groupale », in *Nouvelle Revue de psychanalyse*, n° 4, 1971, p. 73-93.

aussitôt montent en force des objections qui avaient déjà été formulées. On rappelle que toute action, « dès qu'on exerce la moindre responsabilité », structure la société, et on reproche aux chercheurs de culpabiliser les dirigeants d'EDF, « de nous dire, c'est pas bien de structurer la société, c'est mal. Et vous le faites sans le savoir, c'est grave, hein ! ». S'exprime l'idée que c'est l'État, le pouvoir politique qui structurent la société et qu'EDF n'est qu'un instrument. Mais cette fois-ci, une brèche s'est ouverte dans le groupe, dont certains membres précisent le retournement qu'ils sont en train d'opérer. D'une part, un participant explique que le calcul économique, la théorie du coût marginal et la tarification sont, de façon très « intellectualisée, structurants et volontaires ».

D'autre part, deux participants, très longuement, introduisent une idée nouvelle : il existe bien à EDF une logique technocratique, mais elle s'exerce à un autre niveau que celui des membres du groupe, à celui d'une des deux principales « têtes » de la « maison » : « On a deux caractères à la tête de l'Établissement, explique-t-on, Boiteux *[alors président]* avec la vocation structurante et Guilhamon *[alors directeur général]* avec l'entreprise industrielle et commerciale. Et le groupe a repris ce deuxième aspect à son compte et refusé, en quelque sorte, de légitimer le premier. » On n'est donc pas étranger à la logique technocratique, et on s'en explique, s'écartant un moment de ce qui fut une constante dans la recherche, où « on a cherché à mettre cette logique dans l'ombre, en demi-teinte » : quand tel participant construit une ligne haute tension, il y voit un défi, la nécessité d'utiliser des arguments « qui peuvent être, à la limite, fallacieux » — l'intérêt national, l'indépendance énergétique. Il veut maintenant « aller jusqu'au bout. Si on n'a pas de rôle structurant, il faut dire aux pouvoirs publics : on pense qu'on a besoin de cette ligne mais débrouillez-vous, ce n'est pas à moi d'aller défendre ce projet vis-à-vis des élus locaux, etc. ; sur le terrain [...] on dit : c'est la tutelle qui présente les dossiers. Mais ce n'est pas vrai ! C'est nous, EDF, qui allons sur le terrain, qui allons convaincre. On se substitue quand même aux pouvoirs publics ». Et il conclut : « Je ne peux pas séparer mon action d'orientations générales. On ne peut pas se séparer de ce rôle structurant. C'est trop facile ! »

Ces propos sont ceux qui vont le plus loin dans le sens des chercheurs, qui avaient cru devoir abandonner complètement l'hypothèse d'une logique technocratique. Le groupe avait trois mois plus tôt résisté fortement à cette hypothèse, et la brutalité même de son rejet non seulement a été perçue par lui, mais aussi a constitué une source d'interrogations qui montre qu'avec le temps, nourrie par la lecture du rapport intermédiaire et stimulée par l'intervention renouvelée des chercheurs, la réflexion sur ce thème a pu se prolonger et se transformer. Dans le groupe, plusieurs participants reconnaissent maintenant, avec certes d'énormes réserves, la pertinence de cette notion. Ils ne sont pas majoritaires mais le groupe, indirectement et là encore de façon très limitée, va pourtant aller plus loin et reprendre partiellement à son compte cette hypothèse.

L'utilité d'une hypothèse

On entre ici dans le deuxième temps de cette séance, avec maintenant une démarche qui consiste à *lire l'histoire des dirigeants d'EDF à la lumière des résultats de la recherche.* Tenant compte des diverses remarques qui viennent d'être formulées, les chercheurs proposent en effet un raisonnement historique : N'y a-t-il pas eu, dans les années 1975-1980, une très forte identification des cadres supérieurs à cette logique technocratique qui aurait, ensuite, cessé d'informer massivement leurs conduites ? Au plus fort de la contestation antinucléaire, bien des dirigeants d'EDF ont défendu le programme électronucléaire au nom de l'intérêt national, alors qu'aujourd'hui le problème est pour eux, bien davantage, de vendre des kilowattheures.

Certes, comme on le rappelle, la contestation s'appuyait largement sur la peur et les dangers pour l'écologie, elle s'en prenait à une technologie plus qu'à ceux qui la mettaient en œuvre, et c'est cette technologie, disent les uns et les autres, qu'il a fallu défendre, sans avoir à adhérer nécessairement au programme proprement dit. Mais en fin de compte, le groupe considère qu'il y a bien eu deux périodes : « En 1973-1979, notre principal souci, et même dans la Distribution, et on nous le demandait, était de faire passer le programme nucléaire, d'aller voir les députés, etc. On ne parlait pas de commerce, surtout pas ! Puis en 1980-1981, ça a changé, ce sont le commerce, la gestion puis la rigueur, qui sont arrivés. »

Ainsi s'impose désormais l'image de deux logiques d'action autonomes, l'une d'entreprise et avant tout commerciale, prédominante aujourd'hui, l'autre technocratique ou structurante, beaucoup plus forte dans les années soixante-dix.

La recherche, en fin de compte, constitue un véritable test, puisque l'image d'une logique technocratique, distincte d'une logique commerciale, est non seulement acceptée, mais utilisée pour lire l'action.

Cette lecture s'est opérée de deux façons. D'une part, elle a permis de marquer une différence entre les deux « têtes » de l'Établissement, chacune identifiée à une des deux logiques, ce qui indique qu'aucune des deux n'exerce une emprise absolue ; d'autre part, elle a permis de procéder à une esquisse de lecture historique confirmant l'affaiblissement de la logique technocratique.

Celle-ci avait été entièrement escamotée ou refusée trois mois plus tôt : elle a resurgi, ce qui indique qu'elle était plus refoulée que rejetée. Mais même assumée pleinement, dans le climat de confiance et de volonté d'aller au plus loin dans l'analyse qui est celui de la recherche, jamais elle n'occupe une position centrale, et encore moins hégémonique. C'est pourquoi certains aspects de l'action des dirigeants d'EDF, et plus précisément certaines dérives, doivent être analysés comme l'expression dégradée et déstructurée d'une logique technocratique. Mais avant de nous livrer à cette analyse, peut-être faut-il répondre à une objection de méthode : les dirigeants avec qui a été menée la recherche ne sont pas les numéros un ou deux de l'Établissement. Et même, ils n'appartiennent pas à ce que Bauer et Cohen ont appelé le « gouvernement privé » de l'entreprise [3], ce noyau de cinq ou six personnes qui y exercent le pouvoir. Dès lors, nos résultats ne sont-ils pas contestables, valables à un certain niveau hiérarchique, mais pas à celui du pouvoir le plus élevé ?

L'objection, en fait, est levée, du moins en bonne part, dans la recherche elle-même par les participants qui insistent sur l'absence de rupture ou de décrochage entre eux et la direction générale : « Quand il y a une décision, on y va, toujours avec la conviction que ce qu'on nous demande de faire est bien », et s'il subsiste une culture EDF, c'est bien dans ce « sens de l'obéissance » qu'on l'observe et qui fait que « nous ne sommes pas rebelles ». La question est même plutôt celle du coût,

3. Michel BAUER, Élie COHEN, *op. cit.*

pour un cadre dirigeant, de sa très grande identification à l'Établissement : « Chez Leroy-Sommer, si je pense qu'une décision est une bêtise, je vais ailleurs », alors qu'ici « on est prisonnier de l'entreprise », et on sait qu'on y passera toute sa vie professionnelle.

Des fins et des moyens

L'hypothèse d'une crise de la logique technocratique est validée si l'on considère les tendances récentes de l'Établissement à diversifier ses activités pour utiliser à plein son parc de centrales et éviter la sous-activité des équipes formées dans la phase de développement du programme nucléaire.

Dérives

Constamment, les dirigeants d'EDF évoquent des situations où ils sont amenés à intervenir bien au-delà de leur rôle théorique, se substituant à d'autres acteurs économiques ou politiques. Est-ce à EDF, par exemple, de concevoir et de mettre en place un plan économique d'emploi et de formation dans une région où d'importantes installations électriques vont être déclassées ? A-t-elle véritablement vocation à mener des études qui, ensuite, serviront de support à des décisions politiques, comme on le voit couramment sur le terrain, lorsque EDF est la cheville ouvrière de réunions où sa compétence fait qu'en réalité elle décide à la place d'un conseil municipal, voire régional ?

Les esquisses de dérive prennent deux formes principales. D'une part EDF, au lieu de chercher simplement à fournir de l'électricité dans les meilleures conditions de coût et de revient, utilise sa puissance et ses moyens au service du développement d'autres qu'elle-même, collectivités locales débordées ou en difficulté par exemple. Son intervention s'opère alors non plus au nom d'une logique qui lui est propre, mais en celui d'une responsabilité plus générale qui l'amène à mettre ses ressources à la disposition de la collectivité. D'autre part, l'Établissement sort de son rôle traditionnel pour proposer un produit autre, ou plus sophistiqué, que l'électricité. Il peut s'agir, bien plus que de distribuer de l'énergie, d'« induire un nouvel art de vivre, un nouvel art de bâtir, d'équiper, de produire », avec le plus souvent le souci d'assurer avant tout le développement de l'Établissement. C'est ainsi qu'on se demande, dans nos groupes de recherche, si on n'a pas « raté le passage dans le domestique. On a vendu des kilowattheures alors qu'on avait un produit à vendre : le chauffage électrique intégré ».

Mais ne sort-on pas alors du cadre fixé par la loi de 1946, ne s'écarte-t-on pas de la mission de l'Établissement, ne met-on pas en jeu son caractère public au profit d'une conception dangereuse de son caractère d'entreprise ? « Ce qui définit vraiment EDF, dit un membre du deuxième groupe, c'est le service public. Face à cela, la survie de l'entreprise, c'est secondaire. » Mais où sont les limites ? Lorsque, par exemple, EDF apporte des conseils techniques à un industriel, « je n'appelle pas ça faire de l'ingénierie, c'est vendre de l'électricité » — ce qui pourtant, nous le savons, peut porter tort aux entreprises spécialisées dans ce type de conseil. Et si les limites ici sont floues, elles le sont encore plus lorsque EDF, à l'occasion d'un chantier hydraulique, valorise ses investissements proprement électriques en les doublant d'un aménagement touristique, ce qu'elle n'a « théoriquement pas le droit de faire [... mais] on trouve toujours un biais juridique ».

Il y a, pour l'Établissement, maintes occasions de dérapage. Celles-ci sont parfois créées ou encouragées du dehors, par la pression d'élus locaux cherchant à obtenir diverses « compensations » en échange de l'ouverture d'un chantier ou de la fermeture d'une installation. Dans ce cas, EDF évite de s'écarter de quelques principes directifs : elle joue d'autant plus le jeu que, localement, il y a aussi initiative, et si, par exemple, elle est amenée à participer à la création d'emplois nouveaux, elle sera « d'autant plus ouverte que les activités nouvelles sont consommatrices d'électricité ».

Il peut arriver qu'EDF aille trop loin ; mais toujours, le dérapage s'arrête là où manifestement la logique d'entreprise et la logique d'agent au service de l'intérêt collectif deviennent inconciliables. Une forte volonté d'agir sur le plan commercial ou d'utiliser les ressources de l'Établissement pour se lancer dans des activités qui s'écartent de la mission classique se heurte toujours, tôt ou tard, à des références à l'intérêt national et à un attachement au modèle fondateur, qui fixe, même si ce n'est pas toujours très net, certaines limites. C'est pourquoi les dérives qu'entraîne le ralentissement du programme nucléaire, tout comme celles qu'encouragent fréquemment les collectivités locales, s'interrompent le plus souvent d'elles-mêmes, de l'intérieur d'EDF, sans intervention extérieure de la tutelle ou de la presse.

D'une certaine façon, la dualité d'EDF, établissement public où peuvent se déployer des logiques d'action autonome, évite que l'affaiblissement d'une de ces logiques, ici technocratique, aboutisse à des effets spectaculaires. De plus, la possibilité d'exporter du courant est venue, ces dernières années, minimiser davantage encore les tendances qui viennent d'être évoquées à des dérapages post-technocratiques.

Les difficultés de la direction de l'Équipement

A l'issue d'un saut aussi important que celui lié à la mise en place du programme nucléaire, il n'est pas surprenant que ceux qui ont eu la responsabilité de conduire le changement se retrouvent en situation difficile, sous-employés, sans perspectives d'avenir. Le problème peut s'étendre à d'autres secteurs, et en particulier là où des nouvelles installations en ont rendu d'autres obsolètes ou insuffisamment compétitives.

Dans une entreprise privée, la mutation se serait certainement accompagnée d'importantes vagues de licenciements ou de mises à la retraite anticipée. Mais si l'Établissement manque de souplesse pour embaucher, il en a encore moins pour licencier.

Déclassements, reclassements. — C'est pourquoi une des conséquences directes du passage au nucléaire et, surtout, de son ralentissement est dans les difficultés que pose une baisse d'activité qui entraîne des problèmes de déclassement et de reclassement des agents. Ce sont d'abord les personnels employés dans les installations classiques qui ont eu à subir l'essor du nucléaire. « Les agents du classique n'ont pas le moral parce que pour certains, c'est la fermeture de la boutique, pour d'autres, c'est une marche très réduite, on va faire tourner l'installation avec deux ou trois cents heures dans l'année et les huit mille cinq cents autres, on ne fait rien, le personnel a peu de choses à faire pendant de très longues périodes, et alors il se pose obligatoirement des questions... » Lorsque les centrales classiques au fuel et au charbon sont purement et simplement fermées ou lorsqu'elles ne fonctionnent que quelques semaines par an, il faut bien trouver d'autres affectations pour de nombreux agents qui attendent généralement des propositions leur permettant de rester dans la même région et de continuer à relever de la direction production-transport. Or ces attentes sont de plus en plus difficiles à satisfaire.

Ce type de problème est peut-être plus aigu encore si on considère la direction de l'Équipement. C'est certainement au sein de cette direction, en effet, qu'est vécu avec le plus d'intensité le ralentissement du développement d'EDF. Les hydrauliciens n'ont plus d'équipements spectaculaires à construire, ils savent aussi que le programme bâti autour du principe des stations de pompage[4] est retardé dans le temps et peu susceptible d'un essor important. Les spécialistes du fuel et du charbon sont dans une situation comparable, et peut-être même pire : « Il faut traverser le désert. » Le nucléaire, qui fut et est encore le lieu central d'investissements pour cette direction, n'est pas épargné par cette crise. Le programme de construction de centrales nucléaires est « sur une trajectoire basse » et les tranches qui le composent sont presque à l'identique, ce qui restreint le travail et aussi le centralise, les équipements étant conçus « sur le même moule ».

Tentations. — L'inquiétude, à la direction de l'Équipement, ne concerne pas seulement les problèmes de déclassement que pose à court terme le manque de perspectives de développement. Le potentiel d'études et de recherches, dans des domaines où EDF est en pointe, est lui-même menacé par la nécessaire politique de reconversion du personnel. Plus même, les relations qu'EDF entretient avec les groupes industriels qui lui fournissent les grands équipements dont elle a besoin (et en particulier Alsthom pour les turbines, Framatome pour les chaudières), avec les entreprises du BTP à qui elle confie ses chantiers et avec une multitude d'autres intervenants, ces relations sont moins intenses qu'auparavant, les besoins réduits, et le risque est grand de perdre le contact avec des fabricants qui jusque-là étaient en rapport étroit et permanent avec EDF, et plus particulièrement avec la direction de l'Équipement. « On refera du

4. Le principe des stations de pompage définit la seule modalité envisagée sérieusement pour pallier le caractère non stockable de l'électricité. Il consiste à utiliser l'énergie électrique pour pomper de l'eau en période de surabondance et à libérer l'eau retenue précédemment dans des installations de production d'électricité quand la demande de courant l'autorise.

nucléaire, un jour, et s'il n'y a plus de fabricants, on n'aura pas l'air fin. »

Ici, plus qu'ailleurs, se profile un renversement dans lequel la fin et les moyens s'inversent, conséquence directe de la perte de vitesse de la logique technocratique. C'est qu'en effet, pour des raisons bien connues des sociologues des organisations, la tentation est grande de chercher à maintenir le potentiel actuel, ou tout au moins d'éviter sa dégradation, et donc de se donner pour fin la conservation de moyens dont rien ne prouve qu'ils seront nécessaires à l'avenir.

Dès lors, des voix se font entendre pour demander qu'on recherche des solutions permettant d'utiliser les équipes en place dans des activités peut-être inédites ou peu conventionnelles, mais assurant leur emploi et évitant ce qui est présenté comme catastrophique : la décomposition de l'outil scientifique et technologique ayant assuré l'équipement nucléaire, la dissociation avec une industrie jusqu'ici fortement associée à l'Établissement.

C'est ainsi qu'au milieu des années quatre-vingt la pression était forte, depuis la direction de l'Équipement, pour que la direction générale accepte le principe d'une action à l'exportation, où les ingénieurs de l'Équipement auraient pu valoriser leur savoir-faire en proposant des études, des recherches, de l'ingénierie ou un soutien aux industries électriques exportatrices. Pourtant, cette voie n'a guère été adoptée pour la raison, déjà connue du lecteur, qu'elle faisait sortir l'Établissement de sa mission. Mais qu'elle ait pu être envisagée et fortement voulue par certains indique bien la vigueur d'une tendance, en situation de crise, à inverser l'ordre des fins et des moyens. Et s'il est trop tôt pour pouvoir apprécier la portée du rapprochement récent d'EDF avec la Compagnie des eaux et la Caisse des dépôts et consignations [5], tout indique que, là aussi, EDF prend le risque de s'écarter de sa mission traditionnelle pour s'engager dans des activités nouvelles où elle utilise des moyens existants (son réseau), quitte à les développer, pour définir de nouvelles fins et se doter de nouveaux projets, dans le domaine de la communication et non plus dans celui de la seule énergie.

5. Ce rapprochement a été présenté, en 1988, comme commandé par les économies qui pourraient naître de l'utilisation conjointe de réseaux de communication mis en place par EDF.

Il n'est donc pas possible de concevoir les années présentes comme un simple prolongement des « années de rêve[6] ». Celles-ci furent dominées par les premiers succès d'une logique technocratique qui, dans une conjoncture devenue difficile, non seulement cède le pas mais aussi induit par sa crise des tendances à renverser l'ordre des fins et des moyens. Jusqu'à présent, EDF a su dans l'ensemble contrôler ces tendances ; mais rien n'exclut qu'une conjoncture encore plus difficile, ou, au contraire, l'existence de perspectives nouvelles, telles celles qu'ouvre la construction du marché européen, n'entraînent des nouveaux dérapages, moins contrôlés, et au fil desquels la logique technocratique pourrait connaître une deuxième jeunesse.

6. Selon le titre d'un livre d'André GAURON, Paris, La Découverte, 1988.

IV

L'intérieur

La logique commerciale, tout comme les éléments plus ou moins décomposés qui subsistent de la logique technocratique n'appellent pas seulement un fort dynamisme tourné vers la clientèle, et mêlé de prudence ou, tout au moins, de modestie. La nouvelle donne, par rapport aux années soixante et soixante-dix, concerne aussi la vie interne de l'Établissement. A l'intérieur également, en effet, l'espace dans lequel jouent les dirigeants s'est renouvelé, et ils ont la plus vive conscience des difficultés accrues qu'il y aurait à accepter de s'en tenir aux habitudes et aux modalités actuelles de fonctionnement dans l'entreprise.

Nous savons déjà que le modèle fondateur est considérablement affaibli, de moins en moins intégré. Or ce modèle continue d'informer constamment les rapports sociaux dans l'Établissement. S'agit-il d'en sortir, purement et simplement, ou d'inventer une formule qui le renouvelle sans rompre complètement avec lui ? Quelle que soit la réponse, une chose est claire : les dirigeants d'EDF sont engagés dans des efforts qui vont bien au-delà de la seule gestion des problèmes quotidiens, dans des pratiques qui dessinent ce que sera demain le nouveau modèle de fonctionnement de leur entreprise. Certes, d'autres acteurs, politiques notamment, exercent une influence sur la définition de ce modèle, et l'évolution économique générale ou les perspectives qu'ouvre l'Acte unique européen constituent des facteurs qui peuvent jouer un rôle déterminant.

Mais ce que montre notre recherche est qu'EDF sera aussi,

à l'avenir, ce que ses dirigeants d'aujourd'hui en feront, en transformant, ou non, leur mode de relation aux syndicats et, plus largement, en orientant dans un sens ou dans un autre leurs efforts pour moderniser les rapports sociaux dans l'entreprise et pour y associer le personnel.

9

Transformer la CGT ?

On le sait, à EDF, les rapports sociaux, internes et externes, ne se comprennent jamais abstraction faite de la CGT. Et nous avons pu constater que ce syndicat est à la fois utile et gênant, du point de vue des dirigeants : dans l'ensemble, ils ne contestent guère le fait syndical mais voudraient un partenaire avec lequel dialoguer. Or le dialogue avec la CGT est souvent difficile.

Le problème d'une inflexion significative de l'action et des orientations propres à la CGT ne se posait pas aussi longtemps que l'Établissement était installé, bien carré, dans le modèle fondateur. Mais des changements non négligeables ont affecté la relation entre la direction et ce syndicat. L'évolution spontanée de la situation comporte, aux yeux des cadres dirigeants, des aspects positifs, à commencer par le relatif affaiblissement de la CGT ; mais elle aboutit aussi à des blocages, des pertes de temps considérables, et des difficultés diverses, notamment en cas de grève, dans les rapports avec la clientèle. C'est pourquoi la recherche est l'occasion d'une réflexion sur le rôle éventuel de la direction de l'Établissement dans la transformation d'un syndicat jugé embarrassant.

Ce n'est pas l'évacuer de la configuration des relations internes qui est souhaité. Seulement, ce syndicat-là est souvent considéré comme un frein qui entrave le développement de l'Établissement. L'ensemble des relations internes se trouve enfermé dans un rapport de lutte que la légitimité de la CGT, assise sur un électorat puissant, perpétue, même si théoriquement le système statutaire et paritaire n'impose pas ce rapport. Ce qu'il faudrait, pensent la plupart, c'est qu'il se modifie, au moins suffisamment pour suivre les transformations d'EDF et l'accompagner sur une voie qui s'est beaucoup écartée de celle qui prévalait au moment de la nationalisation. L'entêtement de la CGT à défendre le statut dans son intégralité, « comme si la vie sociale s'était arrêtée en 1946 », est interprété comme une incapacité à s'adapter à l'évolution ambiante et à intégrer sa propre stratégie dans un environnement plus global, autre, éventuellement, que celui défini par le parti communiste. Cet entêtement perturbe la communication dans l'entreprise, y compris avec la CGT, et révèle un décalage entre l'immuabilité de principes organisationnels déterminés par le statut, et le besoin de souplesse qu'exige la nécessité de réagir rapidement aux demandes externes.

De telles critiques ne sont pas originales, et on les rencontre dans de nombreuses entreprises. Quelle direction ne rêve-t-elle pas de syndicats dociles et pacifiés, compréhensifs et toujours disposés à lui emboîter le pas ? Ici, elles s'accompagnent d'une grande modération et d'une extrême prudence. Il s'agit d'amener la CGT à se transformer, le tout étant de ne pas heurter de front ce partenaire encore si puissant. Mais comment peser activement sur ses comportements ?

Agir à l'intérieur d'EDF

N'est-il pas possible de voir se modifier le principal syndicat de l'Établissement à partir d'une action dont les enjeux peuvent déborder plus ou moins largement ce problème et porter, plus généralement, sur l'organisation interne de la maison ? Personne n'envisage sérieusement, du moins parmi les dirigeants que nous avons rencontrés, de s'en prendre directement au pouvoir de la CGT et, par exemple, de chercher à mettre en cause son emprise sur la CCAS.

Véritable place forte tenue par la CGT, avec onze administrateurs sur dix-huit, la CCAS paraît imprenable et nargue tous ceux qui pourraient douter de la puissance interne du syndicat. La CCAS constitue un tremplin à partir duquel celui-ci diffuse ses conceptions dans de multiples domaines comme celui des loisirs, de la santé, de la formation ou de la gestion. Elle est aussi, par les activités qu'elle propose et par les moyens de gestion qu'elle met en œuvre, un lieu à partir duquel le syndicat peut se renouveler en recrutant de nouveaux adhérents qui viennent augmenter les effectifs nationaux. Mais quand le sujet est effleuré par les participants à notre recherche, c'est plus à cause d'un sentiment de culpabilité et d'impuissance, éventuellement exacerbé par une presse scandalisée de l'importance du volant de main-d'œuvre et des sommes gérées — et gérées par la CGT — que pour marquer une volonté concrète d'action.

Ce n'est pas une attaque frontale sur la CCAS ou sur d'autres enjeux qui engagera la CGT à produire un travail d'autotransformation, et en réalité, deux axes d'intervention, indirecte, sont plus ou moins explicitement envisagés par les dirigeants. Le premier laisse de côté, purement et simplement, l'existence d'acteurs syndicaux pour ne concerner que les rapports directs de la hiérarchie avec le personnel. Le second s'intéresse aux autres syndicats, dont l'éventuelle coalition pèse en théorie désormais presque aussi lourd, en termes électoraux, que la seule CGT.

Le dialogue direct avec le personnel

La littérature patronale a depuis longtemps développé l'idée qu'en rehaussant le niveau de participation du personnel, on se donne aussi les moyens de court-circuiter les syndicats, ou tout au moins d'en affaiblir l'emprise [1]. A EDF, une telle idée n'est jamais formulée explicitement ; mais comment ne pas voir que le « projet d'entreprise », les cercles de qualité, les conseils d'atelier et même, à la limite, les groupes d'expression prévus par les lois Auroux favorisent l'émergence d'un nouvel interlocuteur, le personnel, qui, en s'exprimant directement, est susceptible de réduire l'influence de la CGT ? Pour l'heure, l'encadrement supérieur a souvent le sentiment d'être dévalué par une direction générale qui informerait, avant lui, les syndicats de certaines décisions. Symétriquement, des cadres moyens ont parfois l'impression de ne pas bénéficier d'un soutien suffisant de leur hiérarchie, ce qui les pousse à recourir à des moyens de communication détournés, par exemple quand une intervention

1. Cf., par exemple, O. Archier et M. Sérieyx, *L'Entreprise du troisième type*, Paris, Seuil, 1984.

syndicale peut faire accepter leurs propositions ou, plus simplement, faire entendre leur voix. Les dirigeants, lorsqu'ils ne sont pas désabusés, attendent des nouveaux modes d'expression une efficacité accrue et renouvelée, et notamment une réduction de la distance de communication entre le sommet et la base de l'entreprise ; ils en espèrent aussi un contact direct avec le personnel, contact qui ne serait plus monopolisé par le syndicat [2]. Inversement, forte qu'elle est de cet élément de pouvoir que constitue la représentation du personnel, la CGT regarde avec d'autant plus de méfiance toute initiative de cette nature qu'elle ne la contrôle pas. Mais cette méfiance ne se pose pas en obstacle *a priori* et si les diverses tentatives, notamment les conseils d'ateliers ou les groupes d'expression issus des lois Auroux, n'ont pas débouché sur de véritables succès, c'est plus en raison de l'indisponibilité de la hiérarchie vis-à-vis du personnel, et qui n'est qu'une expression des lourdeurs évoquées dans le chapitre 4, qu'à cause de la mauvaise volonté syndicale. Et, plus fondamentalement, ces nouvelles formes de relations proposent une manière de dialoguer à côté plutôt qu'à la place de celle qui préexistait. Elles constituent pourtant, aux yeux de nombreux dirigeants, la modalité principale de transformations, en particulier s'il s'agit des jeunes agents, plus critiques et moins à l'écoute des mots d'ordre cégétistes qu'autrefois : retrouver la voie du dialogue avec les jeunes par l'intermédiaire de l'encadrement moyen et d'une formation améliorée, pensent certains, pourrait contribuer à affaiblir la CGT.

Mais peut-être aussi faut-il se changer soi-même pour prétendre changer autrui, peut-être faut-il, en l'occurrence, élever la capacité des cadres supérieurs à fonctionner avec un syndicalisme parfois difficile.

La CGT a souvent su jouer sur le caractère imprévisible de certaines de ses actions, imprévisibilité qui peut d'ailleurs traduire la prise en charge *a posteriori* d'actions spontanées. Or, nombre de cadres dirigeants reconnaissent que l'aspect inédit, soudain, éventuellement violent de situations qu'ils ont dû affronter, les a laissés tout à fait démunis. N'étant préparés ni

2. Il existe une abondante littérature sur l'expression et la participation dans l'entreprise ; cf. notamment, pour des analyses serrées, Dominique MARTIN, Wladimir IAZYKOFF, *Expression et participation dans le secteur public*, Paris, LSCI-CNRS, 1986 ; Anni BORZEIX, Danièle LINHART, Denis SEGRESTIN, *Sur les traces du droit d'expression*, Paris, CNAM, 1985.

psychologiquement ni professionnellement, ne connaissant en fait ni leurs droits ni leurs pouvoirs réels, ils ont eu à gérer des conflits parfois extrêmement durs avec pour seule arme, la pire qui soit, l'improvisation. Ébranlés par l'intensité des échanges, ils en ont gardé des souvenirs marquants, voire une certaine démobilisation. Celle-ci est un appel à une formation, destinée à l'encadrement, qui viserait à diffuser une meilleure connaissance du syndicalisme tout autant qu'un apprentissage de la gestion des conflits et des règles juridiques qui les régissent.

D'une façon générale, nombreux sont les dirigeants pour qui tout ce qui, au sein de l'Établissement, crée de nouveaux espaces de compréhension et de communication ou élève la capacité du personnel et de la hiérarchie à dialoguer sur les problèmes qui se posent à leur niveau, ne peut qu'appeler des modifications du côté de la CGT, qui a toujours su, malgré la rigidité qu'on lui reproche, s'adapter aux changements. Encore faut-il éviter des raisonnements simplistes et des schémas trop linéaires, comme on le constate à l'examen, par exemple, des effets prévisibles sur la CGT d'une éventuelle politique générale de décentralisation.

La demande pour un mouvement de décentralisation plus rapide et plus important est forte tant du côté de la direction générale que de celui des chefs d'unité. Cette orientation implique que, sur place, les responsables disposent d'un réel pouvoir de négociation, notamment avec leurs partenaires syndicaux locaux. Un tel mouvement n'est évidemment pas demandé dans le seul but de pousser la CGT à changer. On en espère néanmoins des retombées positives sur ce plan, tout en craignant des conséquences négatives. En effet, si cette orientation peut contribuer à casser la tendance centralisatrice paralysante du syndicat, elle peut aussi provoquer un effet boomerang quand, à partir d'acquis locaux, la CGT cherchera à généraliser au plan de l'ensemble de l'Établissement, voire au-delà, ce qui aura été obtenu. La prudence et la progressivité, on le conçoit, sont donc de mise chez les dirigeants.

Les modifications envisagées sur une base interne pour pousser la CGT à se transformer correspondent en fait à des hypothèses basses, et prennent la forme concrète de positions toujours très prudentes. Elles expriment une demande, qui est forte, mais qui se transcrit difficilement en pratiques.

Pluralisme syndical et coalition des syndicats minoritaires

Laisser passer le temps, n'est-ce pas adopter une stratégie réaliste, même si elle ressemble parfois à une rationalisation *a posteriori* d'une incapacité à agir ? Il est vrai que le mouvement syndical, dans son ensemble, a amorcé un déclin impressionnant depuis longtemps déjà, et que cette tendance n'épargne pas la CGT, y compris à EDF. A partir de ses derniers résultats électoraux [3], les dirigeants échafaudent des hypothèses sur le nombre d'années au terme desquelles pourrait s'effectuer un changement de majorité. Pendant ce temps, faut-il se contenter d'apprendre à connaître mieux les autres partenaires et, surtout, ne rien faire qui pourrait renverser la tendance ? Faut-il, ce qui relève d'une même disposition d'esprit, espérer la montée vers des postes de responsabilité à la tête de l'état-major cégétiste de personnalités plus faciles, d'hommes avec qui des thèmes comme celui du projet d'entreprise, pourtant complètement imprégné de la logique commerciale et peu accepté dans la CGT, peuvent être abordés ?

En fait, un tel attentisme, même s'il se veut optimiste, n'est pas la seule attitude possible, et si les cadres supérieurs escomptent une évolution spontanée allant dans le sens qui leur semble le meilleur, des efforts non négligeables, mais pas toujours soutenus, sont produits en direction des syndicats minoritaires.

Il s'agit alors d'utiliser les années qui restent avant que la CGT ne perde éventuellement sa position majoritaire, pour essayer de faire apparaître un nouvel interlocuteur, à côté plutôt qu'à la place de la CGT. Ce qui implique de mettre en évidence puis de renforcer les points de convergence entre les syndicats minoritaires. *A priori*, rien ne garantit la réussite de la tentative, tant les valeurs défendues par l'UNCM (syndicat de cadres), FO, la CFDT ou la CFTC [4] paraissent divergentes. Mais, sur des actions ou des thèmes ponctuels, il n'est peut-être pas vain de rechercher, voire construire un consensus, tel celui

3. En 1952, aux élections de représentativité, le score de la CGT était légèrement inférieur à 70 % ; en 1957, il passait sous le seuil des 60 % pour atteindre 56 % en 1969. Il était de 55 % en 1988, après avoir été de 52,25 % trois ans auparavant.

4. UNCM : Union nationale des cadres et de la maîtrise. CFDT : Confédération française démocratique du travail. CFTC : Confédération française des travailleurs chrétiens. FO : Force ouvrière.

du printemps 1988 à propos d'une accord salarial [5]. Plus qu'un essai de mise en place d'un contre-pouvoir face à la CGT, cette quête de consensus pourrait se développer sans l'intervention massive de la direction. Mais celle-ci, en 1986-1987, relativement disposée à encourager tout ce qui vise à assouplir un jeu de relations internes figé, y semble dans l'ensemble favorable.

Pourtant, notre recherche montre que c'est clairement sans enthousiasme que les cadres dirigeants s'engagent sur cette voie. Le premier groupe a reçu un responsable de l'UNCM, puis un de FO. Le deuxième, lui, a rencontré, venus ensemble, un responsable de la CFDT à EDF et un dirigeant confédéral du même syndicat.

Avec le syndicalisme cadre de l'UNCM, les rapports tiennent plus à la cordialité qu'au respect. L'ambiguïté de son statut, son inutilité pratique, la grande modération des valeurs qu'il véhicule rendent ce syndicat presque suspect. C'est d'abord qu'un cadre, en raison de sa position hiérarchique, ne peut à la fois être juge et partie. « Il faut être clair, reproche-t-on à l'interlocuteur en le tutoyant, ce qui indique une grande proximité ; quand tu es chef de service et que tu sièges en commission secondaire pour la direction, tu ne peux pas être en même temps délégué syndical. » De plus, on voit mal, du côté de la hiérarchie, l'aide que peut apporter un syndicalisme cadre quant à l'amélioration des relations sociales. *A contrario*, « avoir un cadre CGT, c'est un moyen d'avoir un relais face à un syndicat qui vous ennuie, alors qu'un cadre UNCM n'apporte rien. Il est simplement moins disponible que les autres cadres ». Enfin, à côté des autres syndicats qui sont guidés par une cohérence d'idées, l'UNCM semble ne pouvoir présenter aucun grand projet : « Du côté CGT, CFDT, il y a un grand dessein, mais l'UNCM a nagé dans le compromis, raisonnable intellectuellement, qui rassemblerait les bonnes volontés, mais sans grand dessein. » Si l'interlocuteur est bien reçu, la conclusion

5. Cf. *Stratégies et management*, n° 163, juillet-août 1988. Les quatre syndicats d'EDF, en dehors de la CGT, ont signé et publié, en mai 1988, une plaquette commune sous le titre « Réunir pour réussir », qui développe leur plate-forme « sur la vision d'un accord salarial ». Le texte précise que cette plaquette est « plus qu'un appel commun » et cite les propos du numéro deux de la CFDT parlant de « début de synergie des diversités ». Trois jours avant les élections de représentativité du 17 novembre 1988, la CFDT, FO, l'UNCM et la CFTC ont effectivement signé un accord salarial à EDF.

d'une telle rencontre est nette : les modifications des relations sociales dans l'Établissement ne passent manifestement pas par un rapprochement sensible entre la hiérarchie et le syndicalisme cadre qu'incarne l'UNCM.

Face aux dirigeants qui le reçoivent, le responsable de Force ouvrière affiche une volonté de prise de responsabilité dans la gestion de l'entreprise. Il met en évidence, à propos du système d'intéressement du personnel aux gains de productivité de l'entreprise, les problèmes de fond directs ou indirects qui seraient soulevés selon les formules de calcul retenues. A quel niveau et comment apprécier les gains ? Auprès de qui et suivant quels critères les répartir ? Et, finalement, un système d'intéressement ne suppose-t-il pas la possibilité de débaucher ceux qui participent le moins à ces gains et, en retour, d'embaucher éventuellement en milieu de carrière ceux qui contribueraient à l'augmentation de ces gains ? On en revient alors très vite au thème de la garantie d'emploi, et de là à celui du statut, qui rend difficile l'introduction d'un système d'intéressement vraiment mobilisateur. Et derrière le thème du statut apparaît clairement, chez l'interlocuteur, la préoccupation dominante : celle d'appartenir à une organisation minoritaire à l'intérieur d'une entreprise où la CGT, majoritaire, a su non seulement bâtir son pouvoir, mais aussi verrouiller de véritables forteresses, et en tout premier lieu celle que constitue pour elle la CCAS.

Les responsables CFDT reçus par le deuxième groupe insistent sur la séparation qui s'est installée entre deux logiques devenues indépendantes, celle de l'économie et celle du social. La gestion de ces deux logiques était autrefois intégrée ; aujourd'hui, la direction générale a accaparé le monopole de la gestion de la première, les syndicats celui de la seconde. Il s'agit donc de trouver de nouvelles passerelles entre ces deux logiques : « Nous sommes en phase avec la direction générale pour chercher ensemble un plus dans le domaine du social. Comment travailler autrement ? Comment rétribuer autrement que financièrement ? Par l'organisation et la qualité du travail. » Mais, fondamentalement, du côté de la CFDT, on exprime la conviction que le changement ne peut naître que de la confrontation entre dirigeants et salariés. C'est justement le rôle du syndicat que de gérer cette confrontation pour pouvoir introduire des innovations. En même temps, cette volonté de confrontation et de dialogue affaiblit l'image de la CFDT. La CFDT n'est pas gênée d'incarner des positions différentes sur un même thème, ce qui n'est pour elle qu'une différenciation interne, signe de démocratie ; mais elle donne alors l'impression d'un manque de clarté que les cadres dirigeants lui reprochent : « Pour moi, vous êtes flou, pas clair, et vous n'enchaînez sur aucun débat positif, au fond »... « Les décalages sont tels que personne ne s'y retrouve »... « Ce que je crains, c'est que sous prétexte de démocratie, vous ayez plusieurs fers au feu. » Ce qui est acceptable et compréhensible de la part d'un mouvement d'idées l'est moins de celle d'un syndicat assurant la défense des intérêts de ses mandants. Or la CFDT est l'un et l'autre [6].

Finalement, les points de convergence entre les trois syndicats minoritaires reçus par les groupes sont loin d'être évidents. La seule chose qui, au bout du compte, pourrait les rassembler, c'est justement leur position minoritaire par rapport à la CGT. Tous parlent, voire agissent, en fonction de cette relation si lourde et complexe entre la direction et la CGT. « En CMP *[comité mixte à la production]*, en CS *[commission secondaire]*, les représentants de l'UNCM, quand ils prennent la parole, ils regardent qui ? Pas nous ! Mais les gars de la CGT », dit un membre du premier groupe. La rencontre de ce même groupe avec un responsable de FO a été entièrement dominée par le spectre de la CGT en dehors de laquelle il est vain de tenter de comprendre le syndicalisme à EDF. Et la perception du caractère flou des positions de la CFDT indique la force de son contraire : les points de vue tranchés d'une CGT qui s'exprime au nom d'une idéologie cohérente. Cette netteté sert la CGT, qui propose un choix facile entre deux systèmes d'idées et de logiques que l'on pourrait caricaturer : la direction générale ou elle. Face à une position si robuste, ni l'UNCM, ni FO, ni la CFDT, ni la CFTC ne disposent, pour des raisons différentes, des armes adéquates pour lutter, et leur unité, même si elle s'opère conjoncturellement, est fragile, puisque en dehors d'un principe d'opposition à la CGT, elle recouvre une grande disparité dans les orientations et les conceptions de l'action. Dès lors, les efforts que peut déployer la direction pour encou-

6. Pour une analyse de la CFDT, insistant sur ses dimensions politiques et intellectuelles, cf. Hervé HAMON, Patrick ROTMAN, *La Deuxième Gauche*, Paris, Ramsay, 1983.

rager la constitution d'un « bloc des quatre » semblent sinon vains ou dérisoires, du moins sans effets stables dans le temps. Tout, de plus, porte à penser que ces efforts sont loin d'être systématiques.

S'appuyer sur l'extérieur

A plusieurs reprises, nous avons pu constater que l'évolution générale des rapports d'EDF avec l'extérieur pèse sur les rapports internes en général, et sur ceux où intervient la CGT en particulier. Il n'est donc pas surprenant que s'ébauche, çà et là, l'idée de transformer en projets et en stratégies ce qui n'est pour l'instant que changements spontanés.

La piste la plus simple, mais peut-être aussi la moins prometteuse, concerne les représentants de la clientèle, qu'il s'agisse de mouvements de consommateurs ou d'organisations professionnelles regroupant des industriels, des artisans ou des commerçants dont certains, lors de la grève de janvier 1987, se sont rassemblés, pour la première fois, dans des associations de défense. Il est en effet tentant d'utiliser ces acteurs, et éventuellement les critiques qu'ils adressent à l'Établissement, comme des relais pour faire comprendre à la CGT, qui tire une partie de sa légitimité de son identification aux usagers, qu'elle doit se transformer. Mais la démarche ne peut être que très prudente, très indirecte, pour ne pas dire utopique. Nous l'avons vue s'esquisser à l'occasion des rencontres de chaque groupe de recherche avec des militants de mouvements de consommateurs. Mais ceux-ci demeurent dans l'ensemble bien trop faibles pour que leur contestation puisse être récupérée de façon à dénoncer un discours syndical qui s'identifie abusivement à la clientèle, et on est toujours hésitant, à EDF, dès qu'il s'agit de faire appel à l'extérieur pour contribuer explicitement à modifier l'intérieur.

Plus qu'une véritable action tournée vers l'extérieur qui viserait une transformation des conduites syndicales, c'est là une attitude attentiste, relativement passive, qui caractérise dans l'ensemble les dirigeants.

En est-il autrement si l'on considère d'autres acteurs, à savoir les médias, l'opinion publique et l'État ?

Ceux-ci pourraient, pense-t-on, remettre en cause les deux

principes fondamentaux que sont pour la CGT le statut et le droit de grève. Ces deux principes, jusque-là inaliénés, n'ont pas *a priori* tout à fait la même portée. Le statut ne concerne qu'EDF alors que le droit de grève est, pour le moins, celui dont bénéficie l'ensemble du secteur public. Cependant, si le statut se trouvait modifié — exceptionnels sont ceux qui souhaitent sa suppression pure et simple —, les réformes auraient vraisemblablement des effets au-delà de l'entreprise car elles seraient interprétées comme présageant des aménagements de même nature dans d'autres entreprises du secteur nationalisé. C'est pourquoi la remise en cause de ces deux principes est très difficile à envisager, d'autant plus qu'EDF fait figure d'exemple et constitue donc pour les syndicats en général, et pour la CGT en particulier, un lieu où doit être démontrée la plus forte résistance. Tant que la pression de l'opinion publique reste à son stade actuel, c'est-à-dire réelle mais sporadique, l'idée qu'elle puisse entraîner des effets significatifs sur la CGT relève de la chimère. Même assuré du soutien de l'opinion publique, il faudrait un gouvernement bien téméraire pour se risquer à provoquer un très vaste mouvement de défense de la part des syndicats. Les dirigeants ne sont en aucune façon encouragés à exercer une pression sur des acteurs extérieurs pour qu'ils s'engagent dans cette voie.

Par contre, ils formulent une attente très claire en direction des médias, même si, on l'a vu, la plus grande méfiance les sépare du monde des journalistes. Nous savons déjà qu'ils trouveraient utile à l'entreprise que la presse s'interroge sur la légitimité de la grève.

Mais au-delà de ce désir, formulé à l'occasion d'une rencontre du premier groupe avec François de Closets, il apparaît nettement qu'involontairement les médias jouent un rôle considérable dans le jeu des relations internes à EDF, et qu'il devrait être possible d'élaborer des stratégies qui en tiennent compte. Les dirigeants perçoivent de mieux en mieux l'intérêt qu'il y aurait pour eux à faire preuve de plus de subtilité vis-à-vis de la presse et à savoir gérer les problèmes de communication avec prudence et discernement, particulièrement en prenant garde à la façon dont on présente les actions montées par la CGT. C'est ainsi qu'une analyse relativement élaborée est proposée par certains membres du deuxième groupe de recherche. Selon eux, présenter de manière triomphale une grève comme faiblement suivie revient à diffuser l'image d'une perte d'audience de la CGT, ce qui peut contribuer à exaspérer ses militants, voire sa base; insister sur la dureté, la violence d'une action, ou sur les coupures de courant pousse certes le syndicat sur la voie de l'impopularité. Mais une telle attitude n'est finalement profitable à aucune des parties car elle enferme la CGT dans un cercle vicieux où, pour faire confirmer sa puissance par l'extérieur, elle est contrainte à se radicaliser, ce qui, tout en renforçant son impopularité, constitue la solution la moins mauvaise dont elle dispose [7]. Car la presse a tendance aujourd'hui à faire le silence sur une grève qui aurait peu ou pas d'incidence sur les services qu'attendent les usagers. Une politique possible, pour la direction, serait donc, suggère-t-on dans le deuxième groupe de recherche, plutôt que d'occulter vis-à-vis de l'extérieur les formes d'action qui ne sont pas très visibles d'elles-mêmes, de leur accorder la plus grande publicité possible. Cela permettrait de satisfaire la CGT qui ne perdrait plus la face puisqu'elle verrait confirmée son audience, et ne serait pas alors tentée par la radicalisation qui caractérise souvent son action. Du même coup, EDF y gagnerait en ne voyant pas, au fil de grèves successives, son image se détériorer au sein de l'opinion publique. Ainsi, un raisonnement paradoxal est proposé par quelques dirigeants, qui indique non pas tant une stratégie concrète qu'une nouvelle manière de réfléchir. Tenir compte de l'importance des médias pour infléchir les comportements syndicaux consiste donc aussi à crier haut et fort la puissance de l'adversaire pour mieux la canaliser.

Pourtant, en dehors d'une réflexion encore timide, et qui surtout n'a guère de conséquence pratique, c'est, là aussi, l'attentisme qui domine chez les dirigeants. Les possibilités d'en appeler à des relais extérieurs qui, par la pression qu'ils exerceraient, permettraient à EDF de se désengager d'une relation contraignante avec la CGT sont évaluées sur un mode plutôt passif, avec simplement un certain optimisme. Aucun passage à une action allant dans ce sens n'est jamais évoqué. D'abord parce que le moment n'est pas jugé opportun. Mais aussi peut-être

7. Sur ce thème de la radicalisation des mouvements sociaux à partir de l'importance des médias, cf. Jerry MANDER, *Four Arguments for the Elimination of Television*, New York, Quill, 1977, et Todd GITLIN, *The World is Watching. Mass Media in the Making and Unmaking of the New Left*, Berkeley, University of California Press, 1980.

parce que la conviction que la CGT est définitivement un obstacle n'apparaît pas avec la force de l'évidence.

Certains se laissent aller à des propos proches du rêve éveillé, comptant par exemple sur une opinion publique qui, scandalisée par la succession des grèves dans le secteur public, s'exprimera de plus en plus violemment, poussant alors l'État à intervenir pour, dans un premier temps, obliger les grévistes à respecter la loi du service minimum, puis, dans un deuxième temps, à intervenir à propos du principe même du droit de grève dans le secteur public.

Le désir est fort de voir la CGT adopter une attitude plus souple, plus docile, plus ouverte.

Mais aucun des axes d'action suggérés pour la pousser à se transformer n'est réellement prêt à fonctionner. Réduire sa puissance en s'appuyant sur les soutiens internes (personnel, autres syndicats : UNCM, FO, CFDT et CFTC) ou externes (médias, consommateurs) ? La contourner en utilisant de nouvelles structures de dialogue (conseils d'ateliers, projet d'entreprise ou décentralisation du dialogue social) ? L'utiliser en s'appuyant sur des cadres-relais adhérents à la CGT ou en collaborant avec elle autour des grandes options ? La flatter en lui permettant de ne pas perdre la face en cas de conflit ? Mais tout cela n'est pas même vraiment à l'état de recherche et plutôt à celui de l'esquisse.

L'indécision

Disons-le nettement : la critique de la CGT, aussi forte qu'elle puisse être chez les dirigeants, ne débouche pas sur l'hypothèse du divorce, et rien n'est véritablement entrepris pour engager des changements irréversibles dans la relation.

C'est d'abord que celle-ci n'est pas vécue avec la même intensité en tous les lieux et à tous les niveaux de l'Établissement. Les chefs d'unité, cadres dirigeants qui n'appartiennent pas au niveau de la direction générale, sont peut-être ceux qui ont le plus de difficultés avec la CGT. Surtout lorsqu'ils sont à la distribution et, dans une moindre mesure à la production, ces cadres se trouvent directement sur le front. C'est quotidiennement qu'ils affrontent permanents et militants cégétistes, gèrent des conflits locaux, servent de cible au harcèlement tout en assumant des responsabilités professionnelles importantes. Pris par l'ampleur de leur tâche et la lourdeur de leurs horaires de travail, pour eux la disponibilité est un luxe. Et la vivacité de leur critique envers ceux qui compliquent leur travail peut être comprise dans ce contexte. Ajoutons que la mobilité, pour les chefs d'unité de la distribution, est fréquente, ce qui ne leur laisse pas toujours le temps d'établir des rapports constructifs avec leurs partenaires syndicaux. Inversement, ce n'est sans doute pas un hasard si, dans les groupes de recherche, les propos les moins négatifs, voire les plus bienveillants, concernant la CGT sont prononcés par des dirigeants de l'Équipement, qui subissent une pression beaucoup moins contraignante.

De plus, les reproches ou les critiques formulés à l'encontre de la CGT sont peut-être un moyen de ne pas se confronter à d'autres problèmes, un exutoire où le syndicat devient à bon compte le mauvais objet. Les jeunes agents reçus dans chacun des deux groupes peuvent nous aider à illustrer cette remarque. A les suivre, la CGT ne constitue certainement pas une source de difficultés majeures, et la plupart y voient avant tout une garantie professionnelle supplémentaire. Par contre, ces jeunes agents ont su désigner des problèmes précis et mettre en cause l'organisation bureaucratique de l'Établissement, ses blocages et ses dysfonctions, en particulier au niveau de la hiérarchie intermédiaire. Autrement dit, ils ont montré que la CGT n'est pas la cause de tous les maux : en faire un bouc émissaire sur lequel on rejette tous les torts fait aussi partie, du côté des dirigeants, de stéréotypes inscrits dans la culture d'entreprise.

Mais si le thème du divorce avec la CGT est plus onirique que concret, c'est aussi et surtout que les dirigeants, et surtout les plus anciens, savent quel prix attacher à la part de la CGT dans l'évolution, somme toute réussie, d'EDF. Tous l'ont pratiquée et la pratiquent encore. Ils en connaissent les défauts, les failles. Ils en apprécient aussi les qualités. Avec la CGT, ils ont construit EDF. Tout le reste, finalement, n'est que tracasseries. Au bout du compte, dans la maison, on le sait bien, la puissance même de la CGT a été plus un bien qu'un mal. M. Chevrier, qui fut directeur général de 1979 à 1982, l'affirme sans ambiguïté : « Il faut être honnête : Dieu sait si la CGT m'a fait des empoisonnements, mais je trouvais ça quand même bigrement pratique d'avoir affaire avec la CGT et, ensuite, on s'arrangeait avec les autres. Ça simplifiait les choses [8]. » Et quand il souligne le professionnalisme de la CGT, de ces « gars qui savaient arrêter une grève quand ça allait trop loin, et qui savaient tenir leurs gars », le groupe de dirigeants qui le reçoit reconnaît que de cette histoire commune, relayée par des hommes à personnalité forte, à l'évidence, une estime, une reconnaissance mutuelle demeurent aujourd'hui.

Parler de la CGT à EDF en dehors de toute référence à la culture et à l'histoire de l'entreprise n'a par conséquent que peu de sens. Même si la mémoire s'émousse, personne dans EDF ne peut vraiment ignorer ce remarquable enchaînement des faits, ce tissu très particulier de relations qui a permis la réussite d'EDF et qui la pose en exemple.

Mais de plus en plus, l'histoire et la culture actuelle semblent se séparer, et l'image d'un rapport conflictuel, mais en définitive positif, semble de plus en plus appartenir au passé. La direction de l'Établissement ressent — ce qui est nouveau — la nécessité de conserver et de transmettre son histoire, que ce soit à travers la formation ou en encourageant les initiatives d'historiens de l'entreprise [9], comme si le passé n'était plus suffisamment présent en lui-même pour irriguer constamment la vie interne de la maison. A la limite, parler d'une relation somme toute harmonieuse entre la hiérarchie et la CGT, c'est de plus en plus se référer à un âge d'or révolu et développer une pensée qui devient mythique.

Le désir existe, plus ou moins pressant chez les dirigeants, de sortir du modèle fondateur. Mais il est refoulé, interdit d'expression publique, en même temps que contrecarré par le désir inverse de ne pas déstabiliser de manière volontariste un type de rapport qui, l'histoire en témoigne, a fait ses preuves. Personne ne croit véritablement à la pérennité du mode actuel de fonctionnement avec la CGT, et beaucoup parmi les dirigeants ont conscience d'une dégradation irréversible. Mais ils évitent toute initiative un peu tranchée, tout effort visible pour accélérer l'évolution, comme s'ils craignaient de déclencher des réactions coûteuses et dommageables.

---

8. A noter que, du côté de la CGT, on rend symétriquement un hommage appuyé à M. Chevrier qui était un interlocuteur « compréhensif », selon François DUTEIL, Philippe HAUMONT, *Les Bâtisseurs*, Paris Messidor, 1986, p. 100.

9. Cf. ce que nous en disons dans l'introduction, à propos de « sociologie et histoire ».

S'il devient de plus en plus difficile de s'appuyer sur le modèle fondateur, celui-ci reste très largement présent, distordu, mais imprégnant encore des relations elles-mêmes de plus en plus complexes. L'indécision forcée montre que la CGT demeure incontournable, ou du moins qu'elle est perçue comme telle, imprimant sa marque à toutes les relations internes et interdisant la prise en charge dynamique d'une mutation qui, tôt ou tard, passera par l'abandon du modèle fondateur et l'invention d'une nouvelle formule. Mais quand ?

10

Un nouveau modèle EDF ?

Pour les dirigeants d'EDF, une modification claire et rapide des relations avec la CGT n'est pas réellement envisagée. Mais là n'est pas la seule voie du changement interne et, plus profondément, d'un éventuel renouvellement de leur modèle d'action. Dans la recherche, en effet, apparaissent nettement deux autres voies, auxquelles correspondent des instruments présentés comme efficaces pour le développement futur.

Une première orientation possible est celle de la *modernisation*. Une seconde est celle de la *mobilisation* [1]. L'une en appelle à la raison, même si elle s'écarte de la rationalité taylorienne qui a dominé l'organisation du travail industriel dans le monde occidental. L'autre cherche à entraîner l'ensemble du personnel dans une dynamique nouvelle, à proposer des modes originaux d'action collective, à repérer et à solliciter « la capacité de groupes différents engagés dans un système complexe à coopérer autrement dans la même action [2] ». Cette démarche est différente de la première : mobilisation et modernisation n'interviennent pas au même niveau. Chacun des deux axes fait appel à ses propres outils, répond à des contraintes différentes et demande des temps d'action plus ou moins longs.

Un véritable processus de *mobilisation*, par sa dynamique, exige des changements profonds, organisationnels, relationnels,

1. Ce chapitre, dans ce qu'il a de plus théorique, doit beaucoup à l'article d'Alain TOURAINE, « Le tre ere dell'impresa », in *Uomini e Tecnologie*, Milan, 1986, p. 143-167.

2. Michel CROZIER, Ehrard FRIEDBERG, *L'Acteur et le Système*, *op. cit.*

ou autres. Et, symétriquement, une réelle *modernisation* n'évite pas, dans des structures aussi lourdes et aussi chargées d'histoire qu'EDF, de grandes remises en cause. Plus celles-ci sont de forte ampleur, plus elles demandent, pour être surmontées, une mobilisation importante. Pour l'analyse sociologique, les deux notions doivent être dissociées alors que dans la pratique elles peuvent être liées.

Moderniser

La recherche a maintes fois mis en évidence la force de la demande de modernisation qui provient tant de l'extérieur que de l'intérieur. Et l'engagement d'EDF dans une logique d'entreprise détermine la nécessité et l'urgence de cette modernisation. En quoi celle-ci consiste-t-elle ?

Souplesse et flexibilité

Assurément, l'enjeu le plus central des efforts de modernisation n'est pas de rationaliser la production. Un produit comme le kilowattheure s'accommode d'ailleurs peu des grands principes de l'organisation dite scientifique du travail. De plus, l'aisance financière de l'Établissement, aussi relative qu'elle soit, le confort du statut, l'ampleur du volet « administration » n'ont jamais poussé à pratiquer les formes extrêmes du taylorisme. Si bien que, même si des progrès peuvent être réalisés dans la manière de produire de l'électricité, c'est surtout du côté de la Distribution que l'on attend l'essentiel des gains de productivité à venir. En somme, la question des méthodes de production est marginale, et ce, d'autant plus que ce n'est plus une logique industrielle qui guide EDF. S'il est possible de parler de rationalisation à EDF, c'est à condition de débarrasser le concept de ses connotations tayloriennes.

La fin du taylorisme, qui dépasse largement le cadre d'EDF [3], implique non pas l'entrée dans l'irrationnel, mais la recherche d'autres modes de modernisation ; elle ne signifie nullement, et surtout pas à EDF, un rejet des valeurs qui ont

---

3. Cf. notamment les analyses de Robert BOYER, par exemple dans *La Théorie de la régulation : une analyse critique*, Paris, La Découverte, 1987.

accompagné la vague de rationalisation dans l'industrie. La force de l'attachement à la science, au progrès, à la raison, à la technologie demeure, et le produit électricité est lui-même identifié à ces valeurs. Mais la modernisation, toujours adossée à la raison, exige désormais souplesse et flexibilité. Que ce soit à propos du travail, des rémunérations, des recrutements, des horaires, de la formation, la demande de souplesse est constamment présente dans les propos des dirigeants. Il est question alors de débloquer des structures internes trop complexes, de débureaucratiser, de modifier au mieux les procédures de recrutement, le système de formation, d'accompagner l'introduction de technologies nouvelles pour en permanence être capable de s'adapter à toutes sortes d'exigences, multiples, diversifiées, plus ou moins pressantes et urgentes. La recherche d'efficacité implique aussi un renouvellement des relations avec l'extérieur : non plus seulement vendre de l'électricité à la clientèle, mais lui apprendre à utiliser de manière moderne le produit électricité. Ne plus subir les décisions brutales de l'État, mais lui imposer plus de raison. Moderniser, d'une certaine façon, c'est aussi être pédagogue, apprendre aux autres, les consommateurs, les responsables politiques, la haute administration, à adopter des conduites rationnelles et, là aussi, souples et flexibles.

Les difficultés de la modernisation

Pourtant, plus on considère les réalisations concrètes, et plus l'Établissement donne l'image d'une incapacité structurelle à se moderniser réellement ; et tout se passe comme si la volonté de modernisation, très nette au sommet, s'engluait au fur et à mesure qu'il s'agit de la transcrire en pratiques. Dans nos deux groupes de recherche, il y a là un leitmotiv : s'il y a bien prise de conscience de la trop grande bureaucratisation de l'organisation, tous les efforts accomplis jusqu'à maintenant pour assouplir le système ont abouti à des résultats limités. Tout ce qui a été fait pour tenter d'améliorer les procédures de recrutement, la mobilité interne, la formation, pour assouplir les horaires, et, de manière générale, l'organisation, s'est heurté plus ou moins rapidement à l'incapacité de procéder à de véritables remises en cause.

Il n'y a évidemment pas à prendre au pied de la lettre les

propos de dirigeants qui expriment peut-être plus un état d'esprit ou des sentiments qu'ils ne rendent compte d'une situation concrète. Mais les exemples qui surgissent sont suffisamment précis et parlants pour qu'on puisse accepter l'image d'immenses difficultés à imposer une modernisation rapide et dynamique.

On le constate d'abord à propos de la coordination sur le terrain et de la décentralisation, thèmes que nous avons déjà rencontrés à plusieurs reprises dans cet ouvrage.

Depuis longtemps, la politique de relations publiques pose problème. La direction de la distribution est accusée par les autres directions d'avoir toujours revendiqué la quasi-exclusivité des relations publiques sur le terrain, mais aussi, ceux qui relèvent de cette direction reprochent les promesses, parfois inconsidérées, avancées par les non-distributeurs lors de la construction de sites importants. Il s'ensuit un décalage dans les discours que tiennent, localement, divers responsables d'EDF se succédant auprès d'un même interlocuteur. Comme l'évolution générale pousse à une décentralisation qui donne un poids de plus en plus grand à l'échelon local, la difficulté à coordonner l'action sur le terrain ne fait que s'accroître. Ce mouvement de décentralisation insère entre EDF et les pouvoirs publics des niveaux supplémentaires, générant ou mettant en évidence de nouveaux problèmes. Tout ce qui touche à la mauvaise qualité de la communication interne se trouve alors exacerbé.

Il y a là des difficultés qu'une volonté modernisatrice ne peut contourner. Mais la coordination sur le terrain pousse à des décloisonnements que tout le monde, dans la maison, n'a pas forcément intérêt ou envie d'accepter, elle implique que les uns se dessaisissent de certaines prérogatives, que d'autres se chargent de responsabilités supplémentaires, elle pose des problèmes de continuité sur le terrain, elle-même peu compatible avec le souci d'accroître la mobilité interne des cadres dirigeants, etc. C'est pourquoi elle débouche çà et là sur des conflits de personnes et, dans l'ensemble, appelle une grande prudence et des efforts qui ne peuvent être que graduels.

Un deuxième exemple est donné avec l'informatisation. EDF est un lieu d'innovation et de développement de technologies de pointe. En même temps, elle a recours à des technologies modernes qui appellent des modifications considérables dans l'organisation du travail.

C'est ainsi que la production et les réseaux de transport sont massivement automatisés et s'appuient sur un usage constant de l'informatique et de la télématique, ce qui signifie la liquidation, presque entière, de formes classiques d'organisation du travail. Les systèmes informatisés de commande, de téléconduite, de téléréglage, ont été introduits jusque dans les installations les plus anciennes, en particulier dans les ouvrages hydrauliques ; la production nucléaire est assurée par des techniciens et ingénieurs et par du personnel d'entretien et de contrôle. Cette situation détermine largement des problèmes de déclassement du personnel, et la structure de l'emploi à EDF a considérablement évolué, sur une période relativement brève, avec un emploi industriel qui a diminué, du moins en termes relatifs, et avec un poids de plus en plus important qui s'est porté aux extrêmes : à la fois du personnel hautement qualifié et formé en nombre croissant, et de plus en plus de personnel non productif, parfois hors statut. Ce sont donc des modifications irréversibles que provoque la modernisation, par le biais de l'automatisation, sur la structure de l'emploi. Or si EDF a pu introduire massivement une modernisation par l'informatique et la télématique appliquées aux technologies qu'elle utilise, si elle joue, en ce domaine, un rôle pionnier, il n'en va pas de même lorsque l'on considère des fonctions plus administratives ou commerciales. Avec l'informatisation de la distribution notamment, ce sont d'abord les modalités du travail qui se transforment. Là où elle est introduite — et les responsables indiquent que c'est toujours avec la plus grande prudence et au terme d'expériences locales et de nombreuses discussions avec les syndicats —, l'informatisation n'est jamais réductible à une simple substitution de machines à des hommes. Les modifications des situations de travail ont pour résultante une responsabilisation accrue du personnel. Et l'évolution est d'autant plus spectaculaire qu'elle concerne une direction, la distribution, qui emploie de loin les effectifs les plus massifs. Elle implique des négociations ininterrompues avec les partenaires sociaux quant aux modifications à apporter au système de rémunération et au mode de répartition des gains de productivité obtenus. Elle appelle en même temps un effort accru du côté de la formation continue où, là aussi, de nombreux facteurs contribuent à freiner le changement [4].

4. Pour une expérience pédagogique originale, au sein même d'EDF, cf. Jean-Marc HUGUET et *al.*, *Décloisonner la formation. L'exemple EDF*, Paris, Éditions d'organisation, 1989.

Les dirigeants ont largement conscience de l'importance des efforts de modernisation qu'il faut encore fournir, non pas seulement pour améliorer la productivité, mais aussi pour répondre plus efficacement aux impératifs commerciaux et aux demandes de la clientèle, déterminants dans le cas précis de l'informatisation de la distribution. Si bien que l'effort répond plus à une exigence ou contrainte externe qu'à l'affirmation de la logique autonome de l'acteur, qui se trouve presque toujours englué dans les difficultés qui se posent au niveau organisationnel, quand il lui faut passer de la volonté à la pratique.

Mobiliser

La réussite d'EDF est incontestable par rapport à celle de ses homologues étrangers : elle a su pendant longtemps mobiliser l'ensemble de son personnel autour d'un esprit maison fortement ancré sur la notion de service public. Les grands chantiers de l'époque de la reconstruction d'après-guerre, puis de l'hydraulique et du nucléaire entraînaient l'ensemble dans une dynamique stimulante qui estompait les difficultés. Ces grands chantiers créaient l'espace d'une action autonome, repoussant le plus possible vers les frontières les contraintes ou pressions qu'exerçaient l'État et les syndicats.

Mais aujourd'hui, les dirigeants d'EDF ne sont-ils pas condamnés à une attitude défensive, déterminée par des choix auxquels ils n'ont pas participé ? Le risque pour eux existe, à la limite, de devoir accepter l'image d'une entreprise muée en administration et d'entrepreneurs devenus des fonctionnaires. C'est peut-être même à ce prix que la notion de service public peut peser de tout son poids et que le rôle d'EDF dans la vie de la nation peut être facilement justifié. Or cette voie est nettement rejetée. Lorsqu'un élu local parle, malencontreusement, de ses relations avec l'« administration » (EDF), les dirigeants du deuxième groupe ne manquent pas de lui faire remarquer : « Vous avez dit deux fois "EDF-administration". » Ils déplorent le côté négatif de leur image, sachant bien que « ce qui compte, c'est ce que les gens ressentent ».

Mais s'ils refusent de se comporter en fonctionnaires, ne doivent-ils pas tout au moins s'accommoder de l'étroitesse de leur marge de manœuvre, en profitant des brèches laissées ouvertes par la tutelle? L'action, dans cette perspective, se borne à l'interprétation subtile de la réglementation. Comme celle-ci est surabondante, parfois incohérente, souvent mal relayée à cause d'une communication défectueuse entre ministères, il reste toujours la possibilité de jouer sur les règles. Parfois, le jeu consiste simplement en une modestie efficiente car « tant que le ministre peut s'arroger tous nos succès, il nous fiche la paix ». Parfois, il peut passer par l'obstruction car, « même quand la technostructure fait signer des lettres par un ministre, une fois sur deux, on ne les applique pas ». Mais il n'est pas question d'aller très loin dans ce sens, même si cela entraîne des regrets : « Ça ne paie pas d'être trop honnête, dit au premier groupe un ancien directeur, il aurait mieux fallu faire comme d'autres sociétés, traficoter nos histoires de façon à pouvoir faire un certain nombre de choses. »

En réalité, accepter d'apparaître comme des fonctionnaires ou chercher à jouer des incohérences ou des faiblesses de l'État ne peut suffire pour des acteurs soucieux de s'affirmer comme tels et de déployer des logiques autonomes. L'ensemble des pratiques qui viennent d'être évoquées n'est pas autre chose qu'une adaptation aux contraintes qu'impose l'extérieur. Ne peut-on pas, dans un tout autre esprit, envisager non seulement une action propre de la part des dirigeants, mais aussi un soutien collectif, un engagement, derrière eux, de tout le personnel?

Le problème n'est plus ici d'en appeler à la raison, de chercher à introduire, par une modernisation intelligente, plus de souplesse et de flexibilité dans les relations avec l'extérieur et dans le fonctionnement interne de l'Établissement: il est d'entraîner dans une même passion l'ensemble du personnel de l'Établissement, il est, en un mot, de le mobiliser.

Le défi

La mobilisation a ses exigences : il lui faut au départ un défi et, ensuite, des moyens. Le défi doit être placé à un niveau suffisamment élevé et son urgence doit pouvoir être crédible, de manière à ce que puisse être créé le consensus le plus large possible sur son importance, sa gravité. Ce qui compte, du point de vue de la mobilisation, c'est la crédibilité du défi beaucoup plus que sa réalité. Pour ce qui concerne les outils, il s'agit de proposer d'abord un cadre d'action bien plus que des directives précises. C'est ainsi que le plus grand nombre, en fonction du niveau des responsabilités, mais aussi du degré de conviction de chacun, pourra s'insérer dans une action collective. Le *projet d'entreprise* d'EDF, on le verra, a cette fonction. Ensuite, la mobilisation requiert la participation la plus large et la plus active possible, et comme le défi est nouveau pour l'entreprise, ou censé l'être, il s'agit de faire preuve d'imagination quant aux formes de participation, en intégrant au mieux ce qui auparavant était dissocié [5]. Stimuler l'expression des salariés, débusquer toutes les sources d'inertie, élever le niveau de communication, développer la capacité d'action à travers une nouvelle politique de formation, rehausser l'image de marque, tenter de nouvelles formes de publicité : sur tous ces points, encourager une participation plus dynamique aux enjeux de l'entreprise. Enfin, la mobilisation suppose un appel aux ressources disponibles : ce peut être, pour l'entreprise, l'occasion d'un retour aux sources par le biais d'un regain d'intérêt pour la culture interne.

Comme l'absence de défi technologique, économique ou scientifique rend moins pertinent le recours aux valeurs fondamentales qu'ont été pour EDF la science, le progrès ou le développement, la mobilisation doit puiser ses ressources dans un autre registre. Mais lequel ?

Un membre de la direction générale, invité à rencontrer le premier groupe de recherche, propose, précisément, d'y réfléchir. Il évoque largement la menace qui pèse sur EDF. Il la décrit ample, grave, dramatique et immédiate. L'époque où la croissance, non seulement soutenait l'expansion de l'Établissement, mais aussi estompait les problèmes, ou du moins permettait de repousser leur traitement, cette époque est révolue. La population d'EDF est en train de vieillir, ce qui ne peut qu'exacerber les difficultés à venir. L'exportation d'électricité vers les pays voisins apporte des devises, mais aussi donne lieu à de nouveaux problèmes d'ordre financier tandis que l'ampleur des emprunts à l'étranger soumet l'entreprise à des contrôles de plus en plus exigeants. Le marché financier est, de toute façon, de moins en moins favorable. Une concurrence de plus en plus forte vient

5. Il existe une abondante littérature sur ce thème, émanant pour l'essentiel de chefs d'entreprise et de consultants; cf., par exemple, Georges ARCHIER, *La France du troisième millénaire*, Paris, Seuil, 1988.

s'immiscer dans la situation de monopole, les erreurs deviennent de plus en plus coûteuses, de plus en plus insurmontables. EDF ne s'est-elle pas bien souvent trompée dans ses prévisions de consommation, dans le sens, il est vrai, d'une surestimation, d'où une surcapacité de production, aujourd'hui officiellement avouée, et les sureffectifs qui l'accompagnent ?

Plus le pourcentage d'électricité au sein de la consommation totale d'énergie augmente, explique l'interlocuteur, et moins la clientèle peut accepter l'idée même d'une coupure. Juste ou non, l'image de luxe et d'abondance que donne EDF à l'extérieur est de moins en moins bien tolérée.

La lourdeur des menaces implique de rompre avec une gestion faite à coups d'endettements en dollars et soutenue par un système particulièrement complexe de calculs économiques, dans une conjoncture poussant naturellement à l'expansion. Désormais, c'est la qualité, l'excellence de la gestion qui doivent l'emporter. La gestion n'a plus à être conçue en termes uniquement financiers ; elle doit l'être aussi, et peut-être même surtout, en termes relationnels, communicationnels. L'avenir est sombre, il appelle un plus grand dynamisme dont la mise en place ne peut plus souffrir de délai.

On sent bien, à suivre ce haut dirigeant, qu'il s'agit d'influer sur l'inertie interne, sur la manière de travailler, de se comporter, sur les mentalités. De même, un consultant reçu par le deuxième groupe, Henri Vacquin [6], lui explique qu'EDF, même très mal gérée, peut difficilement mourir et que sa seule inertie lui assure une pérennité non négligeable, ce qui laisse le temps d'agir et en particulier d'utiliser la dynamique de mobilisation qui subsiste de l'époque du nucléaire, et surtout de remettre à l'œuvre l'« esprit chantier ». Il est lui aussi écouté avec attention. L'heure n'est plus à démontrer la puissance d'EDF. Au contraire, tous les dirigeants le disent plus ou moins nettement, c'est d'ouverture vers l'extérieur qu'il est question. Cette volonté d'ouverture suppose une plus grande modestie, notamment celle qui consiste à considérer les abonnés comme des clients, toujours susceptibles d'accepter des offres meilleures que celles d'EDF. Et si l'objectif est bien celui-ci — modifier les

6. On retrouvera dans le bulletin qu'il édite régulièrement, *Stratégies du management*, n° 137 à 140, janvier-avril 1986, un historique du projet d'entreprise à EDF depuis sa genèse jusqu'à 1986.

comportements —, tout est donc affaire de conviction. La menace, qu'elle soit réelle ou fictive, sert à accroître la force de conviction. C'est elle qui fonde l'appel à la mobilisation.

Les pratiques de mobilisation

La mise en place du *projet d'entreprise*, l'encouragement à diverses formes de *participation* et la référence à la *culture* d'entreprise constituent l'essentiel des pratiques de mobilisation à l'œuvre au sein d'EDF à partir de 1984.

En septembre 1984, le président, M. Boiteux, et le directeur général, M. Guilhamon, par un message qu'ils adressent directement aux chefs d'unité, lancent officiellement le projet d'entreprise. Les quatre pages du « message mobilisateur » rappellent les menaces, fixent les objectifs globaux, réaffirment l'identité de l'Établissement et définissent le rôle qu'entend jouer EDF au sein de la nation. Plus que dans le contenu du message, c'est dans la genèse du projet, dans son esprit et dans les gestes qui ont accompagné sa mise en place, qu'il faut comprendre l'importance de la démarche.

L'idée d'un projet est restée en gestation pendant deux ans, durant lesquels les initiateurs — la direction du personnel et des relations sociales (DPRS) et quelques directeurs opérationnels — ont laissé mûrir leur réflexion quant à la nécessité de mettre en place une mobilisation de grande envergure. Après quoi, ils se sont employés à convaincre les têtes de la maison qu'il leur fallait prendre le relais. Cette réflexion a été concomitante d'un changement de climat interne. D'abord, les résultats d'une importante enquête montraient que les attentes des jeunes agents vis-à-vis de l'entreprise étaient trop souvent déçues. La vivacité et la pertinence de leurs critiques, associées à leur attachement à l'entreprise, ont été prises au sérieux. A peu près en même temps, François de Closets publiait *Toujours plus*, et dénonçait les avantages des agents d'EDF. Certains cadres contestaient non pas le fait syndical, mais son rôle et ses expressions. La cohésion interne craquait de tous les côtés : les jeunes, les cadres, les relations internes, avec de plus, vis-à-vis de l'opinion publique, un sentiment de culpabilité qu'étaient venus renforcer les écrits d'un journaliste estimé dans la maison. Du côté de l'organisation, dès le début des années quatre-vingt, l'équipe de direction avait été rajeunie et les attributions de la direction du personnel élargies, Ne s'occupant plus seulement de gérer le personnel, cette direction devait désormais prendre en charge les « relations sociales ». Tous les éléments étaient là pour justifier un nouvel élan : la culpabilité, le manque de foi, une certaine dose de morosité et de nouvelles structures. La toile de fond est bien celle de la fin d'une époque, l'époque où la mobilisation allait de soi, avec des grands chantiers qui entraînaient *naturellement* une dynamique de mobilisation.

Par ailleurs, le message ne définit ni plan ni programme d'action : il ne fixe aucune échéance. Plutôt, il réaffirme les principaux choix éthiques qui doivent orienter l'action de chacun. Ce qui est donné comme important, c'est donc l'esprit dans lequel doit être menée l'action collective et non les formes concrètes de l'action, celles-ci étant laissées à l'initiative des chefs d'unité, d'emblée considérés comme les clés de voûte du projet.

Enfin, les responsables les plus élevés de l'entreprise ont appuyé de toute leur autorité le lancement du projet. Notamment, le directeur général s'est déplacé vers les chefs d'unité et a accompli un véritable tour de France. Il marquait ainsi son engagement personnel et indiquait clairement qu'il s'agissait de donner l'initiative, en tout premier lieu, à ceux qui sont sur le terrain. Les chefs d'unité étaient donc définis *a priori* comme les mieux à même de gérer l'ouverture de l'entreprise sur l'extérieur. Le projet d'entreprise est l'acte de mobilisation le plus visible au sein d'EDF. Il apparaît, du point de vue d'EDF, comme une opération de grande envergure — même si son esprit indique cependant la fin d'une époque, celle du nucléaire — autant peut-être qu'il traduit l'entrée dans une nouvelle phase.

D'autres pratiques de mobilisation ont soutenu la mise en place du projet. A peu près à la même époque, un effort important a été accompli pour stimuler la participation des salariés. Par l'intermédiaire des conseils d'atelier et des conseils de bureau, on a voulu favoriser l'expression du personnel, en espérant que pourraient ainsi remonter des besoins jusqu'alors inédits. L'expression des salariés ne pouvait auparavant se faire, à EDF comme ailleurs, qu'à travers deux canaux — la voie hiérarchique ou la voie syndicale. C'est dire que cette nouvelle forme de participation voulait créer une troisième voie, mais peut-être aussi affaiblir celles qui existaient déjà.

Enfin, EDF passe pour une entreprise ayant une culture forte. L'originalité de son histoire, la grande personnalité des hommes qui l'ont dirigée, ses liens originels avec le communisme en font un cas exceptionnel. L'institutionnalisation des rapports internes, à travers les multiples réunions statutaires, a créé une certaine capacité à travailler en commun, faite de la connaissance des autres, à travers les divergences, référents et arguments mutuels. Cette connaissance se retrouve dans tous les domaines de la gestion : budget, commerce, organisation, ressources humaines.

Or aujourd'hui, on constate à EDF un regain d'intérêt pour ce fonds commun jugé mal exploité, avec, en filigrane, la crainte que celui-ci ne se dilue avant d'avoir été remplacé. Le message déjà évoqué du président aux chefs d'unité faisait d'ailleurs une large part à la réaffirmation de l'identité de l'entreprise.

Ce retour à la culture d'entreprise est loin d'être propre à EDF. Le fait même qu'il s'opère suggère l'hypothèse d'un « symptôme révélateur d'un vide. Celui du système de valeurs antérieur qui, à perdurer trop longtemps, ne remplit plus ses fonctions régulatrices et mobilisatrices des énergies [7] ».

Les limites de la mobilisation

La plupart des axes de mobilisation évoqués ont donné lieu à des succès pour le moment limités. Les pratiques semblent relever plus du discours que de l'action : elles semblent *dire* (que l'entreprise bouge) plutôt que *produire* (le changement).

On constate en effet un décalage important entre l'ampleur des moyens de mobilisation mis en œuvre et la médiocrité, ou tout au moins la faible visibilité des résultats, alors que plusieurs années se sont déjà écoulées depuis les premières initiatives. Ce décalage tient à une multitude de raisons ou difficultés dont la plupart dépassent le cadre de l'entreprise EDF.

Pendant longtemps, EDF est parvenue à gérer la plus fondamentale de ses contradictions : se vouloir autonome tout en étant soumise à la tutelle de l'État. Une conjoncture économique favorable, le monopole de compétences que détenait EDF, l'enthousiasme des grands chantiers ont largement facilité cette gestion. L'équilibre est désormais extrêmement fragile et, en tout cas, trop incertain pour permettre une autonomie d'action

7. Henri VACQUIN, « Paroles... paroles... », in « Le culte de l'entreprise : mutations, valeurs, cultures », *Autrement*, n° 100, sept. 1988.

suffisante. Or la démarche de mobilisation ne peut progresser dans l'ignorance de cette contradiction : elle ne fait que la renforcer et la rendre plus évidente encore. Au niveau des pratiques, cette tension entre autonomie et dépendance s'exprime très vite. Très concrètement, la démarche autour du projet d'entreprise a été insérée de manière volontaire, par le haut. Quatre ans après, bien des chefs d'unité n'ont pas encore mis en place le projet. Ceux qui se sont lancés en premier dans le projet d'entreprise ont été ceux qui étaient déjà mus par la dynamique de « l'esprit chantier », quand le message du président a été diffusé. A la limite, pour eux, le message était inutile, ne servant pas à déclencher l'action, mais seulement à la conforter. Les premiers, ils ont mobilisé leur unité sur un projet local ; les premiers, ils expriment leur impatience devant l'impossibilité de pouvoir récompenser leurs agents, notamment par un système d'intéressement, même symbolique [8].

Au bout du compte, des chefs d'unité, amers et déçus, en viennent à taxer d'irresponsabilité une direction générale qui a mis le poids de toute son autorité pour insuffler un enthousiasme si fort sans s'être assurée au préalable qu'elle pourrait disposer d'une marge de manœuvre suffisante vis-à-vis de la puissance tutélaire. Car, non seulement les cadres dirigeants ne peuvent utiliser l'intéressement comme un argument de mobilisation, mais de plus ils risquent d'amoindrir leur crédibilité vis-à-vis de la base, à cause de leur incapacité à obtenir des pouvoirs publics — ou à faire obtenir par leur hiérarchie — la possibilité de répartir les nouveaux gains de productivité. La mauvaise volonté attribuée à la tutelle constitue, pour les dirigeants, un obstacle à la mise en place franche, déterminée et généralisée, du projet. Ils y ajoutent l'attitude de la CGT qui, sans s'opposer nettement aux diverses initiatives visant la mobilisation, adopte dans l'ensemble une attitude très réservée, ce qui signifie qu'elle-même ne participe pas réellement à ce mouvement, le privant d'une source de dynamisme importante. En somme, la tutelle et la CGT réagissent de la même manière face au projet : sans s'engager nettement contre, elles ne le soutiennent pas clairement. Ce qui veut dire que les acteurs les plus concernés par le projet en ont bien saisi l'enjeu réel : modifier, en termes de dépendance/autonomie, un système de rapports sociaux. Autre-

8. Un système d'intéressement, encore très modeste, a été récemment institué.

ment dit, le projet est lié à une contradiction entre une volonté d'autonomie et la réaffirmation d'un attachement profond à des acteurs accusés de rendre l'entreprise dépendante. Il est né d'une prise de conscience de la nécessité, perçue comme vitale, de rompre avec un modèle de relations, mais sans qu'aucun autre modèle n'ait pu être défini et, surtout, sans que cette rupture n'ait été réellement acceptée en tant que telle.

Rien d'étonnant, par conséquent, à ce que le projet évolue, grandisse avec sa contradiction originelle, et risque de s'y embourber. Rien d'étonnant non plus à ce qu'il soit perçu, après quelques années d'expériences, comme un facteur sinon d'éclatement, du moins d'incohérence et d'exacerbation des différences entre ceux qui s'y engagent à fond et ceux qui ne se sentent pas concernés.

Par ailleurs, le mouvement général de mobilisation appelle un ensemble d'actions conçues dans un esprit d'ouverture vers la clientèle. Il désigne par conséquent, bien avant les autres directions, celle de la distribution pour jouer un rôle moteur. Ce qui explique la cible choisie pour le message du président : les chefs d'unité. Or, pour plusieurs raisons, la position de cette direction est difficile à tenir. Sa mixité la gêne, car les perspectives de développement des deux établissements, EDF et GDF, s'appuient sur des stratégies distinctes, ce que traduisent les tendances à la séparation dont nous avons parlé. La création au sein d'EDF, en 1989, d'une direction pour le développement de la stratégie commerciale (DDSC), embryon d'une future direction commerciale, si elle préfigure un possible « démixtage », ne peut pour l'heure qu'augmenter l'embarras de la distribution. Encore plus gênante est l'ambiguïté du statut de l'entreprise. On a vu que celle-ci est partagée entre, d'un côté, son statut réel d'entreprise publique exerçant un monopole sur une énergie indispensable, avec ce que ce statut lui permet de faire ou de ne pas faire, et, d'un autre côté, sa volonté de développer une logique commerciale propre à l'entreprise. Au nom du service public, sa capacité d'action est *a priori* bornée car il s'agit d'éviter toute dépense qui pourrait être perçue comme un gaspillage, notamment en matière de publicité. Au nom de la logique commerciale, toute action permettant de vendre plus ou mieux est, *a priori*, justifiée. Autrement dit, toute mobilisation porte en elle ses propres obstacles.

Enfin, à bien regarder les diverses pratiques de mobilisation mises en œuvre dans l'Établissement, on s'aperçoit que toutes cherchent à provoquer un changement endogène. Parallèlement, on constate que, dans tous les domaines qui intéressent l'entreprise, les modèles généraux qui pourraient servir de référence ne fonctionnent plus. La planification n'est plus identifiée à la raison : les sources d'erreur sont à la fois trop importantes et trop nombreuses. On ne peut maîtriser à l'avance ni le cours du dollar, ni celui du pétrole, ni la consommation d'énergie, ni les développements technologiques, ni les accidents dans les centrales et les réactions qu'ils provoquent, ni le comportement syndical. Toute prévision impose une actualisation permanente qui lui enlève pertinence et utilité. Sur le plan économique, planification et stratégie subissent une perte de sens. La remise en cause de la planification est une critique de la domination du quantitatif, de la tyrannie des chiffres et, finalement, de la notion de modèle qui, pour EDF, avait pris un poids gigantesque. Sur le plan de la gestion du personnel, les prévisions deviennent très difficiles à établir. Les marges de manœuvre se sont réduites, minant *a priori* les initiatives qui pourraient désormais améliorer les systèmes de recrutement, de promotion et de salaire.

Le repli sur soi apparaît alors comme un refuge, « une voie de dégagement », quand a été épuisé le recours à tous les modèles existants [9], bien plus tentante, pour beaucoup, que l'engagement dans des formules qui se veulent mobilisatrices.

La voie de la mobilisation, sans être définitivement vouée à l'échec, se heurte à des limites considérables. Cela dit, la plupart des dirigeants considèrent qu'elle peut mener à des améliorations sensibles, ce qui suffit à lui donner une place non négligeable.

En fait, si la mobilisation se veut tournée vers l'extérieur, elle ne se place jamais au niveau de la politique énergétique. Mais certains dirigeants considèrent que le cadre d'action de l'entreprise se desserrerait déjà si la mobilisation collective parvenait à tenir à distance un État jugé trop interventionniste tout en poussant la CGT à se transformer. Ce qui est une façon de s'écarter du modèle fondateur dans lequel État, direction d'EDF et CGT jouent dans un espace où toute opposition des deux premiers acteurs appelle un rapprochement des deux derniers.

---

9. Maurice THÉVENET, « La culture d'entreprise en neuf questions », *Revue française de gestion*, n° 47-48, sept.-oct. 1984.

On le voit, la mobilisation est éloignée de la modernisation. Ces deux démarches ne s'excluent pas l'une l'autre. Elles peuvent être complémentaires, à un moment donné. Peut-être même existe-t-il des formules susceptibles de les intégrer, par exemple autour du thème de la délégation. Déléguer — et l'idée est de plus en plus présente chez certains dirigeants — c'est en effet, tout à la fois, mobiliser les agents et la hiérarchie en confiant à chacun des responsabilités et des moyens accrus, c'est aussi agir de manière rationnelle, en cherchant à utiliser au mieux les compétences et en mettant en place des procédures d'évaluation. Mais, fondamentalement, mobilisation et modernisation sont des voies très différentes, faisant chacune appel à des moyens tout à fait distincts et répondant à des problèmes de nature très différente.

La modernisation évoque la transformation rationnelle, l'amélioration des structures mêmes, de leur mode de fonctionnement, avec, en amont et en aval, toutes les remises en cause laborieuses et difficiles que cela suppose, alors que le mode de fonctionnement préexistant semble encore pouvoir tenir.

La mobilisation du personnel implique, elle aussi, des remises en cause, tout aussi profondes, touchant notamment à la hiérarchie des priorités et à tout ce qui relève de la stratégie de l'entreprise. Mais elle en appelle à la conviction, à la passion, à l'identification vis-à-vis de l'Établissement, bien plus qu'à la raison. Enfin, la modernisation s'accomplit généralement de matière lente, continue, éventuellement par vagues, et les effets n'en sont souvent perceptibles que beaucoup plus tard. A l'inverse, la mobilisation désigne des objectifs, ou du moins un défi à relever, et préfigure, explicitement ou non, des échéances nécessairement bien plus courtes que celles qu'exige la modernisation. Cette dernière intervient graduellement, souvent après qu'aient été mises en place et observées localement des situations expérimentales ; elle est d'abord partielle, même si elle a des visées de généralisation. Au contraire, la mobilisation réclame une démarche globale et volontaire ; c'est pourquoi elle ne peut être introduite que par le haut. Elle ne peut, par essence, accepter les demi-mesures, les avancées par paliers, partielles ou locales. En somme, la complémentarité des deux démarches — modernisation et mobilisation — n'est que fortuite. Ce qui interdit d'associer trop étroitement le projet d'une modernisation bâtie autour de la souplesse, de la déréglementation et de la flexibilité, et celui d'une mobilisation de toute l'entreprise. Tout au plus peut-on chercher à articuler modernisation et mobilisation, en y voyant clairement deux niveaux d'action hiérarchisés. Mais ce qui domine dans les groupes de recherche est bien plus l'idée d'une fusion des deux démarches que celle d'une articulation. Ce qui confirme en fin de compte le refus ou l'incapacité d'adopter des choix tranchés, d'engager une stratégie de modernisation à outrance ou, en référence à l'expérience japonaise — ou tout au moins à son mythe —, de développer des pratiques de mobilisation systématiques et plus ou moins imposées à tous.

Au début des années quatre-vingt, EDF, avec en particulier le projet d'entreprise, a inauguré une politique de mobilisation. Quelques années plus tard, tout se passe comme s'il s'agissait, pour ses dirigeants, de resserrer les boulons et de proposer des formules plus prudentes, mais peut-être aussi plus complexes. C'est ainsi que deux idées sont apparues en 1987-1988, à l'occasion du changement de président et de directeur général, celles de *qualité totale* et de *management stratégique intégré* [10]. Ces deux idées associent l'une et l'autre les notions de mobilisation et de modernisation. La question est évidemment de savoir si les dirigeants d'EDF sont capables, effectivement, de transcrire ces idées en pratiques. Rien pour l'instant n'autorise à apporter une réponse tranchée.

10. Une note de dix-huit pages du 19 avril 1988, signée du directeur général d'EDF, explique ce qu'est le nouveau mode de management stratégique intégré. Il doit répondre « aux exigences d'aujourd'hui et de demain en combinant harmonieusement décentralisation et cohérence, anticipation et réactivité » (p. 4) ; « c'est un système de pilotage au service d'un projet permettant d'organiser dans la durée les nécessaires adaptations de l'entreprise, de ses capacités et de son activité aux exigences de l'environnement » (p. 7). De même, la « qualité totale » est explicitée, par exemple, par un texte d'EDF (commission de l'exploitation), daté du 24 novembre 1988. Il s'agit de favoriser « le développement de la cohérence et de la solidarité au sein du corps social que constitue l'entreprise » (p. 2). « La qualité, c'est la capacité effective de chaque acteur et de l'entreprise d'identifier et de satisfaire, au moindre coût, les besoins de ses clients » (p. 4) ; « la démarche qualité » part « de la conviction que la qualité repose essentiellement non pas sur des normes, mais sur la capacité et l'implication des acteurs, jusqu'alors trop souvent appelés exécutants, à assurer et à améliorer la qualité » (p. 6).

Conclusion

I

Les dirigeants d'EDF se sont installés, en quarante ans, dans des logiques d'action de plus en plus complexes, commerciale, technocratique, puis post-technocratique ; l'État a changé, et leurs rapports avec l'administration et le pouvoir politique, tant central que local, se sont densifiés et modifiés ; de nouveaux acteurs ont fait leur entrée dans l'espace social d'EDF, organisations de consommateurs, mouvement antinucléaire, puis leur déclin a renforcé l'importance de l'opinion publique et l'influence des médias ; le couple direction-CGT a vieilli et, s'il n'est pas question de divorce, il y a, du moins du côté des dirigeants, du fantasme et des velléités de séparation. Enfin, si le management d'EDF s'oriente vers des pratiques de mobilisation qui semblent s'écarter du modèle fondateur, on constate une réelle prudence de la part des dirigeants, manifestement soucieux de ne pas déstabiliser l'Établissement ou d'en menacer la cohérence.

Il faut donc reconnaître une tendance générale à l'épuisement du modèle fondateur, mais ne la considérer que dans une perspective à très long terme.

Il n'y a pas d'évolution linéaire, irréversible, et plutôt des inflexions successives qui n'interdisent pas des renversements conjoncturels de tendance. Le système d'acteurs du modèle fondateur a conservé une certaine vigueur, une capacité à fonctionner, et la volonté des dirigeants d'en sortir, bien réelle, ne l'emporte jamais sur la sécurité, les degrés de liberté et les autres avantages qu'il continue de leur apporter.

Au moment où nous achevons cet ouvrage, trois lignes de force se précisent, révélatrices des tendances à la sclérose du modèle fondateur, mais aussi des efforts pour en produire l'*aggiornamento.*

La première concerne les relations entre la direction et les syndicats. La CGT, comme en atteste son score aux élections professionnelles de novembre 1988 (55 % des suffrages exprimés), a su enrayer la décroissance de son audience et considérablement renforcer son impact. En même temps, on constate que le rapport CGT/direction s'est dans l'ensemble tendu, au point parfois que la communication semble rompue. La direction signale de nombreux incidents, qui témoignent d'un réel durcissement, proche, dans les cas extrêmes, de l'affrontement physique ; elle-même choisit, bien plus que par le passé, des positions de grande fermeté pouvant aller, à la limite, jusqu'à la prise de sanctions visant des agents qui, auparavant, n'auraient certainement pas été inquiétés de la même façon.

La CFDT a, elle aussi, légèrement progressé aux élections professionnelles de 1988, mais semble moins pressée, ou moins capable d'être la cheville ouvrière d'un « bloc des quatre » susceptible de faire face à la CGT. Notre recherche a montré la fragilité de l'hypothèse d'une union des quatre syndicats minoritaires contribuant à affaiblir la CGT : cette hypothèse, dans la conjoncture actuelle, a perdu beaucoup de sa crédibilité, d'autant que FO, dont le leader confédéral a changé (M. Blondel succédant à M. Bergeron), ne semble pas décidée, à EDF, à suivre la ligne antérieure. C'est ainsi que l'accord d'intéressement signé entre la direction et les quatre syndicats minoritaires en 1988 n'a pas été suivi, contrairement à ce qui était prévu, par un autre accord relatif à la décentralisation des procédures d'intéressement.

Le retour en force de la CGT n'est pas un retour en arrière, il n'indique nullement que l'Établissement se ressaisit ou se retrouve autour du modèle fondateur. S'il ruine, du moins provisoirement, l'hypothèse d'un « bloc des quatre », il s'accompagne aussi d'un véritable raidissement. Les positions des acteurs se durcissent, le système de relations se fige (sur l'axe direction-CGT), ou s'effrite, sans qu'on puisse pour autant parler de mutation ou de changement rapide. On est loin, à EDF, de la restructuration rapide et relativement brutale de la Régie Renault au milieu des années quatre-vingt, et ce qui domine est de l'ordre de la crise et du blocage bien plus que de la mise en place massive de nouveaux rapports entre la direction et les syndicats.

Une deuxième ligne de force se joue dans la relation entre la direction et l'État. Un contrat d'objectifs, signé par EDF en 1989 avec les pouvoirs publics, fixe des objectifs à l'Établissement (désendettement, baisse des tarifs, amélioration de la qualité), mais aussi l'autorise à développer ses ventes à l'étranger et — ce qui est plus important de notre point de vue — à conclure des accords de partenariat avec des groupes industriels et à s'ouvrir à de nouveaux champs d'activité. La puissance publique ouvre ainsi la voie de la diversification et du partenariat, dont nous savons qu'elle prolonge le moment technocratique du nucléaire. Il y a là une innovation qui traduit la déstructuration du modèle fondateur du point de vue de l'axe direction d'EDF-État, mais qui surtout nous montre que, sur ce deuxième axe, ce qui domine est de l'ordre du changement et de la mise en place d'un nouveau mode de fonctionnement, et non de la crise ou du blocage.

Enfin, le thème de l'Europe fait de plus en plus son chemin au sein de l'Établissement. Au moment où nous avons mené notre recherche, sur le terrain, il était peu présent, et ne semblait intéresser qu'un nombre limité de dirigeants, pour qui, de surcroît, il ne constituait généralement qu'une préoccupation accessoire. Ainsi, lorsque notre deuxième groupe de recherche a reçu un invité dont les responsabilités politiques étaient à la fois européennes, nationales et locales, les participants, malgré l'invitation pressante et répétée des chercheurs, se sont détournés dans l'ensemble de la question européenne.

Mais aujourd'hui, une telle rencontre prendrait certainement un tour différent. A EDF, on a désormais la plus vive conscience que l'Europe constitue un enjeu d'importance. Du point de vue de la direction, on considère qu'il y a là une chance historique pour l'Établissement et, peut-être, pour l'industrie nationale : pour l'Établissement, dans la mesure où un marché considérablement élargi s'ouvre à une énergie nucléaire abondante et produite à un coût concurrentiel, pour l'industrie française, que les prix relativement faibles de l'électricité pourraient encourager à s'engager avec confiance sur l'espace défini par l'Acte unique. C'est pourquoi les documents stratégiques élaborés par la direction générale mettent l'accent, bien plus que par le passé, sur les perspectives apportées par la construction de l'Europe ; c'est pourquoi, tout aussi bien, des voix se font entendre, notamment à la CGT, pour s'inquiéter des conséquences sur l'emploi, les salaires ou les conditions de travail que pourrait entraîner un engagement européen accéléré par la direction.

On voit ainsi s'ébaucher de nouvelles orientations, les unes internes, mettant en cause le rapport avec la CGT, les autres externes, concernant l'État et les perspectives économiques européennes. Mais on constate aussi que ces orientations ne sont pas véritablement articulées ; elles sont, pour l'instant, bien davantage juxtaposées, même si fleurit dans l'Établissement le discours de la qualité totale ou du management stratégique intégré. L'évolution d'EDF vers la mise en place d'un nouveau modèle n'est pas linéaire, certes ; elle s'opère, de surcroît, selon des lignes de pente parfois divergentes, et non sans ambivalence.

Cette première conclusion isole EDF dans sa spécificité. Mais ne faut-il pas aussi, en cette fin de parcours, situer notre recherche par rapport à des enjeux plus larges ? Trois questions, en fait, méritent examen. La première inscrit EDF dans l'ensemble des grandes entreprises françaises, la seconde dans celui des entreprises publiques ou nationalisées ; quant à la troisième, elle renvoie à des problèmes d'une tout autre ampleur, puisqu'il s'agit de voir dans la déstructuration du modèle fondateur et l'esquisse d'une nouvelle formule une expression, économique mais aussi symbolique, de la crise actuelle de la modernité.

II

Grande entreprise, EDF, à bien des égards, n'est pas fondamentalement différente, dans son évolution récente, d'autres entreprises, publiques ou privées.

On le constate avant tout en considérant ses pratiques de management.

Qu'il s'agisse de formation, de conseils d'ateliers ou de groupes d'expression, de projet d'entreprise, qu'il s'agisse de promotion, d'image, de sponsoring ou de mécénat, EDF est en permanence engagée dans des efforts comparables à ceux d'autres grandes entreprises du secteur industriel ou commercial. Ses dirigeants croisent leurs homologues d'autres firmes à l'occasion de débats, de colloques, de sessions de formation, de missions d'étude ou dans des cercles de réflexion où, manifestement, la communication s'établit vite et bien sur fond de préoccupations partagées. Certes, EDF présente ses spécificités, majeures, liées à la puissance de l'Établissement, à la nature du produit et au monopole de sa distribution ou à la tutelle étatique. Mais elle inscrit son action dans un mouvement d'ensemble qu'illustre tout aussi bien, par exemple, le rapport présenté récemment au Premier ministre par Antoine Riboud, président de BSN [1], et dont la principale caractéristique est de chercher à combiner dans un même management des efforts de modernisation et de mobilisation.

A EDF comme ailleurs, il est de moins en moins possible d'envisager de manière séparée les relations avec l'extérieur et les relations internes. C'est pourquoi apparaissent des notions qui en appellent à la « qualité totale » ou au « management stratégique intégré ». L'introduction de telles notions doit beaucoup à l'intervention de consultants, eux-mêmes en contact avec d'autres entreprises ; surtout, elle s'inscrit dans l'air du temps, et semble, à la limite, procéder de phénomènes de mode qui, là encore, concernent EDF en même temps que d'autres.

Et si EDF semble parfois se distinguer, ce n'est pas parce qu'elle en fait moins que d'autres dans le domaine du management moderne. C'est au contraire parce qu'elle en fait plutôt davantage, ou qu'elle joue un rôle novateur. EDF a été une des toutes premières entreprises en France à donner forme, très concrètement, à un projet d'entreprise. Elle fait figure de pionnier dans la réflexion sur la notion de culture d'entreprise et a, là aussi très concrètement, joué un rôle leader dans les premiers développements de l'histoire d'entreprise. Elle a, dès sa création, accordé une place considérable aux sciences sociales, et en particulier dans sa politique de formation des agents et de la hiérarchie [2]. Elle a recours massivement (ce qui ne veut pas

---

1. Antoine Riboud, *Modernisation, mode d'emploi*, Paris, 10/18, 1987.

2. Signalons, à titre d'exemple, que la revue *Éducation permanente* accueille un supplément édité par le service de la formation professionnelle d'EDF-GDF. Ce supplément « se propose d'être un instrument de connaissance et de valorisation de nos réalisations éducatives et de ceux qui les mènent ; un instrument d'autoformation pour ceux qui, à travers l'écriture, veulent prendre du recul vis-à-vis de leur pratique ».

dire à bon escient) à des consultants, cette figure sociale si récente (et encore si mal connue) dont on peut penser qu'elle vient partiellement se substituer, dans l'entreprise post-taylorienne, aux ingénieurs de l'entreprise taylorienne.

Et après tout, elle a vu dans notre intervention sociologique, qu'elle a voulue et facilitée, une expérience qui, à deux reprises, a fait d'une dizaine de dirigeants, pendant dix à douze jours pleins, les sujets d'une recherche et non pas les consommateurs passifs d'une formation : quelle autre entreprise se serait ainsi engagée ?

C'est pourquoi notre question initiale doit être reformulée. Elle n'est plus de savoir si, en matière de management, EDF appartient au peloton des entreprises modernistes, mais de comprendre un paradoxe. Comment se fait-il que ce soit elle, une entreprise publique, que l'on rencontre si souvent aux avant-postes ?

Une réponse juste, mais encore superficielle, consiste à rappeler les moyens considérables dont dispose l'Établissement. Aujourd'hui encore, malgré le ralentissement de la croissance, EDF vit dans l'aisance, sinon dans l'abondance, et les pratiques novatrices en matière de management ne grèvent pas particulièrement son budget. Mais il faut aller plus loin.

Si EDF, malgré sa lourdeur, ses blocages bureaucratiques, la médiocrité de son action commerciale, ses sureffectifs, le surdimensionnement de son parc nucléaire ou le poids de sa CGT, unique en France, apparaît *aussi* comme innovatrice en matière de management, c'est parce qu'elle a toujours été, dès sa création, un acteur du développement. La reconstruction d'après-guerre, le programme hydraulique et même le programme nucléaire ont impliqué une forte tension de tous, une intégration de l'ensemble, pour répondre à des grands défis. S'identifiant à l'intérêt collectif, à l'indépendance énergétique du pays, à la place de la nation dans le monde, agents, hiérarchie et dirigeants d'EDF savent ce qu'est un effort de mobilisation dont le principe, sinon la notion, appartient à la culture de l'Établissement. Or, c'est précisément ce principe qu'ont découvert, bien plus récemment, la plupart des grandes entreprises françaises.

Après avoir longtemps constitué avant tout un espace pour des conflits de classes, après avoir longtemps été dominées par les problèmes de l'organisation du travail, celles-ci sont entrées, comme dit Touraine, dans l'ère des stratégies [3] ; elles prennent conscience, avec un retard considérable sur EDF, de l'importance de la mobilisation du personnel, elles deviennent, elles aussi, des acteurs du développement. Un paradoxe de plus est qu'au même moment EDF est sans défi, sans dessein réellement mobilisateur, installée dans la gestion de l'après-nucléaire bien plus que dans la préparation d'un grand projet.

III

Tel que nous l'avons décrit dès le premier chapitre, le modèle fondateur est celui de la seule EDF, et il présente de nombreuses caractéristiques qui lui sont propres. Mais il appartient aussi à une famille, qui est celle des entreprises publiques ou nationalisées. Famille qui, en France, s'est formée autour de la Seconde Guerre mondiale, dans les chemins de fer ou la construction aéronautique avant-guerre, et, beaucoup plus massivement, avec la vague de nationalisations de la Libération (houillères, électricité, gaz, usines Renault, banques, assurances, etc.). Famille dont on trouve des équivalents dans d'autres pays d'Europe occidentale, Grande-Bretagne, Autriche, Allemagne, Italie notamment [4].

La pérennité d'EDF est-elle mieux ou moins bien assurée que celle d'autres entreprises du même type en France ? Avant d'examiner ce point, même sommairement, il convient de situer l'expérience ou, si l'on préfère, le modèle français par rapport à ce que l'on constate ailleurs, en Grande-Bretagne notamment, où les nationalisations n'ont pas résisté à un mouvement de privatisation inauguré dès 1951 (sidérurgie) et considérablement accéléré avec la venue au pouvoir de Mme Thatcher.

Présentant un ensemble de recherches sur les nationalisations de la Libération, Antoine Prost en tire une conclusion importante : elles « n'ont pas été œuvre partisane [...]. Des communistes au MRP en passant par l'UDSR et la SFIO, des novateurs de la Résistance aux anciens réformistes de la CGT, sans oublier le général de Gaulle, tous les groupes influents ont eu,

3. Alain Touraine, « Le tre ere dell' impresa », *op. cit.*

4. Cf. *Le Mouvement social*, n° 134, mars 1988, consacré aux nationalisations d'après-guerre en Europe occidentale.

à un moment ou à un autre, une part de responsabilité [...]. Le fait majeur reste cette convergence d'ensemble [5] ». Et si la France n'a pas dénationalisé par la suite, c'est précisément en raison de cette convergence, qui aurait perduré.

Dans ce raisonnement, la pérennité du modèle français, par conséquent, est donc avant tout d'ordre politique, elle n'est pas sociale ni économique.

Mais peut-on accepter entièrement une telle explication ? La durabilité des nationalisations de la Libération, note Richard Kuisel, a peut-être moins à voir que ne le dit Antoine Prost avec le remarquable consensus qui les a créées : « La plupart des nouvelles entreprises soit se sont rapidement adaptées aux critères du marché, soit ont produit des biens et services qui assuraient leur existence. C'est leurs performances [...] qui comptent dans le fait qu'elles survivent encore au milieu des années quatre-vingt [6]. »

Ce qui nous rapproche de la perspective adoptée dans notre recherche, centrée sur les acteurs et leur action plus que sur les facteurs extérieurs qui la conditionnent. Il est indéniable qu'en France, jusqu'en 1986, il était politiquement difficile d'envisager de porter atteinte aux nationalisations ; et même au moment de la poussée libérale, les dénationalisations du gouvernement dirigé par Jacques Chirac (1986-1988) ont concerné les entreprises nationalisées en 1981, et non pas celles de la Libération. Un processus, une décision politiques peuvent toujours défaire ce qu'un autre processus ou une autre décision ont produit. Mais s'en tenir à cette seule explication revient à faire l'impasse sur les acteurs dirigeants qui pilotent les entreprises concernées, à leur dénier tout rôle historique, à se désintéresser, pour parler comme Kuisel, de leurs performances. La force du modèle français, et en particulier à EDF, est dans l'efficacité dont il a longtemps su faire preuve. La recherche nous a donné une occasion spectaculaire de le constater puisque, face à un ardent promoteur des dénationalisations, un groupe de dirigeants a su l'emporter et le convaincre de l'absurdité économique qu'il y aurait eu, en 1986, à privatiser EDF.

---

5. Antoine PROST, avant-propos à Claire ANDRIEU, Lucette LE VAN, Antoine PROST, *Les Nationalisations de la Libération. De l'utopie au compromis*, Paris, FNSP, 1987, p. 15.

6. Richard KUISEL, dans sa recension du livre précité, *The American Historical Review*, vol. 93, déc. 1988, p. 1346-1347.

C'est parce que leurs dirigeants jouent un rôle essentiel dans la pérennité de l'entreprise qu'ils pilotent et, au-delà, dans celle d'un système ou d'un modèle d'action, que le présent et l'avenir ne sont pas les mêmes pour les différentes entreprises nationalisées. Les conflits sociaux et les problèmes techniques à EDF n'ont pas la même acuité qu'à la SNCF, où une série de graves incidents et d'importants mouvements revendicatifs traduisent depuis plusieurs années un même état de crise. On n'observe à EDF ni l'incapacité — patente à la RATP — d'articuler l'intérieur et l'extérieur, ni la distance considérable, qui sépare dans cette régie des rapports sociaux internes, figés et archaïques, d'un dynamisme commercial dont atteste la qualité des campagnes promotionnelles. Les dirigeants d'EDF, contrairement à leurs homologues de la DGT (devenue récemment France-Télécom), ne demandent pas un changement radical de statut. La situation économique et financière de l'Établissement, tout comme sa compétitivité scientifique et technologique ne présentent rien d'inquiétant, à l'inverse des difficultés rencontrées par la Régie Renault avant sa restructuration du milieu des années quatre-vingt et, plus encore, de celles des Charbonnages de France, soutenus à bout de bras par l'État.

La dégradation du modèle fondateur ne signifie pas à EDF une crise brutale, mais plutôt une lente déstructuration des rapports qui ont jusqu'ici assuré l'efficacité de l'Établissement. Mieux même, les critiques classiques de l'entreprise publique, bien recensées par Patrick Fridenson [7], ne concernent EDF que très accessoirement. Les succès scientifiques indéniables permettent de rejeter les accusations d'aventurisme technologique, les résultats économiques rendent hasardeux tout reproche systématique de mauvaise gestion ; l'organisation d'un réseau national est une qualité structurelle, et non un handicap ; la politisation n'a jamais empêché le développement de l'Établissement, tout au contraire peut-être, du moins si l'on considère le soutien de la CGT (et du PCF) aux grands programmes de la direction ; et si EDF correspond à un modèle qui a peut-être fait son temps, elle n'en continue pas moins à fonctionner de manière somme toute satisfaisante. Disons-le d'une phrase : EDF est la

---

7. Patrick FRIDENSON, « Atouts et limites de la modernisation par en haut : les entreprises publiques face à leurs critiques (1940-1986) », in *Le Capitalisme français*, Paris, Fayard, 1987, p. 175-194.

dernière traduction encore exemplaire, la dernière référence positive, et pourtant déjà diminuée, pour un type d'entreprise qui, en dehors d'elle, semble connaître un déclin historique, ou tout au moins une formidable crise.

IV

En France, la modernité se caractérise, depuis le siècle des Lumières et la Révolution de 1789, par une combinaison de confiance dans la raison, d'identification à la nation et de centralisation étatique. La raison doit assurer le progrès et le recul de l'obscurantisme, la nation fait du pays, en lui-même, un universel ; quant à l'État jacobin, il apporte, outre l'efficacité, la garantie que l'intérêt collectif prime sur les intérêts particuliers.

Cette conception de la modernité a connu des hauts et des bas, et l'immédiat après-guerre fut certainement un de ses hauts. La création d'EDF illustre en effet jusqu'à la caricature la version française de la modernité. Confiance dans la science et dans la technologie, adhésion à un projet de reconstruction nationale, référence au service public, mode de fonctionnement centralisé — tout, dans le modèle fondateur, renvoie très directement à la notion de modernité.

Celle-ci est aujourd'hui en crise et, bien au-delà d'EDF, au point que certains considèrent que nous sommes entrés dans la post-modernité [8]. Les premiers signes de cette crise datent de la fin des années soixante, quand on a vu surgir le doute dans la science, puis quand les utopies écologistes et les mouvements sociaux ont côtoyé le goût pour l'irrationnel, le rejet de la médecine moderne, la peur des manipulations génétiques ou du nucléaire.

EDF, plus que d'autres, a incarné la crise et surtout une certaine capacité à lui résister. La crise a d'abord affecté chacun des éléments constitutifs d'une référence à la modernité : le doute est monté, çà et là, un certain malaise a saisi quelques dirigeants ; la notion de service public est apparue plus ou moins obsolète. Mais c'est surtout l'intégration de l'ensemble qui, manifestement, est en cause. Il n'est pas question d'en finir avec

---

8. Cf., par exemple, Jean-François LYOTARD, *La Post-Modernité racontée aux enfants*, Paris, Galilée, 1985.

la raison, la nation et un certain type d'État et de développement. Mais ce qui était comme indissolublement mêlé se sépare, et on voit mal comment restructurer ce qui se défait. État et nation sont opposés, désormais, bien plus que fusionnés dans une même représentation, et le problème est plus de vendre de l'électricité que de s'en tenir aux seules exigences du calcul économique et de la tarification scientifique. Pour mobiliser le personnel, il est de plus en plus difficile d'en appeler à l'intérêt collectif, au service public ou à la nation, et les dirigeants parlent plutôt des intérêts de l'Établissement, de la nécessité de commercialiser le produit, voire d'intéressement individuel, de primes et d'avancement. Pourquoi le progrès, la raison, la nation et l'État iraient-ils nécessairement et toujours de pair ? Pourquoi l'intérêt collectif serait-il toujours identifiable à l'intérêt particulier de l'Établissement et de ses agents ? Fille des Lumières, EDF nous a montré qu'au sortir de la guerre, et pendant de longues années, cela était possible. Ce qu'indiquent les efforts actuels de ses dirigeants, c'est que cela est de plus en plus difficile, et pourtant à leurs yeux toujours aussi nécessaire. N'est-ce pas là, précisément, le type de défi qui s'impose à tous ceux qui, sans rompre avec la modernité, entendent la réinventer ?

Annexes

Annexe 1

Note de méthode

Ce livre repose pour l'essentiel sur une recherche qui a comporté une phase préparatoire, classique dans sa méthodologie, puis, à deux reprises, un travail de groupe s'inspirant de la méthode de l'intervention sociologique [1].

I - La phase préparatoire

La phase préparatoire a consisté en une vague d'entretiens menés en 1984 par Michel Wieviorka et Francis Jaureguiberry avec vingt-trois dirigeants de l'Établissement.

Ces entretiens semi-directifs, d'une durée moyenne de deux heures trente, ont surtout permis de dégager l'image d'une structure de relations entre les dirigeants d'EDF et d'autres acteurs. Ils ont été complétés par trois réunions où ces mêmes dirigeants, rassemblés en autant de groupes, ont eu l'occasion de discuter d'une présentation, par les chercheurs, des principaux résultats de l'enquête. De cet ensemble d'entretiens individuels et de débats collectifs a été tiré un raisonnement général sur l'action des dirigeants d'EDF. Ce raisonnement a animé aussi bien l'élaboration de la phase ultérieure que les hypothèses qui y sont testées.

---

1. Sur cette méthode, cf. notamment Alain TOURAINE, *La Voix et le Regard*, Paris, Seuil, 1978. Sur ses applications les plus récentes et les plus éloignées des mouvements sociaux, cf. François DUBET, *La Galère*, Paris, Fayard, 1987, et Michel WIEVIORKA, *Sociétés et terrorisme*, Paris, Fayard, 1988.

Direction générale

Directeur général adjoint	7 et 19 juin
Directeur	1er mars
Directeur adjoint	17 avril
Chargé de mission	21 mars

Direction de la distribution

Directeur	9 mars
Contrôleur général	17 mai
Délégué régional	18 avril
Chargé de mission	20 avril
Directeur régional	17 mai
Chef du service des relations avec la clientèle	24 avril

Direction de la production et du transport

Directeur	29 mars
Contrôleur général adjoint	23 mars
Contrôleur général adjoint	28 mai
Chef de CPN*	19 avril
Chef de GRPH	28 mai
Chef de CRTT	25 avril
Chef de CIME	20 avril
Chef de GRPT	20 avril

Direction de l'Équipement

Directeur	26 avril
Directeur de région d'équipement	17 avril

Direction des études et recherches

Directeur	15 mars

Direction du personnel et des relations sociales

Directeur	29 avril
Sous-directeur	16 février

* On trouvera une liste des principaux sigles et abréviations en fin de volume.

Les entretiens collectifs ont eu lieu les 29 novembre, 5 et 6 décembre 1984.

II - L'intervention

L'action des dirigeants d'EDF est celle non pas d'individus développant des stratégies personnelles, mais d'un acteur collectif défini par sa capacité à piloter l'Établissement, que ce soit vis-à-vis de l'extérieur ou de l'intérieur. C'est pourquoi l'étude de cette action a fait appel à une méthode reconnaissant son caractère collectif, et a eu recours à des *groupes* de dirigeants, et non à des personnes considérées *isolément*.

Les entretiens de groupes, lorsqu'ils sont menés de manière traditionnelle, mettent les participants en situation relativement passive. Ceux-ci sont là pour répondre à des questions et réagir à des interrogations ou des affirmations. Au-delà d'informations factuelles, le discours qui se déploie alors nous informe sur les représentations de l'acteur, ses conceptions des autres et de lui-même. Mais il ne peut apporter qu'une version unilatérale et plus ou moins partielle des relations dans lesquelles il est partie prenante.

Pour répondre à cet inconvénient, les deux groupes de dirigeants que nous avons formés pour notre recherche ont été, d'emblée, mis en position non pas de répondre à nos questions, mais de vivre, successivement, des *débats avec* divers *interlocuteurs* appartenant d'une façon ou d'une autre à leur champ d'action. Le principe de ces rencontres, toujours privées, a présenté un triple avantage. D'une part, elles permettaient aux participants de fonctionner en acteurs, activement et non pas passivement, de vivre des relations, d'être un terme dans des débats qui sont ceux qui définissent leur action ; d'autre part, elles les incitaient à mettre en cause leurs représentations spontanées, soumises nécessairement à l'appréciation d'interlocuteurs, et donc à débat et communication. Enfin, la succession des rencontres rendait évidentes la diversité et la complexité du système auquel les participants appartiennent, et les plaçait en face d'un vaste ensemble de problèmes dont ils n'avaient pas toujours une perception complète ni même, simplement, correctement informée.

Le plus souvent, la phase de terrain d'une recherche s'achève avec la collecte de données, le chercheur se contentant, au mieux, de tenir au courant de ses résultats les personnes qu'il a étudiées, ou certaines d'entre elles. Les acteurs sont alors écartés de l'analyse de leur action, qui relève d'une élaboration entièrement extérieure à eux. Ce qui affaiblit considérablement la portée du travail sociologique puisque celui-ci n'est pas soumis au test que constitue l'appropriation éventuelle, par les acteurs, des résultats et des raisonnements des

PREMIER GROUPE D'INTERVENTION

Liste des participants

EDF	Chef du CRTT Paris
EDF-GDF	Chef du centre de distribution mixte de Paris-Ouest
EDF-GDF	Directeur régional adjoint Direction régionale EDF-GDF de Bordeaux
EDF-GDF	Chef du centre de distribution mixte d'Angoulême
GDF	Chef du groupe gazier de la Région Nord
EDF	Chef du centre de production nucléaire du Blayais
EDF-GDF	Chef du centre de distribution mixte de Tours
EDF-GDF	Chef du centre de distribution mixte du Mans
EDF	Chef du GRPT Centre
EDF	Rapporteur général du comité de l'informatique

Calendrier des rencontres

14 janvier 1986	EDF-GDF, directeur adjoint à la DPRS
14 janvier 1986	CGPME, vice-président
14 janvier 1986	Ministère de l'Industrie, DIGEC
14 janvier 1986	Ministère de l'Intérieur, collectivités locales
15 janvier 1986	AFME
15 janvier 1986	Ministère de l'Urbanisme, du Logement et des Transports
15 janvier 1986	Séance sans interlocuteur
4 février 1986	Président du club « Printemps 86 »
4 février 1986	Économistes contestataires
4 février 1986	GIMELEC
4 février 1986	DGT
5 février 1986	Deux séances sans interlocuteur
5 février 1986	Rédacteur en chef de *Que Choisir ?* Union fédérale des consommateurs
18 mars 1986	Ministère des Finances, direction du Trésor
18 mars 1986	Journaliste à TF 1
18 mars 1986	Séance sans interlocuteur
18 mars 1986	FO
18 mars 1986	UNCM
19 mars 1986	Consultant, Société internationale des conseillers de synthèse
25 mars 1986	Agent de maîtrise, EDF, GRETS Ingénieur, centrale de Chinon B Agent d'exécution, CPN de Cattenom
25 mars 1986	EDF, directeur financier
25 mars 1986	CGT
26 mars 1986	Séance sans interlocuteur
13-14 juin 1986	Quatre séances sans interlocuteur
16 décembre 1986	Directeur général, GDF
18 décembre 1986	Ancien président d'EDF
19 décembre 1986	Ancien directeur général d'EDF
19 décembre 1986	Directeur général, EDF
9 mars 1987	Séance sans interlocuteur
9 mars 1987	EDF-GDF, DPRS

Deuxième groupe d'intervention

Liste des participants

EDF-GDF	Chef du service Approvisionnements et marchés
EDF-GDF	DPRS
EDF-GDF	Chef adjoint du centre de distribution mixte d'Évreux
GDF	Chef du groupe gazier de la Région Nord
EDF-GDF	Chef adjoint du centre de distribution mixte de Brest
EDF	Service de l'informatique et des méthodes
EDF	Adjoint au directeur de la région d'équipement de Tours
EDF	Chef du centre de production nucléaire de Creys-Malville
EDF	Sous-directeur, chef adjoint du service de la production hydraulique
EDF-GDF	Chef du centre de distribution mixte de Cergy-Pontoise
EDF	Chef du centre régional du transport d'énergie et des télécommunications Nord

Calendrier des rencontres

28 avril 1987	EDF-GDF, DPRS
28 avril 1987	Directeur ENA (1969-1975)
28 avril 1987	Ministère de l'Industrie, DIGEC
28 avril 1987	Union fédérale des consommateurs
29 avril 1987	Directeur général adjoint Aussedat-Rey
30 avril 1987	Président de la CSEEE (Chambre syndicale des entreprises d'équipement électrique de Paris et sa Région)
	Vice-président de la CSEEE
	Ingénieur, CSEEE
30 avril 1987	Militant écologiste
6 mai 1987	Fédération UNC-CFDT
	Confédération CFDT
6 mai 1987	Agent technique, EDF
	Agent d'exécution, EDF
	Magasinier, EDF
	Cadre, service commercial, EDF
	Agent d'exécution, EDF
	Agent de maîtrise, EDF
7 mai 1987	CGT
7 mai 1987	Séance sans interlocuteur
4 juin 1987	EDF, direction générale
	EDF-GDF, DPRS
4 juin 1987	Maire de Langon, conseiller régional
	Député PS, Gironde (1967-1986)
	Conseiller général (1970-1982)
4 juin 1987	Consultant
5 juin 1987	Séance sans interlocuteur
5 juin 1987	EDF, direction générale
5 juin 1987	Deux participants du premier groupe d'intervention
5 juin 1987	EDF-GDF, DPRS

des chercheurs. C'est pour éviter cet écueil que, dans notre recherche, la phase des rencontres avec interlocuteurs a été suivie d'une série de séances « fermées », sans participants autres que les membres du groupe et l'équipe de recherche. Au cours de ces séances, les chercheurs ont présenté leurs idées, défendu leurs hypothèses, débattu, parfois dans un climat de forte tension, avec les dirigeants mis ainsi en position non plus tant d'acteurs que d'auto-analystes de leur action.

Une hypothèse, un raisonnement rejetés et devenus indéfendables peuvent être considérés comme non pertinents ; inversement, plus les propositions des chercheurs étaient non seulement acceptées, mais mieux encore utilisées par les dirigeants — par exemple, pour lire l'histoire de leur action depuis quarante ans — et plus elles avaient une valeur heuristique. La méthode utilisée apporte donc sinon une démonstration, du moins un test de la valeur des raisonnements produits dans la recherche.

III - Les étapes de la recherche

Adaptation de la méthode d'intervention sociologique, notre démarche en reprend certains principes fondamentaux. D'une part, on l'a vu, elle entend placer les dirigeants d'EDF en position, premièrement, de vivre un rapport et non de le décrire en réponse à des questions (séances avec interlocuteurs), et, deuxièmement (séances fermées), d'engager une auto-analyse de leur pratique. D'autre part, elle procède du souci de décomposer analytiquement l'action pour mieux comprendre ensuite comment elle intègre diverses composantes. Enfin, elle donne priorité, parmi les différentes significations de l'action, à celle qui met en cause les enjeux les plus généraux, les plus importants du point de vue de la société. Elle recherche le sens le plus élevé de l'action, même s'il est peu présent ou — ce qui s'est révélé le cas — moins central que dans le passé, à l'époque, en l'occurrence, de la logique technocratique décrite dans le chapitre 2.

Plus concrètement, on peut distinguer cinq grandes phases dans la mise en œuvre de notre démarche.

1. La demande

Une recherche comme la nôtre n'est possible que si elle répond à une demande de la part de ceux qu'elle étudie. Dans le cas présent, la demande a été d'abord exprimée, très clairement, au niveau de la direction du personnel et des relations sociales (DPRS). Elle participait en fait d'une conjonction où trois éléments ont convergé :

• le climat favorable dans l'Établissement, où un effort considérable était à l'époque engagé autour du *projet d'entreprise*, c'est-à-dire d'un faisceau d'initiatives en appelant à l'ouverture vers l'extérieur ;

- le souci de la DPRS de promouvoir des formes novatrices de formation pour les cadres supérieurs — la recherche étant perçue aussi comme une expérience pouvant déboucher par la suite sur des programmes de formation ;
- l'intérêt, à EDF, pour les sciences sociales.

La demande de recherche ne coïncidait donc pas entièrement ou exclusivement avec les préoccupations des chercheurs, pour qui il s'agissait de produire des connaissances et non d'offrir à titre expérimental une formation originale à des dirigeants d'entreprise. Mais il y avait un large recouvrement, qui fait qu'il n'y a jamais eu d'ambiguïté sur le statut réel de l'expérience, bien perçue comme une *recherche* menée par des chercheurs *avec* (et non sur) des acteurs.

2. La constitution des groupes

Pour rassembler à deux reprises une dizaine de cadres dirigeants, nous avons d'abord dessiné, avec l'aide du directeur adjoint de la DPRS, l'image la plus riche et diversifiée possible de ce que pouvait être un groupe représentant au mieux les diverses composantes de l'action de ceux qui pilotent l'Établissement. C'est ainsi que nous avons fait varier, autant qu'il se pouvait, l'âge, l'appartenance aux différentes directions de la maison, la localisation géographique des membres du premier, puis du deuxième groupe.

Nous avons ensuite recherché, parmi les cadres dirigeants, ceux qui correspondaient le mieux à notre modèle théorique, et nous sommes entrés en contact avec eux, toujours par l'intermédiaire de la DPRS.

Les participants retenus ne sont pas les dirigeants du plus haut niveau, mais apparaissent immédiatement après dans la hiérarchie d'EDF, dans le peloton des cent cinquante cadres les plus élevés (rappelons que l'Établissement compte quelque 124 000 agents en 1987).

La plupart ont accepté d'emblée de s'engager dans l'expérience, qu'ils jugeaient originale, et nous n'avons eu aucune difficulté à construire nos deux groupes. Il faut dire que le soutien de la DPRS, qui fut très fortement incitatrice, a facilité grandement cette phase de la recherche. Ajoutons que le deuxième groupe fut mis sur pied après que la recherche avec le premier fut terminée, et essentiellement pour valider les résultats déjà obtenus, ou éventuellement les nuancer ou les mettre en cause.

3. Les interlocuteurs

Retenus pour des raisons qui ont déjà été exposées et en fonction de choix théoriques, les interlocuteurs étaient en principe invités à l'initiative des chercheurs, de façon à bien marquer le statut de la recherche. Ils n'étaient pas sollicités comme conférenciers, ni rémunérés comme tels, mais venaient participer à titre personnel à une réflexion sur l'action d'EDF. Dans certains cas, et en particulier en ce qui concerne les interlocuteurs internes (syndicalistes, jeunes agents, directeur général, etc.), la DPRS a servi d'intermédiaire, prenant les premiers contacts avant de passer le relais aux chercheurs.

Les rencontres avec interlocuteurs ont toujours été privées, sans aucun débouché journalistique, et ce livre est le premier document à en rendre compte publiquement. Les chercheurs, dans l'ensemble, y ont adopté une attitude peu interventionniste, se donnant essentiellement pour rôle de créer les conditions d'un débat approfondi en faisant circuler la parole ou en soulignant les convergences ou les divergences, surtout lorsqu'elles étaient surprenantes.

Les interlocuteurs du deuxième groupe sont la plupart du temps homologues à ceux du premier. Quelques-uns, pourtant, ont été invités pour pallier certaines lacunes dans le travail du premier groupe, tels le chef d'entreprise, les responsables de la CFDT ou les dirigeants d'une chambre syndicale d'électriciens.

4. L'analyse

A l'issue de douze ou quinze rencontres avec des interlocuteurs, aussi variés et intéressants qu'ils soient, un groupe d'intervention exprime plus ou moins confusément le besoin de passer à une autre étape, comme s'il y avait saturation, et nécessité de cesser d'être purement acteurs pour passer à l'analyse. Les séances « fermées », on le sait, répondent à cette nécessité. Les chercheurs ont ici, pour chaque groupe, procédé en deux temps principaux.

Dans un premier temps, ils ont proposé aux groupes d'approfondir, au fil de véritables tours de table et de débats parfois tendus, l'analyse de certains thèmes : le rapport à l'État, la question des relations entre GDF et EDF, etc. De telles discussions permettaient de mieux dégager la structure même du problème traité, et la manière dont les uns et les autres se situaient éventuellement par rapport à diverses positions possibles.

Dans un deuxième temps, décisif, les chercheurs ont présenté longuement, schémas à l'appui, leur raisonnement général, qui est celui qui apporte son fil directeur à notre ouvrage. Il y avait là un test. En refusant énergiquement, et malgré tous les efforts des chercheurs, l'hypothèse d'une logique technocratique, puis en l'acceptant très partiellement dans un deuxième temps (cas du premier groupe) ou de manière très confuse (cas du deuxième groupe), les participants nous ont confirmé la pertinence d'un raisonnement qui insiste, en particulier, sur la montée puis la déstructuration de la logique technocratique. Ce qui ouvrait la voie à la dernière phase de la recherche.

5. Retour à l'histoire et retour à l'action

Un raisonnement est d'autant plus pertinent que les acteurs s'en saisissent pour mieux analyser leur propre pratique, passée et présente, et, plus encore, pour en tirer des propositions pratiques. De ce point de vue, la recherche a été un succès puisque nous constatons que dans les deux cas le raisonnement proposé par les chercheurs permet un retour à l'histoire d'EDF, et donc éclaire le passé. Mieux encore, le premier groupe a voulu compléter son parcours de recherche par des rencontres avec d'anciens grands patrons de l'Établissement, de façon à préciser les ruptures et la continuité que sa propre réflexion avait permis de faire apparaître dans l'histoire de l'Établissement.

De plus, dans les deux groupes, il a été dit en fin de recherche que celle-ci ne serait pas sans effets dans la pratique des uns et des autres, et par exemple dans leurs attitudes vis-à-vis du « management participatif ». Surtout, une des leçons tirées de cette expérience, beaucoup l'ont dit, est de montrer tout l'intérêt d'une démarche interactive, et en même temps orientée par des chercheurs n'hésitant pas à intervenir. N'y a-t-il pas là un enseignement pour la politique de formation de toute entreprise ? On s'ennuie, très souvent, dans les stages, séminaires ou conférences, on y est passif, peu sollicité, on y perd son temps parfois : la recherche, à l'inverse, apporte des indications sur les orientations que pourrait prendre la formation, surtout au niveau des cadres dirigeants, elle montre un lien entre l'existence d'une capacité d'action propre aux dirigeants étudiés, et l'appel à des pratiques où ils seraient traités en acteurs de leur propre formation. Là réside peut-être le principal acquis pratique d'une expérience qui, en elle-même, ne se voulait pas opération de formation.

Conclusion

Notre recherche présente deux types de limites. Les unes tiennent à ses résultats : ils valent pour une certaine population, mais peut-être un peu moins pour le sommet de l'organisation, les quelques dirigeants qui forment le « gouvernement privé » de l'Établissement.

Ils laissent dans l'ombre, voire dans l'obscurité, bien des aspects de la vie d'EDF, bien des pans de son histoire, et apportent un éclairage somme toute relativement grossier. Tel est peut-être le prix à payer pour un effort qui a voulu avant tout démontrer une hypothèse, celle de la décomposition d'un modèle fondateur que les dirigeants d'EDF se refusent pourtant à abandonner.

Les autres limites renvoient à la méthode retenue. Celle-ci, en effet, n'est qu'une adaptation de la méthode d'intervention sociologique, qui fut élaborée pour étudier les mouvements sociaux et non l'action des dirigeants d'entreprise.

Avec ces derniers, la recherche risque toujours de perdre sa légitimité. Les chercheurs, on l'a vu, sont en permanence sollicités ou considérés en tant que formateurs, ou perçus comme consultants, il leur est difficile de maintenir une stricte définition d'eux-mêmes comme chercheurs et cette difficulté est symétrique à celles que posent les acteurs contestataires lorsqu'ils demandent aux sociologues de se comporter en amis de leur lutte, et donc en idéologues.

Pour ces raisons, et pour d'autres aussi, dont certaines d'ordre éthique (le sociologue doit-il contribuer à élever la capacité d'action des acteurs dirigeants, ne doit-il pas, d'abord et toujours, se tourner vers le bas, vers ceux qui sont dominés, exclus, aliénés ?), le recours à la méthode de l'intervention sociologique peut paraître contestable. Il nous semble pourtant que, même appauvrie ou simplifiée, celle-ci a apporté ici des résultats utiles qui peuvent servir non pas seulement à augmenter la capacité d'action des dirigeants concernés, mais aussi et surtout à alimenter les débats et la réflexion à travers lesquels notre société se produit elle-même.

Annexe 2

Documents

1. L'Établissement

ORGANIGRAMME DE L'ÉTABLISSEMENT

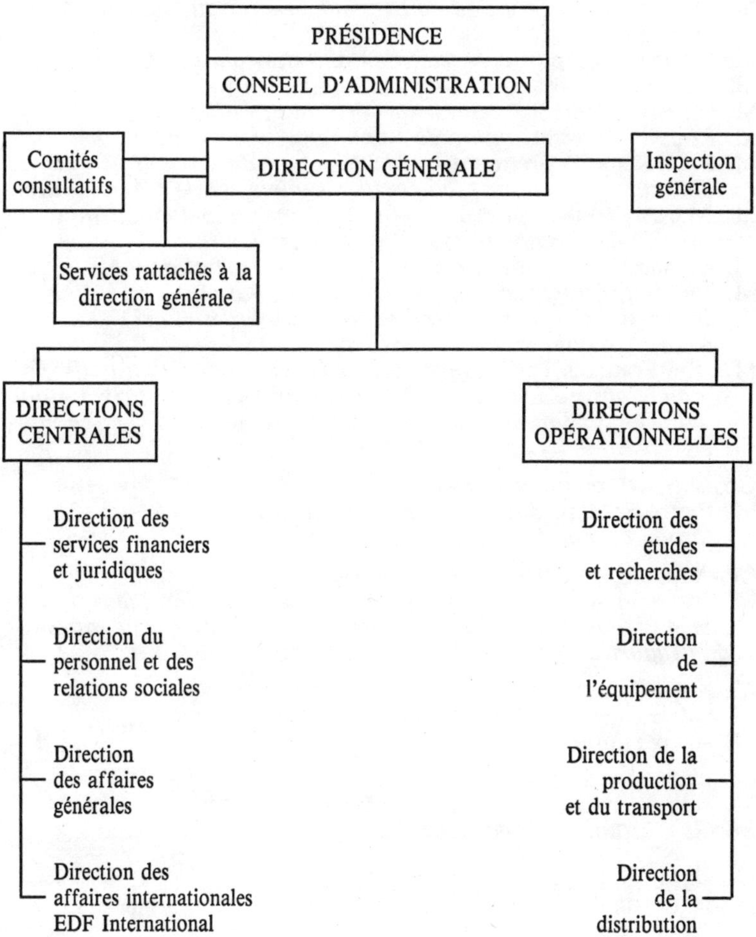

Source : EDF.

LE CONSEIL D'ADMINISTRATION D'EDF [1]

CONSEIL D'ADMINISTRATION

M. Pierre Delaporte, *président*
Mme Danièle Alexandre, *représentant élu des salariés (CGT)*
Mme Maria Aubertin, *conseiller auprès du président de la Fédération nationale des associations familiales rurales*
M. Michel Prada (*), *directeur du budget au ministère de l'Économie, des Finances et de la Privatisation*
M. Claude Cambus, *représentant élu des salariés (UNCM)*
M. Jean-Pierre Capron, *administrateur général du Commissariat à l'énergie atomique*
M. Bernard Comptour, *représentant élu des salariés (CGT)*
M. Bertrand Fragonard, *commissaire au Plan*
M. Christian Hérédia, *représentant élu des salariés (CGT-FO)*
M. Robert Morlevat, *maire de Semur-en-Auxois (Côte-d'Or)*
M. Jean Renard, *président de la 2e section du Conseil général du Génie rural des eaux et des forêts au ministère de l'Agriculture*
M. Marcel Roulet, *directeur général des Télécommunications au ministère de l'Industrie, des P et T et du Tourisme*
M. Édouard de Royère, *président-directeur général de l'Air liquide*
M. Joël Sorin, *représentant élu des salariés (CFDT)*
M. Jean-Paul Tissot, *représentant élu des salariés (CGT)*
M. André Teurlay, *maire de Libourne (Gironde)*
M. Jean-François Théodore, *directeur adjoint à la direction du Trésor au ministère de l'Économie, des Finances et de la Privatisation*
M. Jacques Valla, *président du directoire de la Télémécanique électrique*

COMMISSAIRE DU GOUVERNEMENT
M. Pierre-François Couture, *directeur du gaz, de l'électricité et du charbon au ministère de l'Industrie, des P et T et du Tourisme*

COMMISSAIRE DU GOUVERNEMENT ADJOINT
M. Jean-Christophe de Bouteiller, *chef du service des biens d'équipement industriel à la Direction générale de l'industrie au ministère de l'Industrie, des P et T et du Tourisme*

MISSION DE CONTRÔLE ÉCONOMIQUE ET FINANCIER
M. Guy Beaussang (**), *chef de la mission*
M. Alain Faure, *contrôleur d'État*

COMMISSAIRES AUX COMPTES
M. Jean-Louis Lebrun, *Cabinet Mazars*
M. Guy Zerah, *La Villeguérin Audit*

(*) M. Michel Prada a été remplacé par M. Daniel Bouton le 25 février 1988.
(**) M. Guy Beaussang qui avait quitté ses fonctions le 22 septembre a été remplacé par M. Olivier Lefranc le 2 mars 1988.

1. Composition en mars 1988.

DIRECTION GÉNÉRALE

M. Jean Bergougnoux, *directeur général*
M. Bernard Favez, *directeur général délégué*
M. Albert Robin, *conseiller du directeur général*
M. Rémy Carle, *directeur général adjoint*
M. François Ailleret, *directeur général adjoint*
M. Jean Andriot, *délégué général chargé de l'Inspection générale*
M. Paul Questiaux, *inspecteur général, délégué aux filiales et participations*
M. Pierre Tanguy, *inspecteur général pour la sûreté et la sécurité nucléaires*
M. Claude Bienvenu, *inspecteur général*
M. Claude Destival, *directeur*

DIRECTIONS CENTRALES

M. Emmanuel Hau, *directeur des Services financiers et juridiques*
M. Georges Maurin, *directeur des Affaires générales*
M. Gérard Anjolras, *directeur du Personnel et des Relations sociales*
M. Armand Luxo (*), *directeur d'EDF International*

(*) M. Armand Luxo a été remplacé par M. Manuel Poyatos le 1er janvier 1988.

DIRECTIONS OPÉRATIONNELLES

M. Paul Caseau, *directeur des Etudes et Recherches*
M. Michel Albert, *directeur de l'Equipement*
M. Jean Bénat, *directeur de la Production et du Transport*
M. Pierre Daurès, *directeur de la Distribution*

Source : EDF.

PRÉSIDENTS EDF ET DATE DE NOMINATION

Pierre SIMON	14-05-1946
Étienne AUDIBERT	07-06-1947
Louis ESCALLIER	14-01-1949
Marcel FLOURET	01-12-1952
Roger GASPARD	22-05-1962
Pierre GUILLAUMAT	29-01-1964
Pierre MASSÉ	29-12-1965
Paul DELOUVRIER	04-02-1969
Marcel BOITEUX	17-01-1979
Pierre DELAPORTE	06-05-1987

DIRECTEURS GÉNÉRAUX D'EDF ET DATE DE NOMINATION

Pierre SIMON	15-05-1946
Roger GASPARD	11-06-1947
André DECELLE	21-06-1962
Marcel BOITEUX	20-09-1967
Charles CHEVRIER	01-02-1979
Jean GUILHAMON	15-03-1982
Jean BERGOUGNOUX	06-05-1987

Source : EDF.

2. L'électricité

LES SITES DE PRODUCTION

Carte des sites thermiques classiques et nucléaires (janvier 1988)

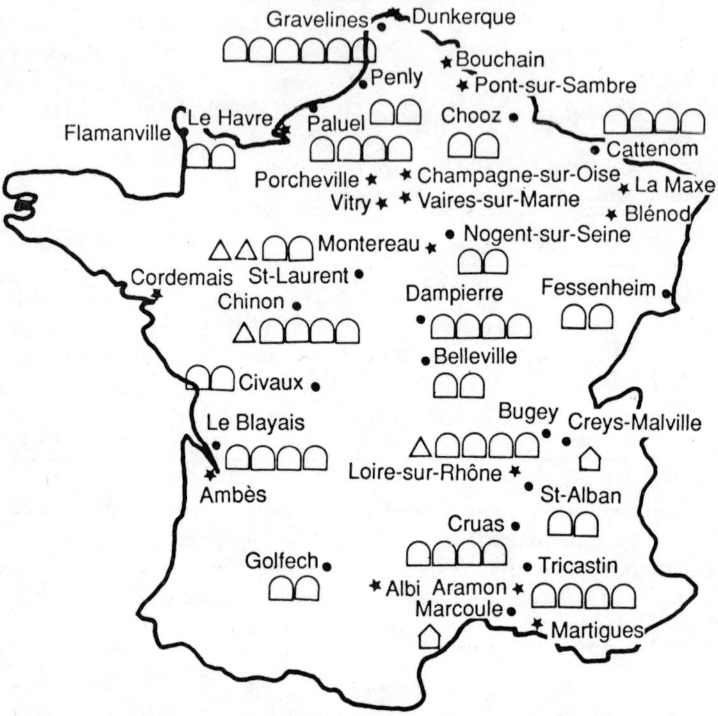

Tranches	REP* 900 MWe	REP* 1 300 MWe	Réacteur graphite-gaz	RNR**
En exploitation	∩	∩	△	⌂
En construction		∩		
En projet		∩		
*REP réacteur à eau sous pression		**RNR réacteur à neutrons rapides		
✶ Principaux sites thermiques classiques				

Source : EDF.

Les principaux ouvrages hydrauliques d'EDF

Source : EDF.

ÉVOLUTION DE LA PRODUCTION D'EDF PAR SOURCE D'ÉNERGIE [1]

	1973	1978	1986	1987	1988
Production totale EDF (TWh)	140	182	314	327	342
Répartition en pourcentage	*100*	*100*	*100*	*100*	*100*
— nucléaire	*9*	*14*	*76*	*76*	*75*
— hydraulique	*32*	*35*	*19*	*20*	*21*
— charbon	*9*	*23*	*4*	*3*	*3*
— fuel	*43*	*23*	{ *1*	{ *1*	{ *1*
— autres (gaz, divers...)	*7*	*5*			

Source : EDF.

1. En 1988, EDF a produit 342 TWh qui se répartissent ainsi :
— thermique nucléaire : 257 TWH (+4 % par rapport à 1987) ;
— thermique à flamme : 13 TWh (inchangé par rapport à 1987) ;
— hydraulique : 72 TWh (+ 9 % par rapport à 1987).
1 MW = 1 000 kW ; 1 GW = 1 million de kW ; 1 TW = 1 milliard de kW.

EXPORTATIONS D'ÉLECTRICITÉ

	1983	1984	1985	1986	1987	1988
Solde exportateur (TWh) [1]	13,5	24,8	23,3	25,4	29,9	36,7
C.A. (milliards FF)	2,5	4,6	4,3	5,2	6,8	7,2

	TOTAL EXPORTÉ (TWh)		
	1986	1987	1988
Grande-Bretagne	4,4	12,0	12,8
Bénélux	2,2	1,5	1,0
Allemagne	2,0	2,6	2,7
Suisse	9,5	7,0	9,2
Italie	6,3	5,1	9,7
Espagne, Portugal	0,8	1,5	1,0
Monaco	0,2	0,2	0,3
Total	*25,4*	*29,9*	*36,7*

Source : EDF.

1. Le solde exportateur est le résultat des accords commerciaux passés par EDF avec des sociétés étrangères *et* des participations étrangères dans des centrales situées en France ainsi que des participations d'EDF dans des centrales étrangères.

PRODUCTION D'ÉLECTRICITÉ PAR SOURCE D'ÉNERGIE DANS LES PAYS DE LA CEE

ANNÉE 1987 [1]

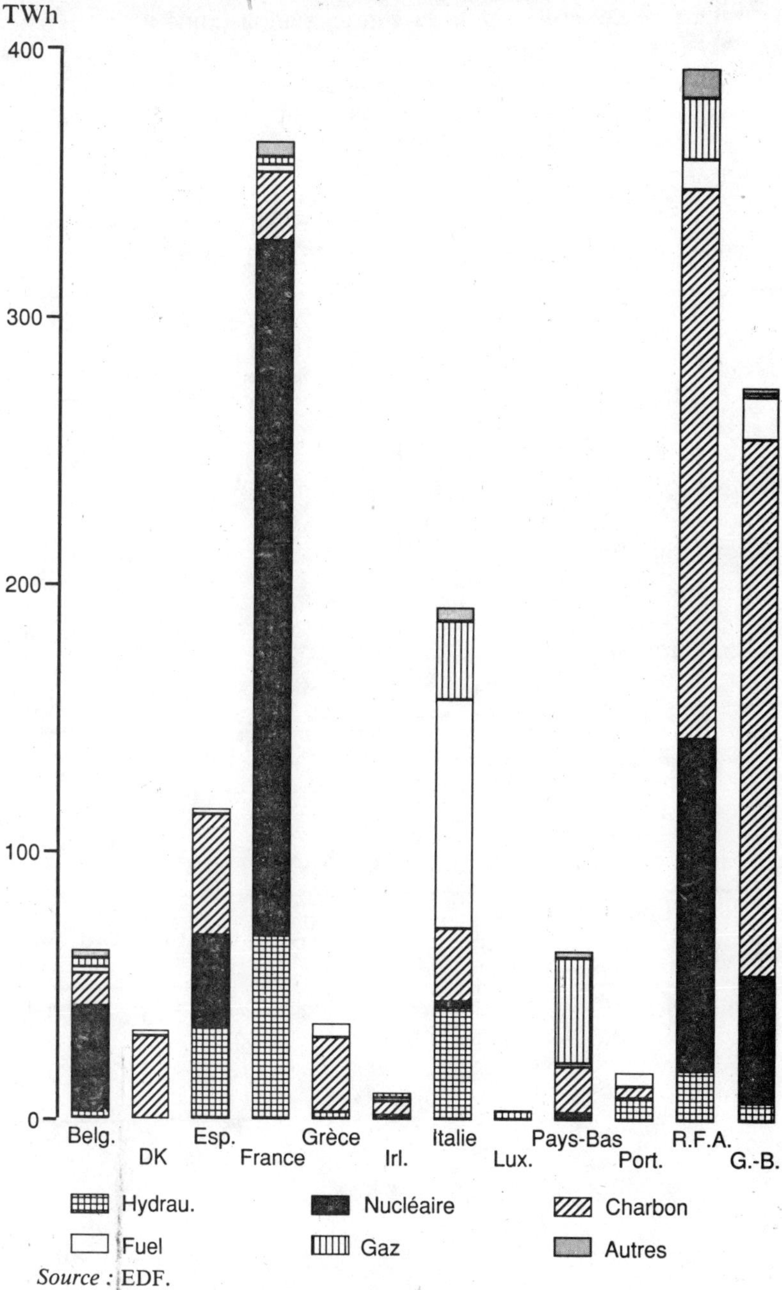

Source : EDF.

1. En 1960, la production française d'électricité était de 72,2 TWh (56 % hydraulique, 17 % charbon, 3 % fuel, 0,2 % nucléaire, 23,8 % divers).

• **Part de l'électricité dans la consommation totale d'énergie en France** (*source :* EDF) :

1960 : 19 %
1973 : 22 %
1979 : 28 %
1984 : 34 %
1985 : 35 %
1986 : 36 %

RÉPARTITION DE LA CONSOMMATION D'ÉLECTRICITÉ ET DES RECETTES D'EDF 1987

	Consommation TWh (%)	Recettes EDF milliards F (%)
Haute tension (grosses industries)	121,7 (37,1)	26,5 (20,0)
Moyenne tension (PMI, grandes surfaces, collectivités, tertiaire)	89,4 (27,2)	35,4 (26,7)
Basse tension (foyers domestiques, petits commerces, ...)	116,9 (35,6)	71,1 (53,6)
TOTAL	328,0 (100 %)	132,4 (100 %)

Source : EDF.

RÉPARTITION DE LA CLIENTÈLE D'EDF

	Nombre clients		
	1976	*1986*	*1988*
Résidentiel	19 400 000 (2 074) [1]	22 730 000 (3 700) [1]	23 205 000
Tertiaire	2 520 000	3 060 000	3 137 000
Industrie	53 000	72 000	83 000

Source : EDF.

1. Consommation moyenne annuelle en kWh.

ÉVOLUTION DES PLACEMENTS DE CHAUFFAGE ÉLECTRIQUE DANS LE RÉSIDENTIEL EXISTANT (milliers de logements)

Années	1978	1985	1986	1987	1988
Total logements	65	148,8	164,4	185,4	200
Part de la bi-énergie dont électrofioul	— —	18,8 6,6	23,8 14,4	30,6 22,9	51,0 40,4

ÉVOLUTION DE LA PART DU CHAUFFAGE ÉLECTRIQUE DANS LE RÉSIDENTIEL NEUF

Années	1978	1985	1986	1987	1988
Taux de réussite [1]	38 %	75 %	69 %	66 %	62 %

1. Taux de réussite = affaires engagées / autorisations de construire.

ÉVOLUTION DE LA CONSOMMATION D'ÉLECTRICITÉ DANS L'INDUSTRIE

	1978	1986	1987	1988
Consommation d'électricité dans l'industrie (hors énergie) en milliards de kWh	91,6	100,5	104,5	109,7
Part de l'électricité dans les consommations énergétiques de l'industrie (en %)	50,5	52	53	53

Source : EDF.

• **En 1987, les cinq plus gros clients,** hors Eurodif (19,2 TWh, soit 22 % de l'ensemble des ventes), étaient :
— la SNCF
— ATOCHEM
— Aluminium Pechiney
— Électricité de Strasbourg
— Pechiney électrométallurgie.
Ils représentent 22,7 TWh (soit 33 % du total hors Eurodif).

3. Données économiques et financières

RÉSULTATS
(en milliards de francs)

	1987	1988	% 1988/1987
Chiffre d'affaires (hors taxes)	135,7	138,8	2,3
Valeur ajoutée	95,4	97,3	2,0
Excédent brut d'exploitation	57,6	58,4	1,4
Capacité d'autofinancement	41,0	40,7	−0,7
Dépenses d'investissement	36,4	35,7	−2,0
Emprunts nets	7,5	3,3 [1]	
Taux d'autofinancement	58 %	65 %	
Résultat de l'exercice	0,2	− 1,8 [2]	

Source : EDF.

1. L'emprunt net diminue de 1987 à 1988. Il devrait s'annuler en 1990 — c'est-à-dire l'endettement se stabiliser —, voire dès 1989 si de nouvelles exportations futures d'électricité devaient conduire à des avances en capital.
2. La clémence des températures du 1er trimestre et du mois de décembre a une incidence de l'ordre de − 1,7 milliard de francs sur le résultat.

INVESTISSEMENTS
(en milliards de francs)

	1987	1988	% 1988/1987 *en francs courants*	% 1988/1987 *en francs constants*
Production	17,5	16,3	− 7	− 10
dont nucléaire	(15,6)	(14,6)	− 6	− 9
Transport en haute tension [1]	6,0	5,8	− 3	− 6
Distribution [1]	11,9	12,6	+ 5	+ 2
Autres investissements	1,0	1,0	—	— 3
TOTAL	36,4	35,7	− 2	− 5
1. Dont réseau d'alimentation de la clientèle	9,5	10,2	+ 7	+ 4

Source . EDF.

FINANCEMENT
(en milliards de francs)

Emplois	1987	1988
Investissements	36,4	35,7
Intérêts intercalaires, frais d'études et de préexploitation, autres actifs immobilisés	12,3	11,0
Remboursement des emprunts	14,4	12,1
Remboursement des avances reçues	2,6	1,3
Variation des stocks, et du fonds de roulement	4,9	2,6
Total des emplois	*70,6*	*62,7*

Ressources	1987	1988
Capacité d'autofinancement	41,0	40,7
Emprunts	21,9	15,4
Avances à long terme	4,7	3,4
Participations de tiers et autres ressources	3,0	3,2
Total des ressources	*70,6*	*62,7*

Taux d'autofinancement (capacité d'autofinancement/ total des emplois)	58 %	65 %
Emprunts nets (emprunts diminués des remboursements d'emprunts)	7,5	3,3

Endettement au 31-12 en milliards de F	224	233
— dont francs	(145)	(147)
— dont devises [1]	(79)	(86)

Source : EDF.

1. Compte tenu des niveaux des cours des devises au 31 décembre.

LES EFFECTIFS

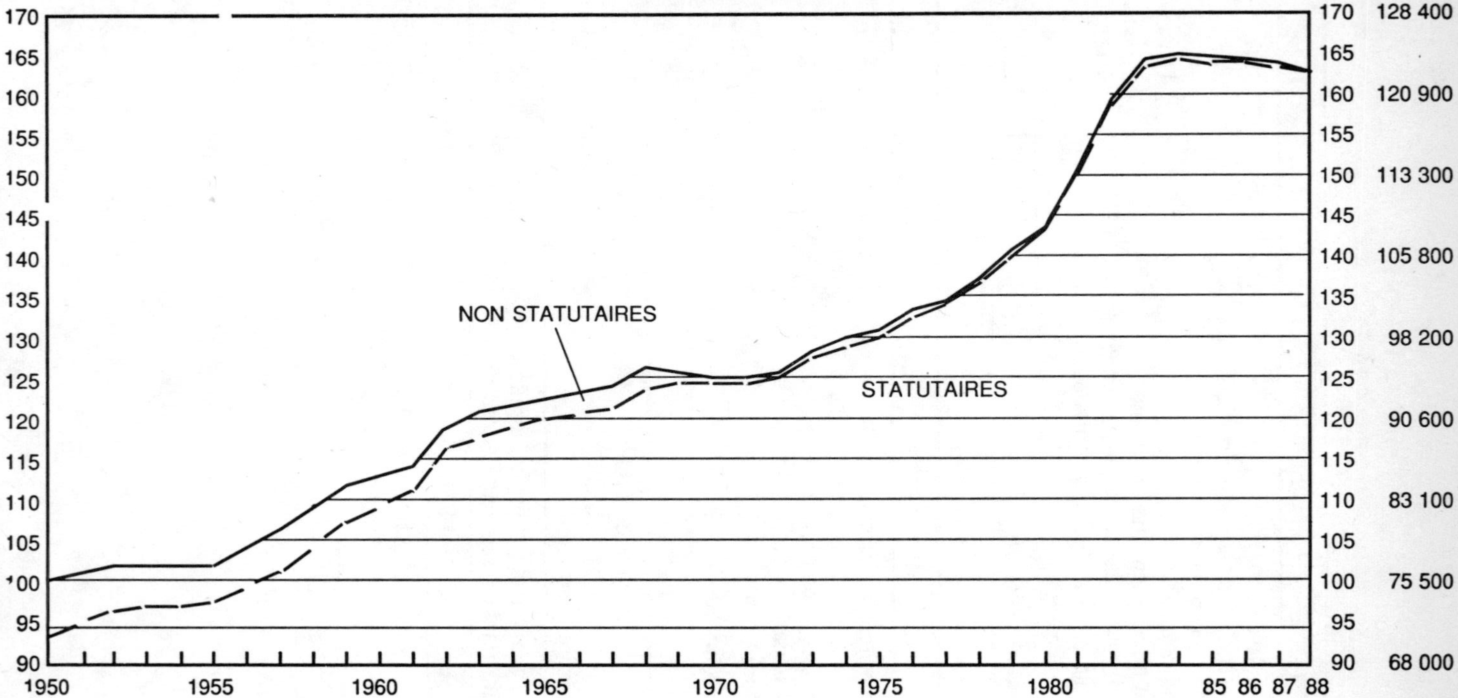

Le nombre d'agents correspondant à l'indice est arrondi de façon standard à la centaine.

4. Le personnel

LES EFFECTIFS [1]
(1988)

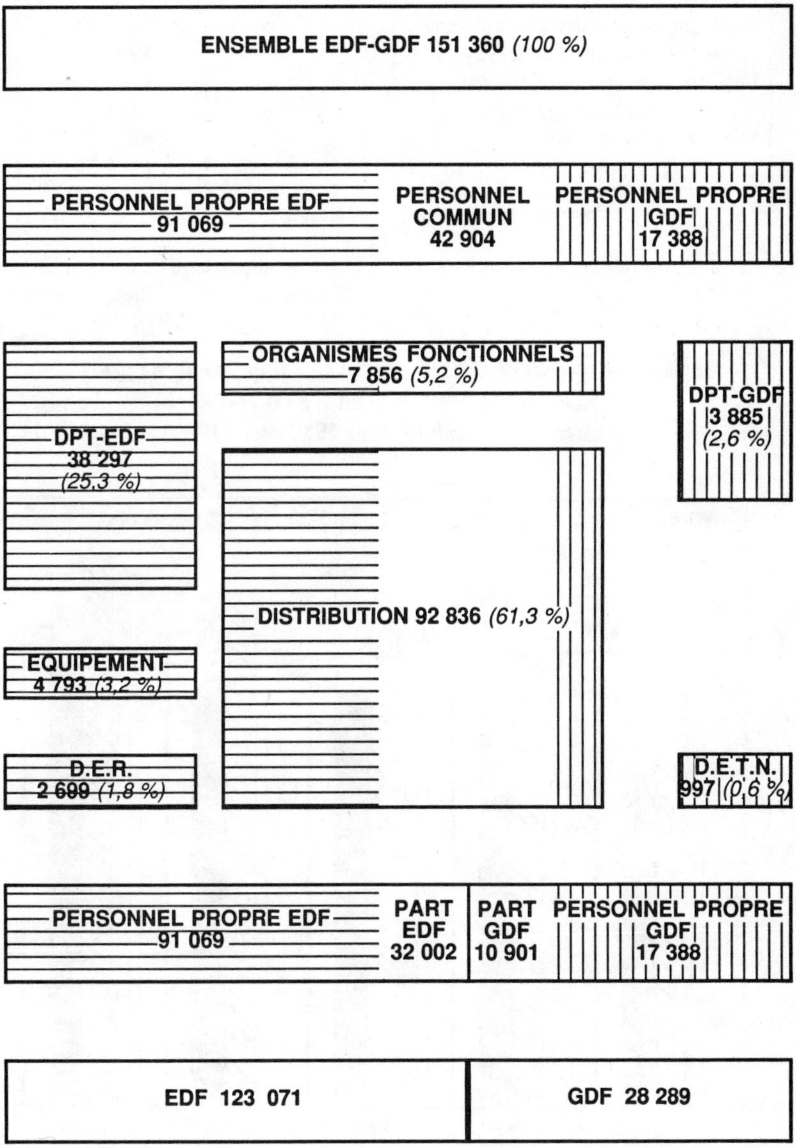

Source : EDF.

1. La répartition du personnel commun est effectuée par l'application de clés forfaitaires. Les effectifs des parts EDF et GDF sont donc théoriques.

LE RECRUTEMENT

	1982	1988 [1]
Diplômes niveau cadres	7,5 %	12,2 %
Diplômes niveau maîtrise	18 %	19 %
Diplômes niveau exécution *(enseignement général)*	14,9 %	17,5 %
Diplômes exécution *(enseignement professionnel)*	59,6 %	51,3 %

Source : EDF.

1. 2 700 agents ont été recrutés en 1988. Ce chiffre est en baisse de 6 % par rapport à 1987.

NOMBRE DE JOURS DE FORMATION PAR AGENT
période de 1984 à 1988 - EDF/GDF
(année 1988 - calcul déc. 1987-nov. 1988)

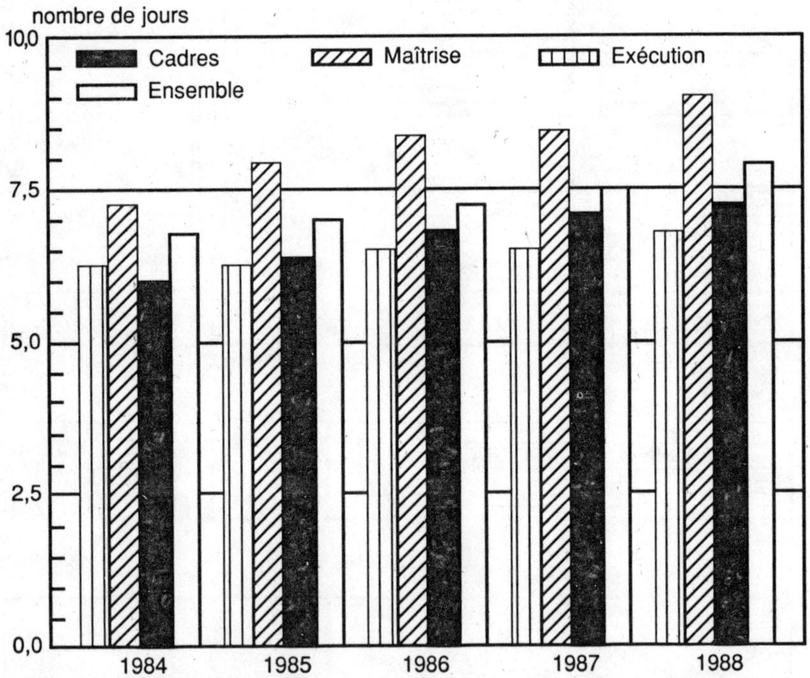

Note : Le budget formation pour 1987 était de 2 467 millions de francs, et représentait 11,07 % des salaires.

5. Données sociales

ÉLECTIONS DE REPRÉSENTATIVITÉ 17-11-1988 (EDF-GDF)

COLLÈGE EXÉCUTION

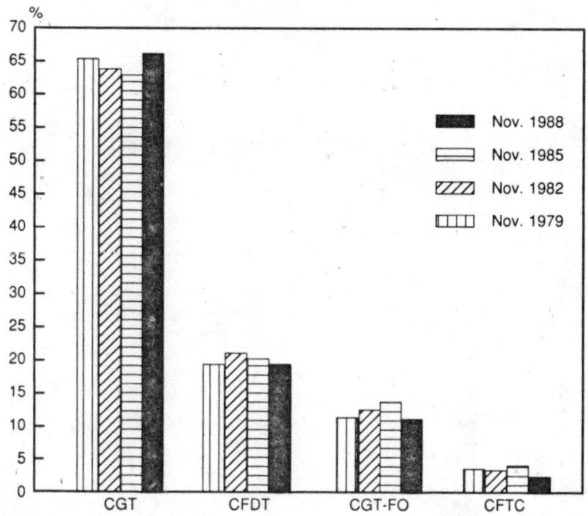

Source : EDF.

ÉLECTIONS DE REPRÉSENTATIVITÉ 17-11-1988 (EDF-GDF)

COLLÈGE MAÎTRISE + CADRES

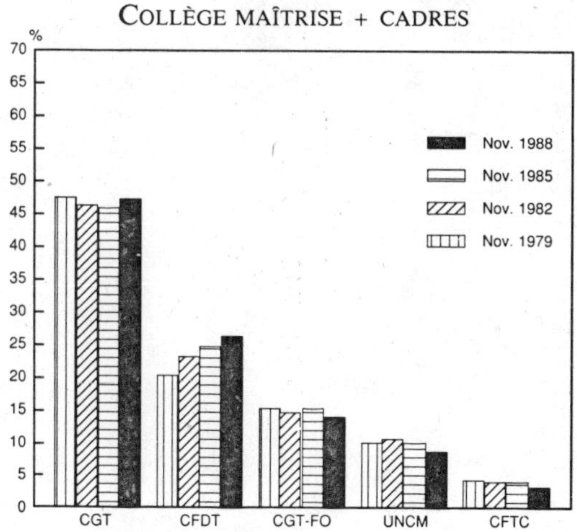

Source : EDF.

ÉLECTIONS DE REPRÉSENTATIVITÉ 17-11-1988
EDF-GDF

ENSEMBLE DES COLLÈGES

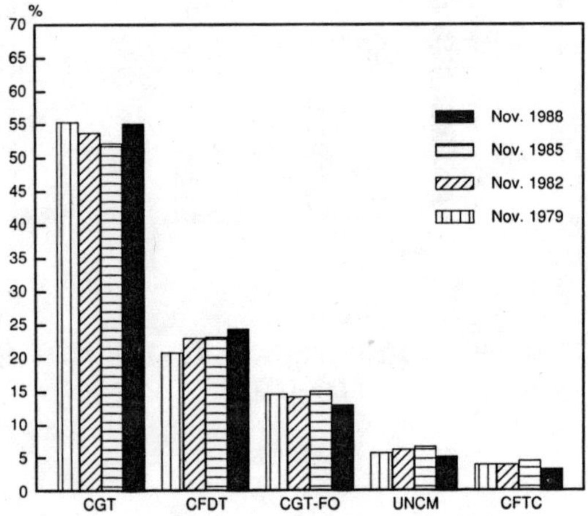

Source : EDF.

ÉTUDE STATISTIQUE
SUR LA PROGRESSION DU FONDS DU 1 % CCAS

EXERCICES ANNÉES A ET A'	1964	1965	1966/1967	1967/1968	1968/1969
Effectifs au 1er janvier de chaque année selon enquête du Comité de coordination des CAS Actifs + Inactifs[(a)] + conventionnés EDF - GDF - ENN *(a) Y compris bénéficiaires d'une pension de reversion* A	non connu	215 724	219 955	224 197	229 109
Montant global 1 % (en francs) Electricité de France Gaz de France Entreprises non nation. B	87 865 771	94 656 849	134 524 880	116 214 251	124 014 882
Part du 1 % par agent $\frac{B}{A}$ C		438,79	611,60	518,36	541,29
Salaire national de base au 1/7 de l'année A D	318,68	331,44	343,88	363,04	410,14
Rapport 1 %/SNB $\frac{C}{D}$ E		1,324	1,779	1,427	1,320

1969/1970	1970/1971	1971/1972	1972/1973	1973/1974	1974/1975	1975/1976
231 835	236 055	237 732	238 389	239 813	242 925	246 118
137 855 437	154 939 041	178 877 554	203 601 497	229 188 334	296 959 084	352 514 706
594,63	656,37	752,43	854,07	955,70	1 222,43	1 432,30
426,04	460,52	494,20	533,80	584,68	664,40	740,64
1,396	1,425	1,523	1,587	1,635	1,840	1,934

1976/1977	1977/1978	1978/1979	1979/1980	1980/1981	1981/1982	1982/1983
248 234	252 134	255 411	258 272	262 375	266 748	272 129
428 522 041	482 363 794	570 784 083	704 231 929	895 484 087	1 102 617 545	1 272 947 537
1 726,28	1 913,12	2 234,77	2 726,71	3 412,99	4 133,56	4 677,74
833,60	917,40	1 052,36	1 151,76	1 328,92	1 495,56	1 676,80
2,071	2,085	2,124	2,367	2,568	2,764	2,790

Source : FSM-CGT.

1. Chiffres prévisionnels.
2. Augmentation du SNB retenue pour le projet de budget 1989-1990 : + 3,66 % par rapport au SNB du 1er juillet 1988.

1983/1984	1984/1985	1985/1986	1986/1987	1987/1988	1988/1989	1989/1990
284 903	288 729	291 226	292 838	293 812	294 588	294 938
1 511 172 323	1 743 876 918	1 849 172 380	1 764 966 156	1 702 198 612	1 651 290 000[1]	1 706 000 000[1]
5 304,16	6 039,84	6 349,61	6 027,11	5 799,50	5 605,42	5 784,27
1 804,88	1 946,56	2 075,72	2 084,04	2 119,48	2 153,32	2 232,13[2]
2,939	3,103	3,059	2,892	2,735	2,603	2,591

PRINCIPAUX SIGLES EDF

CAS	Caisse mutuelle complémentaire et d'action sociale.
CCAS	Caisse centrale d'activités sociales.
CD	Centre de distribution.
CERT	Centre d'équipement du réseau transport.
CIME	Centre interrégional des mouvements d'énergie.
CPN	Centre de production nucléaire.
CRTT	Centre régional du transport d'énergie et des télécommunications.
DEPS	Direction de l'économie, de la prospective et de la stratégie.
DER	Direction des études et recherches.
DETN	Direction des études et techniques nouvelles.
DPRS	Direction du personnel et des relations sociales.
DPT EDF	Direction de la production et du transport EDF.
DPT GDF	Direction de la production et du transport GDF.
DR	Direction régionale (distribution).
DSFJ	Direction des services financiers et juridiques.
GRPH	Groupe régional de production hydraulique.
GRPT	Groupe régional de production thermique.
SEPTEN	Service d'études et projets thermiques et nucléaires.

Remerciements

Cet ouvrage n'aurait pas vu le jour sans l'aide de Pierre Le Gorrec, directeur adjoint du personnel et des relations sociales d'EDF, qui a respecté totalement notre indépendance de chercheurs et nous a apporté un soutien constant et d'une remarquable efficacité. La recherche a mobilisé, pour au moins quelques heures, et jusqu'à près d'une centaine d'heures, un grand nombre de dirigeants d'EDF et une soixantaine d'interlocuteurs, d'horizons diversifiés, pour qui, sauf exception, nous avons choisi de maintenir l'anonymat. Nous souhaitons que chacun d'entre eux sache que nous nous sommes efforcés de respecter leurs idées et leurs débats qui constituent le cœur même de notre livre.

L'équipe de recherche a varié au fil du temps. Francis Jaureguiberry a participé à la phase préparatoire, Franck Desoer et France Giroud aux travaux du premier groupe d'intervention, Michelle Bensi et Martine Degot à ceux du deuxième. Tous ont eu plus que leur part des tâches ingrates qu'implique le type de méthode employé ; tous aussi ont contribué à enrichir notre réflexion.

Celle-ci n'aurait pas été ce qu'elle fut en dehors de notre appartenance au CADIS et des discussions que nous avons pu avoir avec son directeur, Alain Touraine, et ses chercheurs, ou à l'occasion des séminaires qui lui sont liés. Jacqueline Longerinas, Nathalie Lusseyran et Claire Lusson, auxquelles nous associons Jacqueline Blayac, ont assuré la gestion matérielle et l'organisation du travail ainsi que la dactylographie des comptes rendus, puis du manuscrit du livre. Patrick Fridenson, Marc Guillaume, David Gutman ainsi que Pierre Le Verre nous ont encouragés dans notre démarche.

Des responsables de la CGT et de la CFDT ont discuté avec nous de nos hypothèses principales et nous ont aidés à rassembler la documentation qui nous manquait pour mettre au point le manuscrit définitif, dont un premier jet a été remanié pour tenir compte des remarques critiques et amicales de José Allouche, Jacques Andriès, Daniel Boullé, Bernard Cazes, Jean-Marc Hébréard et Thierry Paquot.

Ouvrages utilisés

J. AMADO, *L'État et les sociétés nationales*, Paris, Les Éd. Albatros, 1987.

— *L'Appel aux armes*, Paris, Les Éd. d'Ambroise, 1981.

J.-P. ANASTASSOPOULOS, *La Stratégie des entreprises publiques*, Paris, Dalloz, 1980.

C. ANDRIEU, L. LE VAN, A. PROST, *Les Nationalisations de la Libération. De l'utopie au compromis*, Paris, FNSP, 1987.

D. ANZIEU, *Le Travail psychanalytique des groupes*, Paris, Dunod, 1976.

G. ARCHIER, *La France du troisième millénaire*, Paris, Seuil, 1988.

G. ARCHIER, M. SÉRIEYX, *L'Entreprise du troisième type*, Paris, Seuil, 1984.

M. BAUER, E. COHEN, *Qui gouverne les groupes industriels ?*, Paris, Seuil, 1981.

A. BELTRAN, J.-F. PICARD, M. BUNGENER, *Histoire(s) de l'EDF*, Paris, Dunod, 1985.

P. BERNOUX, *La Sociologie des organisations*, Paris, Seuil, 1985.

M. BOITEUX, « Un outil de gestion peut-il être neutre? », *Revue française de gestion*, n° 70, p. 100-107.

A. BORZEIX, D. LINHART, D. SEGRESTIN, *Sur les traces du droit d'expression*, Paris, CNAM, 1985.

G. BOUTHILLIER, *La Nationalisation du gaz et de l'électricité en France*, Paris, FNSP, 1968.

J. BOUVIER, *Naissance d'une banque. Le Crédit lyonnais*, Paris, Flammarion, 1968.

R. BOYER, *La Théorie de la régulation : une analyse critique*, Paris, La Découverte, 1987.

A. Burlaud, M. Raimbault, J.-M. Saussois, « L'opération Racine. L'espace délégué », *Approche systémique des relations État-industrie. La relation d'aide*, Paris, ESCP, 1984, p. 155-180.

F. Caron, *Histoire de l'exploitation d'un grand réseau : la Compagnie du chemin de fer du Nord, 1846-1937*, Paris, La Haye, Mouton, 1973.

CFDT, *Le Dossier de l'énergie*, Paris, Seuil, 1984.

— *Les Dégâts du progrès*, Paris, Seuil, 1977.

F. de Closets, *Toujours plus*, Paris, Grasset, 1982.

E. Cohen, *L'État et les Télécom*, Paris, 1988.

L. Cohen-Tanuggi, *Le Droit sans l'État*, Paris, PUF, 1983.

B. Coriat, « Différenciation et segmentation de la force de travail dans les industries de process », in *La Division du travail*, Paris, Galilée, 1978.

M. Crozier, « Une approche sociologique des stratégies dans les organisations », *Revue française de gestion*, n° 67, janv.-fév. 1988.

— *Le Phénomène bureaucratique*, Paris, Seuil, 1963.

M. Crozier, E. Friedberg, *L'Acteur et le Système*, Paris, Seuil, 1977.

« Le culte de l'entreprise », *Autrement*, n° 100, sept. 1988.

P. Desmarez, *La Sociologie industrielle aux États-Unis*, Paris, A. Colin, 1986.

F.J. Dickson, W.J. Roethlisberger, *Management and the Worker*, Cambridge (Mass.), Harvard University Press, 1938.

F. Dorget, *Le Choix nucléaire français*, Paris, Économica, 1984.

J. Dubost, *De la recherche-action à l'analyse sociale*, thèse pour le doctorat d'État, Paris-Nanterre, 1983.

F. Duteil, *De l'énergie pour les hommes*, Paris, Messidor-Éd. sociales, 1988.

F. Duteil, P. Haumont, *Les Bâtisseurs. Luttes et gestion à la CCAS*, Paris, Messidor, 1986.

« EDF répond à *Sciences et Vie* », *Sciences et Vie*, n° 796, fév. 1984, p. 82-92.

P. Fridenson, « Atouts et limites de la modernisation par en haut : les entreprises publiques face à leurs critiques (1940-1986) », *Le Capitalisme français*, Paris, Fayard, 1987, p. 175-194.

— « Pour développer l'histoire des entreprises », *Problèmes et objets de la recherche en sciences sociales*, Paris, EHESS, 1987.

— *Histoire des usines Renault*, Paris, Seuil, 1972 (t. I).

G. Friedmann, *Le Travail en miettes*, Paris, Gallimard, 1950.

— *Problèmes humains du machinisme industriel*, Paris, Gallimard, 1946.

G. Friedmann, P. Naville (dir.), *Traité de sociologie du travail*, Paris, A. Colin, 1962 (2 vol.).

R.L. FROST, *Alternative Currents: Technocratic Power and Worker's Resistance at EDF 1946-1970*, University of Wisconsin, 1983.
— « Point de vue : de quelques effets d'une gestion scientifique », *Revue française de gestion*, n° 70, sept-oct. 1988, p. 108-120.
F. FURET, *L'Atelier de l'histoire*, Paris, Flammarion, 1982.
R. GAUDY, *Et la lumière fut nationalisée. Naissance d'EDF-GDF*, Paris, Éd. sociales, 1978.
C. GIRAUD, *Bureaucratie et changement. Le cas de l'administration des Télécommunications*, Paris, L'Harmattan, 1987.
T. GITLIN, *The World is Watching*, Berkeley, University of California Press, 1980.
B. GOLDSCHMIDT, *Le Complexe atomique. Histoire politique de l'énergie nucléaire*, Paris, Fayard, 1980.
F.DE GRAVELAINE, S. O'DY, *L'État EDF*, Paris, A. Moreau, 1978.
J. HABERMAS, *L'Espace public*, Paris, Payot, 1978.
H. HAMON, P. ROTMAN, *La Deuxième Gauche*, Paris, Ramsay, 1983.
M. HAMON, F. TORRES, *Mémoire d'avenir. L'histoire dans l'entreprise*, Paris, Économica, 1987.
F. HERZBERG, *Le Travail et la Nature de l'homme*, Paris, Entreprise moderne d'édition, 1973.
M. HUG, G. DELITE, *Organiser le changement dans l'entreprise. Une expérience à Électricité de France*, Paris, Dunod, 1977.
J.-M. HUGUET et *al.*, *Décloisonner la formation. L'exemple EDF*, Paris, Les Éd. d'organisation, 1989.
B. JOBERT, P. MULLER, *L'État en action. Politiques publiques et corporatismes*, Paris, PUF, 1987.
L. KARPIK, « Les politiques et les logiques d'action de la grande entreprise industrielle », *Sociologie du travail*, 1-1972, p. 82-105.
R.F. KUISEL (recension de *Les nationalisations... op. cit.*), *The American Historical Review*, vol. 93, déc. 1988, p. 1346-1347.
— *Capitalism and the State in Modern France*, Cambridge, Cambridge University Press, 1981 (trad. fr. Gallimard).
P. LAGADEC, *États d'urgence. Défaillances technologiques et déstabilisation sociale*, Paris, Seuil, 1988.
R. LE GUEN, *Voyage avec des cadres*, Paris, Éd. sociales, 1977.
G. LEHMBRUCH, « Concertation and the Structure of Corporatist networks » in *Order and Conflict in Contemporary Capitalism* (J.H Goldthorpe éd.), Oxford, Clarendon Press, 1984
Le Mouvement social, n° 134, mars 1988.
Y. LENOIR, J.-P. ORFEUIL, « Dix ans de programme nucléaire : EDF devient un fardeau pour la France », *Sciences et Vie*, n° 794, t. CXXXI, nov. 1983, p. 24-33 et 164-170.
H. LEPAGE, *EDF et la tarification au coût marginal*, Paris, La Documentation française, 1988

J. MANDER, *Four Arguments for the Elimination of Television*, New York, Quill, 1977.
P.-A. MANGOLTE, *La Vie privée des entreprises publiques*, Paris, Les Éd. ouvrières, 1986.
J.-G. MARCH, H. SIMON, *Les Organisations*, Paris, Dunod, 1964.
D. MARTIN, W. IAZYKOFF, *Expression et participation dans le secteur public*, Paris, LSCI-CNRS, 1986.
A.-C. MARTINET, « L'histoire, un investissement productif », *Revue française de gestion*, n° 70, p. 172-174.
— « Les discours sur la stratégie d'entreprise », *Revue française de gestion*, n° 67, janv.-fév. 1988.
P. MASSÉ, *Aléas et progrès. Entre Candide et Cassandre*, Paris, Flammarion, 1984.
— *Le Choix des investissements. Critères et méthodes*, Paris, Dunod, 1968.
A.H. MASLOW, *Motivation and Personality*, New York, Mayer and Row, 1954.
E. MAYO, *The Social Problems of an Industrial Civilization*, Londres, Routledge and Kegan Paul, 1949.
— *The Human Problems of an Industrial Civilization*, Londres, MacMillan, 1933.
P. MORIN, in *La Sagesse ou le Désordre* (H. Mendras, dir.), Paris, Gallimard, 1980.
J.-C. ORTIGAS, *Tarification et consommation d'électricité par l'industrie : problèmes et particularités*, Paris, Économica, 1984.
J.-F. PICARD, *Recherche et industrie : témoignages sur 40 ans d'études et de recherches à EDF*, Paris, Eyrolles, 1971.
R.W. POMEROY, « Business et histoire aux États-Unis », in *Mémoire d'avenir, op. cit.*, p. 57-58.
Pour une autre politique nucléaire. Rapport au comité nucléaire, environnement et société au Parti socialiste, Paris, Flammarion, 1978.
L. PUISEUX, *Le Crépuscule des atomes*, Paris, Hachette, 1986.
— *La Babel nucléaire*, Paris, Galilée, 1977.
« Retour sur l'entreprise », *Sociologie du travail*, 3-1986.
Revue française de l'énergie, n° 228, janv. 1971.
A. RIBOUD, *Modernisation, mode d'emploi*, Paris, 10-18, 1989.
M. RUFFAT, « A quoi sert le néo-corporatisme ? », *Vingtième siècle*, janv.-mars 1987, p. 95-113.
R. SAINSAULIEU, *Sociologie de l'organisation et de l'entreprise*, Paris, Dalloz, 1987.
— *L'Identité au travail*, Paris, FNSP, 1977.
R. SAINSAULIEU (éd.), « Sociologie des organisations », *Année sociologique*, vol. 31, 1981.
Services publics et espaces collectifs : modèles de gestion et cultures d'entreprises, Paris, IRIS, 1987.

P. Simonnot, *Les Nucléocrates*, Grenoble, PUG, 1978.
J. Spigelman, *Les Barons de l'atome*, Paris, Seuil, 1982.
J. Stoetzel, A. Birard, *Les Sondages d'opinion publique*, Paris, PUF, 1979 (2e éd.).
Stratégies et management, n° 163, juil.-août 1988.
F.W. Taylor, *La Direction scientifique des entreprises*, Paris, Dunod, 1957.
A.W.M. Teulings, « Le corporatisme dans la balance. Le système néerlandais des relations professionnelles », *Sociologie du travail*, n° 1, 1985.
M. Thévenet, « La culture d'entreprise en neuf questions », *Revue française de gestion*, n° 47-48, sept.-oct. 1984.
P.-E. Tixier, « Légitimité et modes de domination dans les organisations », *Sociologie du travail*, n° 41, 1988.
A. Touraine, « Le tre ere dell'impresa », *Uomini e technologie*, Milan, 1986, p. 143-167.
— *La Voix et le Regard*, Paris, Seuil, 1978.
— *La Conscience ouvrière*, Paris, Seuil, 1966.
A. Touraine, M. Wieviorka, F. Dubet, *Le Mouvement ouvrier*, Paris, Fayard, 1984.
A. Touraine, Z. Hegedus, F. Dubet, M. Wieviorka, *La Prophétie antinucléaire*, Paris, Seuil, 1979.
I. Triado, « Corporatism, Democracy and Modernity », *Thesis Eleven*, n° 9, juillet 1984.
H. Vacquin, « Paroles... paroles », *Le culte de l'entreprise, Autrement*, n° 100, sept. 1988.
M. Weber, *Économie et société*, t. I, Paris, Plon, 1971.
W.F. White, *Money and Motivation*, New York, Mayer and Row, 1955.
M. Wieviorka, « L'intérieur et l'extérieur », in Collectif Sciences humaines, Paris-IX-Dauphine, *Organisation et management en question(s)*, Paris, L'Harmattan, 1987.
— *L'État, le Patronat et les Consommateurs*, Paris, PUF, 1977.
M. Wieviorka (en coll. avec F. Jaureguiberry), *Recherche sur les dirigeants d'EDF comme acteurs*, Paris, CADIS, janv. 1987.

Table

I. LA NAISSANCE D'UN ACTEUR

II. LA CRISE DU MODÈLE FONDATEUR

III. L'EXTÉRIEUR

IV. L'INTÉRIEUR

ANNEXES

Composition Facompo, Lisieux (Calvados)
Achevé d'imprimer en avril 1991
sur presses de la SEPC, Saint-Amand (Cher)
Dépôt légal : avril 1991
Numéro d'imprimeur : 729
Deuxième tirage : 4000 à 7000 exemplaires
ISBN 2-7071-1867-2